立德树人与高校思想政治教育

霍卫红 ◎著

中国出版集团 中国民主法制出版社

全国百佳图书出版单位

图书在版编目（CIP）数据

立德树人与高校思想政治教育 / 霍卫红著. — 北京：
中国民主法制出版社，2023.9
ISBN 978-7-5162-3415-0

Ⅰ.①立… Ⅱ.①霍… Ⅲ.①高等学校－思想政治
教育－研究－中国 Ⅳ.①G641

中国国家版本馆 CIP 数据核字(2023)第 186217 号

图书出品人：刘海涛
出 版 统 筹：石　松
责 任 编 辑：刘险涛　吴若楠

书　　　名/立德树人与高校思想政治教育

作　　　者/霍卫红　著

出版·发行/中国民主法制出版社

地址/北京市丰台区右安门外玉林里 7 号（100069）

电话/(010)63055259（总编室）　　63058068　63057714（营销中心）

传真/(010)63055259

http://www.npcpub.com

E-mail:mzfz@npcpub.com

经销/新华书店

开本/16 开　　787 毫米×1092 毫米

印张/13　　字数/210 千字

版本/2023 年 9 月第 1 版　2023 年 9 月第 1 次印刷

印刷/廊坊市源鹏印务有限公司

书号/978-7-5162-3415-0

定价/68.00 元

出版声明/版权所有，侵权必究。

前　言

　　随着改革开放和中国经济社会的飞速发展，我国高等教育由精英化向大众化、普及化深度发展，高校思想政治教育不仅在教育对象、教育环境等方面发生了巨大变化，在思想政治教育任务使命、教育理念、方法路径、队伍构成等方面也发生了巨大变化。这给高校大学生思想政治教育工作带来了空前的挑战。建设教育强国是中华民族伟大复兴的基础工程，必须把教育事业放在优先位置，深化教育改革，加快教育现代化建设，办好人民满意的教育。新时代的高等教育，要以新时代中国特色社会主义思想为指引，不忘"办好人民满意的教育"的初心，牢记"培养社会主义建设者和接班人"的使命、书写新时代立德树人的新篇章。为落实立德树人的根本任务，进一步提升大学生思想政治教育工作的科学化水平，特撰写《立德树人与高校思想政治教育》一书，旨在鼓励和引导广大思想政治教育理论研究和教育工作者聚焦大学生思想政治教育的现实问题，推动理论层面和实践领域的新发展，构建大学生思想政治教育工作与研究的科学化，切实提升大学生思想政治教育工作的质量和水平。

　　高校立身之本在于立德树人，坚持立德树人就要善于抓住思想政治教育这个关键。本书是立德树人与高校思想政治教育方向的著作，本书简要介绍了立德树人概述、立德树人课堂教学实践、立德树人理念下高校思想政治教育的人文关怀等相关内容。另外，还介绍了立德树人与大学生思想政治教育创新，还对高校思想政治教育规划与建设、高校思想政治理论课队伍建设、高校思想政治教育与实践育人、高校思想政治教育的基本途径与创新做了一定的介绍。本书立足育人导向，紧扣时代特征，本书的出版可以促进我国高校思想政治教育目标的有效实现，作为广大师生的参考。全书主要研究立德树人与高校思想政治教育的内容，对高校思政教育者与高校学生有学习和参考的价值。

　　撰写本书过程中，参考和借鉴了一些知名学者和专家的观点及论著，在此向他们表示深深的感谢。由于水平和时间所限，书中难免会出现不足之处，希望各位读者和专家能够提出宝贵意见，以待进一步修改，使之更加完善。

目录

第一章 立德树人概述 1

    第一节 立德树人理论 1

    第二节 高校立德树人的协同策略 10

第二章 立德树人课堂教学实践 29

    第一节 以课程教学为切入点推动学校立德树人 29

    第二节 德育课程新观念理论探讨 33

    第三节 充分发挥课堂教学的育人功能 49

第三章 立德树人理念下高校思想政治教育人文关怀 54

    第一节 人文精神与人文教育 54

    第二节 思想政治教育及其相关语词辨析 57

    第三节 高校思想政治课中人文教育的内涵 61

    第四节 高校思想政治教育中人文关怀的价值 67

第四章 立德树人与大学生思想政治教育创新 74

    第一节 立德树人论与高校思想政治教育 74

    第二节 立德树人在大学生思想政治教育创新中的理论基础 81

    第三节 立德树人在大学生思想政治教育创新中的现实依据 91

    第四节 立德树人在大学生思想政治教育创新中的原则 96

第五章 高校思想政治教育规划与建设 107

    第一节 高校思想政治教育战略规划 107

    第二节 把握思想政治理论课立德树人的主渠道 119

    第三节 思想政治理论课建设途径 123

    第四节 拓宽大学生思想政治教育的渠道 128

第六章 高校思想政治理论课队伍建设 143

    第一节 加强高校思政理论课师资队伍建设 143

　　第二节　高校思政教师教学能力培养探索 148

　　第三节　新时期高校辅导员培养模式 154

　　第四节　构建能力过硬的高水平辅导员队伍 159

第七章　高校思想政治教育与实践育人 164

　　第一节　实践育人的基本内容 164

　　第二节　高校实践育人与高校思想政治教育的关系 176

　　第三节　高校思想政治教育工作中的实践育人 182

参考文献 198

第一章 立德树人概述

第一节 立德树人理论

一、"立德树人"理论的特征

"立德树人"理论回答了"培养什么人"和"怎样培养人"的问题，是教育的核心问题。"立德树人"作为中华人民共和国成立后我国一直坚持的教育思想，在不同时期的目标不同。本节主要对"立德树人"的特征和意义进行详细阐释。新时代"立德树人"具有理论与实践相统一、历史与时代相统一、民族与世界相统一的重要特征。

（一）理论与实践相统一

新时代"立德树人"理论具有较强的科学理论性特征，是对马克思主义"立德树人"理论和历代我国国家领导人"立德树人"理论的继承和创新，并且结合新时代社会主义教育的发展和改革需求逐渐完善而成，具有较强的科学理性。此外，新时代"立德树人"理论具有较强的实践性特点。实践是认识发展的动力，是检验认识真理性的唯一标准。实践是理论的来源与基础，没有实践就不会有真理的存在，只有从实践中形成的理论以及经过实践检验的理论，才能上升为真理，才具有普遍意义。新时代"立德树人"理论并不是一朝一夕形成的，而是在实践、认识又实践的多次反复中逐渐形成的，是立足于我国教育实际，在中国特色社会主义教育发展和改革过程中不断总结、完善、发展，具有坚定的实践性特点。新时代"立德树人"的理论提出后，在贯彻落实过程中始终保持理论与实践的统一，不断用理论指导实践，在实践中贯彻落实理论，促进理论与实践的融合。

（二）历史与时代相统一

中华民族是一个重视品德修养的文化大国，自先秦时期到汉、唐、宋、元、明、清各个朝代，德的思想理论一脉相传，衍生出丰富而又精辟的德育思想。新时代"立德树人"的理论中包含着丰富的中华优秀传统文化，例如，重德贵义、律己修身、兄友弟恭、礼貌谦让、精忠报国等良好品德的理论和思想。这些思想是新时代"立德树人"理论的重要思想来源，因此，新时代"立德树人"理论具有较强的历史传承特点。

此外，新时代"立德树人"理念还具有鲜明的时代性特点。随着新时代中国特色社会主义事业的发展，我国社会主要矛盾发生了巨大变化，迫切需要对公民进行德育引导，提升全民道德修养和道德实践，使全国上下自觉培养良好品质，不断提高品德素质修养。从这一视角看，新时代"立德树人"中注入了新的时代内涵，并且指明了新时代教育的根本任务，明确了新时代道德建设的价值标尺，因此具有鲜明的时代性。

新时代"立德树人"理论既继承了中华优秀传统文化和中华传统美德，又兼具时代德育内涵，呈现出鲜明的历史和时代的统一。

（三）民族与世界相统一

新时代"立德树人"理论还具有民族性与世界性相统一的特点。我国是个多民族国家，在历史上各民族团结稳定、和睦相处，共同创建了博大精深、内涵丰富的中华优秀传统文化。千百年来，中华儿女为了民族的独立、解放、发展和壮大，进行了顽强地奋斗和拼搏，逐渐形成了以爱国主义为核心的团结统一、爱好和平、勤劳勇敢、自强不息的伟大民族精神。这些民族精神是新时代"立德树人"理论的重要内容。

此外，随着经济全球化的发展，不同区域、国家的经济、政治和文化相互交融，相互吸收和借鉴，形成了全球教育发展的潮流和趋势。新时代"立德树人"理论在顺应中国国情发展的基础上，还吸收了世界先进教育理论和教育成果，丰富了世界教育理论，为世界教育事业的发展贡献了力量，因此呈现出民族与世界相统一的特点。

二、"立德树人"理论的内涵与行动要求

"立德树人"的内涵即是明确"立什么样的德""树什么样的人"，本节主要对"立德树人"理论的内涵和行动要求进行详细阐释。

（一）新时代"立德树人"理论的内涵

"立德树人"是我国社会主义新时代的人才培养的根本任务，是结合我国具体国情对社会主义建设者和接班人的全面培养。新时代"立德树人"理论的内涵主要包括立社会主义道德、树全面发展的社会主义建设者和接班人两个主要方面。

1.社会主义道德

我国现在正处于社会主义初级阶段，新时代我国的社会矛盾发生了较大变化，主要表现为人民日益增长的美好生活需要和不平衡不充分的发展之间的矛盾。从我国新时代的国情出发，我国社会主义初级阶段的道德建设包括社会主义基本道德规范、社会主义核心价值观、理想信念三个方面。

（1）社会主义基本道德规范

根据我国的具体国情，社会主义基本道德规范包括社会公德、公民道德、职业道德三个方面。社会公德是指在社会公共领域中处理社会关系的基本准则，主要包括处理人与人之间、人与社会之间，以及人与自然之间的基本行为要求。社会是由一个个的人构成的，人是社会的基本单位，社会的正常运转和发展需要人与人之间形成和谐的人际关系。而人与人之间和谐人际关系的形成则与社会规范息息相关。以高校为例，无论教师还是大学生，均应保持和谐相处，在与人交往时保持文明礼貌、助人为乐、相互关心、相互尊重、诚实守信等。只有在社会上形成良好的道德规范，才能确保人与人之间和谐相处。社会主义基本道德规范是建立在社会主义经济基础之上，与社会主义经济、政治、文化相适应的社会道德是社会主义初级阶段公民必然遵循的道德规范。

公民道德是一个国家所有公民必须遵守和履行的社会道德规范的总和。根据中共中央、国务院2019年10月印发实施的《新时代公民道德建设实施纲要》，要求我们要把社会公德、职业道德、家庭美德、个人品德建设作为着力点。推动践行以文明礼貌、助人为乐、爱护公物、保护环境、遵纪守法为主要内容的社会公德，鼓励人们在社会上做一个好公民；推动践行以爱岗敬业、诚实守信、办事公道、热情服务、奉献社会为主要内容的职业道德，鼓励人们在工作中做一个好建设者；推动践行以尊老爱幼、男女平等、夫妻和睦、勤俭持家、邻里互助为主要内容的家庭美德，鼓励人们在家庭里做一个好成员；推动践行以爱国奉献、明礼遵规、勤劳善良、宽厚正直、自强自律为主要内容的个人品德，鼓励人们在日常生活中养成好品行。

学校是公民道德建设的重要阵地。要全面贯彻党的教育方针，坚持社会主义办学方向，坚持育人为本、德育为先，把思想品德作为学生核心素养、纳入学业质量标准，构建德智体美劳全面培养的教育体系。加强思想品德教育，遵循不同年龄阶段的道德认知规律，结合基础教育、职业教育、高等教育的不同特点，把社会主义核心价值观和道德规范有效传授给学生。注重融入贯穿，把公民道德建设的内容和要求体现到各学科教育中，体现到学科体系、教学体系、教材体系、管理体系建设中。开展社会实践活动，推进劳动精神、劳动观念教育，引导学生热爱劳动、尊重劳动，懂得劳动最光荣、劳动最崇高、劳动最伟大、劳动最美丽的道理，更好地认识社会、了解国情，增强社会责任感。加强师德师风建设，引导教师以德立身、以德立学、以德施教、以德育德，做有理想信念、有道德情操、有扎实学识、有仁爱之心的好老师。建设优良校风，用校训励志丰富校园文化生活，营造有利于学生修德立身的良好氛围。

职业道德是社会公民在职业生活中应当遵循的基本规范。俗话说："三百六十行，行行出状元。"不同职业有不同职业应当遵守的职业道德。例如，高校中的主体为教师，教师的职业道德在《中华人民共和国教师法》《高等学校教师职业道德规范》等法律法规中进行了详细表述，其中包括爱国守法、教书育人、为人师表等内容。这些是教师职业所必须遵循的规范。

（2）社会主义核心价值观

社会主义核心价值观是我国作为社会主义国家的国家之魂。有关社会主义核心价值观提出的背景、理论及内涵将在下文进行详细阐释，这里不再赘述。

（3）理想信念

理想信念既是哲学范畴的概念，也是心理学的重要课题，是指人们对一种生活、一种理想、一种理论或一项事业深信无疑、坚定不移、执着追求，并为其实现而勇往直前、努力奋斗的思想、精神和行动。理想信念具有较强的稳定性、亲和性、激励性的特点。人类理想信念是思想道德理想和行为的总开关，体现了人们对美好生活的向往之情。新时代我国理想信念中包含着共产主义远大理想、中国特色社会主义共同理想、中国梦。其中，中国梦的最终目标是建设富强、民主、文明、和谐、美丽的社会主义现代化强国。

综上所述，"立德树人"中所立之德包括社会主义基本道德规范、社会主义核心价值观、理想信念三个方面。明确了所立之德后，就为社会主义公民的德育培养指明了方向。

2. 培养全面发展的社会主义建设者和接班人

社会主义建设者和接班人是德、智、体、美、劳全面发展的人才，即德才兼备的人才。无论是德才兼备的人才，还是德、智、体、美、劳全面发展的人才，其首要品质均为"德"。这里的"德"主要指德育，其与智育之间存在着十分密切的关系。德育为智育指明了人才培养方向，智育人才培养是德育人才培养的基础，德育与智育缺一不可。应将德育与智育统一在学校的教育活动中，不能偏颇，而学校作为教育机构只有培养德、智、体、美、劳全面发展的人才，才能真正促进教育深化改革，才能加快我国一流大学的建设，才能最终实现教育的终极目标。

学校所培养的人才不仅要德育与智育出众，还要有着较高的情商、美育和体能。德育与智育的关系中蕴含着情商与智商的关系。德才兼备的人才同样也是情商和智商均衡发展型的人才。情商教育在人才培养中十分重要，是一名人才知道如何"做人"的教育。我国社会进入新时代建设以来，在社会环境，人才成长中均面临着种种困难与挫折，如果人才的德育与智力水平较高，而情商水平较低，那么这种人才在发展中一旦遭遇挫折就很难振作起来，更别提为社会主义建设事业做贡献了。因此，在人才培养过程中，必须重视人才的情商培养。而情商是人才在进入社会后，为了更好地适应社会的发展，同时为了不断提升自身的意志培养而形成的品德。只有在教育中注重智商与情商并重，才能在教育中提高人才的综合素质。

除了德育、智育以及情商培养之外，美育和体育也是人才培养的重点。美育不仅使我们认识到外面的世界，还是人的内在素质的体现。自近代以来，美育教育备受关注，成为我国教育的重点。尤其近年来，我国对美育越来越重视。美育作为学校全面教育的重要组成部分，在学生教育中起着极为重要的作用。美的事物和形象是客观世界的真情和真事的反映，美育能够通过培养学生的审美能力，使学生发现客观世界中的美，不断追求正义和真理。

而对正义和真理的追求能够直接提升学生对知识的掌握，从而提升学生的智力。除此之外，美的事物或艺术形式常常需要将形象思维和抽象思维相结合，形象思维的培养有利于开发学生的大脑，从而提升学生的整体智力水平。美育还具有较强的德育引导和怡情、情感引导、文化传承等作用，在人的全面发展中发挥着极其重要的作用。

体育直接关系着人的身体素质，是培养学生德育、智育、美育的基础。培养德、智、体、美、劳全面发展的社会主义建设者和接班人，面对时代的发展和社会翻天覆地的变化，在学习中不能仅仅局限于书本知识，必须进行全面学习，培养学生的自主学习能力，并不断提升学生的实践能力，只有这样，才能将理论知识和实践能力更好地结合起来，才能提升学生的创新意识，贯彻终身学习的理念，不断开发学生的智力，提高学生自身应对社会发展的应用型能力。

立德和树人之间存在着十分密切的关系，其中，立德是树人的前提条件，立德是为了树人，而树人中体现着所立之德。立德是树人的必经之路，而树人则是立德的结果。因此，立德和树人之间存在着辩证统一的关系。我国作为社会主义国家，所培养的人才是全面发展的社会主义建设者和接班人，而社会主义建设者和接班人必须树立社会主义核心价值观。只有在人才具备社会主义核心价值观的基础上，才能结合其他条件开展树人活动，才能真正培养出德、智、体、美、劳全面发展的社会主义建设者和接班人。

二、新时代"立德树人"理论的行动要求

新时代"立德树人"应当从学校内部和外部两方面着手。

（一）在学校内部，加强以德树人

学校内部应通过加强教育者对"立德树人"的重视、家校合作促进学生的成长、完善学校内部"立德树人"的相关机制，加强以德树人。

1.加强教育者对"立德树人"的重视

教师队伍是"立德树人"目标实现的重要途径，在"立德树人"终极目标实现的过程中，教师起着十分重要的作用。教师作为教育的主体以及实施"立德树人"的主体，教师自身的道德水平以及对"立德树人"的认识是新时代"立德树人"理论的重要保障。新时代"立德树人"理论的行动要求中对教育者提出了较高的要求，即加强对"立德树人"的认识，不断提高自身修养。

作为教育者，在注重自身道德修养的同时也要注重学生的道德修养水平。学生作为"立德树人"的主要对象，首先要让学生懂得为什么要"立德树人"以及如何"立德树人"，只有明白了"立德树人"的根本原因，学生才能对学习产生兴趣。在教育活动中，教育者除了对学生进行课堂道德修养教学之外，还应当在教学实践中培养学生的良好道德习惯，让学生在真实的社会环境中锻炼分析问题和解决问题的能力。当学生遇到道德困境时，教育者应引导他们做出正确的道德判断和道德选择。

在"立德树人"过程中，教育者的核心在于育人，在新时代，育人不仅是科学文化知识方面的传授，还是对被教育者的思想政治素质的全面培养。在育人过程中，需要建立全面的育人体系，实现育人主体、育人过程和育人方位的最大化。全面的育人体系的重点在于全员育人。全员育人从高校育人工作的主体来说，要做到人人育人，人人都是育人者。具体来说，要求高校所有的教职员工，包括专任教师、行政人员、后勤人员都应该有育人的意识和育人的责任。高校大学生的德育教育即为马克思主义理论课和思想政治教育课，然而全员育人则是指除了"两课"教师外，其他文化课程的教师在做好本职工作时也需兼顾育人工作，而除了教学教师外，行政人员要做到"管理育人"，后勤人员要做到"服务育人"。各个部门相互配合构成育人的统一体，最终形成高校思想政治教育工作的新常态。

2.家校合作促进学生的成长

学校"立德树人"的实现不仅能局限于各校内部，还应着眼于家庭教育，并且将家庭教育和学校教育结合起来，共同搭建学校和家庭的互动平台。

家校互动可以成立家校联合协会，为学校和家长提供沟通和交流的渠道。家校联合协会的主要内容既包括对学生的知识辅导，为学生营造良好的学习环境和教育环境，同时又包括对学生进行道德引导。其中，对学生的道德引导是家校互动平台的主要职责。家校互动应以学校为主、以家长为辅，共同对学生的思想道德进行引导，共同促进学生的健康成长和成才。

3.完善学校内部"立德树人"的相关机制

学校是实现"立德树人"的主要场所，在实现"立德树人"的过程中，学校应当建立健全"立德树人"的工作机制。具体来说，学校应当不断完善学校的领导体制、激励机制以及保障机制。健全和完善学校领导体制是学校"立德树人"有效机制形成的关键。一方面，学校应结合学校的实际，建立专门的"立德树人"领导小组，并做好资源调配方案的制定以及行动的监督，为学校实施"立德树人"奠定基础；另一方面，学校应当充分发挥校内各个成员的作用，将"立德树人"贯穿于学校的各个部门，实现"立德树人"的全员教育。除了建立健全和完善的学校领导体制之外，还应建立健全"立德树人"的激励机制。激励机制是实现"立德树人"的有效手段，能够充分提升"立德树人"参与人员的积极性，激发学生的兴趣和动机，从而使学生自觉完成"立德树人"的各项任务。学校"立德树人"的激励机制具体包括关怀激励、榜样激励和奖惩激励三方面。

"立德树人"的保障机制是指学校的领导和管理部门。在"立德树人"的过程中，为了确保"立德树人"工作的正常有序进行和"立德树人"计划的有效落实，学校应为"立德树人"实施过程中的经费、师资等提供各种保障。"立德树人"作为新时代人才培养的目标，是一项极其复杂的工作，需要学校建立"立德树人"的保障机制。具体包括建立健全"立德树人"的制度保障体系，不断加强师资力量，获得全体师生的认同和支持，并且逐步完善学校的考核标准。唯有如此，才能确保"立德树人"目标的最终实现。

（二）在学校外部，营造良好的"立德树人"的氛围

"立德树人"是我国培养德、智、体、美、劳全面发展的社会主义建设者和接班人的重要途径。对于人才培养的终极目标，"立德树人"的实现不能仅仅依靠学校的力量，还必须依靠全社会的整体力量。具体来说，新时代"立德树人"还需通过优化社会环境、提升学生的自我教育等途径实现。

1. 优化社会环境

社会环境对"立德树人"目标的实现起着极其重要的作用，"立德树人"的实现离不开社会环境的优化，而良好的社会环境则可以为学生提供积极向上的氛围，对"立德树人"的实现具有较强的推动作用。"立德树人"良好社会环境的构建需要逐步完善社会主义市场经济体制，倡导社会主义核心价值观，加强互联网信息传播内容的管理。

改革开放以来，我国坚持进行社会主义市场经济改革，已经初步建立了社会主义市场经济体制。社会主义市场经济体制的建立需要遵循市场经济

的一般规律，不断提高市场化水平。与此同时，社会主义市场经济体制的建立离不开对社会公民的道德导向，社会公民的道德水平越高，社会主义市场经济就越强。因此，在完善社会主义市场经济体制的过程中，学校外部应当为学生构建积极健康的社会经济环境，从而引导学生在社会主义市场经济体制下形成良好的道德品质，从而为我国"立德树人"的实现提供保障。

近年来，随着经济全球化的深化和发展，世界各国联系越来越紧密，在多元化背景下，许多西方国家的价值观凭借互联网信息传播系统传入我国，并对我国公民的价值观产生影响。青少年是未来国家建设的主要力量，在未来国家综合实力水平的提升中起着重要作用。青少年由于心理发展的特点，人生观和价值观还未完全成熟，极易受到外界观念的冲击。在多元文化发展的时代，只有帮助学生树立正确积极的社会主义核心价值观，并且将社会主义核心价值观的要求融入学生日常生活和学习的方方面面，使其成为学生日常生活的行为准则，同时加强对学生思想道德的引导，才能帮助学生树立坚定的正确的价值观。随着信息技术的发展，互联网已经成为人们相互沟通和交流的重要手段，以及学生获取信息的主要渠道。在学校"立德树人"过程中，加强对互联网信息传播的监管力度，杜绝不良信息传播，为学生营造一个良好的网络环境，同时借助互联网传播"立德树人"的知识，能够促进"立德树人"更好更快地实现。

2. 提升学生的自我教育

家庭是社会的基本单位，家庭教育在青少年教育中起着十分重要的作用。将家庭教育纳入学校教育，构建家校互动平台，能够促进"立德树人"根本任务的实现。学生的自我教育是实现"立德树人"的重要途径。学生作为教育的主要对象，无论在学校教育还是在家庭教育和社会教育中，都应充分发挥学生的主观能动性，让学生参与到"立德树人"的过程中来，逐渐培养学生的自我教育能力。学校教育者应当尊重学生的主体地位并肯定学生的主体性，在教育教学中以平等的态度对待学生，增强学生自觉提升道德修养的积极性和主动性。具体可通过强化学生的自我教育意识、加强学生的自我教育管理以及创新学生自我教育方法、为学生营建良好的自我教育环境四个方面来实现。

第二节 高校立德树人的协同策略

一、新时代高校立德树人协同策略构建的价值意义

高校立德树人实现协同包含着丰富的内涵，在对协同理论概念进行科学把握的基础上，探究高校立德树人协同策略的理论依据、现实意义和价值目标，目的在于形成协同策略构建的科学性、系统性认识，进而为高校立德树人协同策略的构建奠定科学的理论基础和前提。

（一）协同策略构建的现实意义

高校立德树人与协同理论之间有很强的契合性。首先，高校立德树人是一个系统性工作，它内在地包含许多要素，而各个子系统之间又存在着相互配合、相互竞争的问题。根据协同理论，我们有必要对高校立德树人工作施加外在控制力，推动多方面教育主体同向而行，整合各种资源，促使立德树人系统内部的无序竞争运动向有序的独立运动转化，从而构建一个较为稳定的立德树人协同体。其次，高校立德树人工作不仅是一个理论工作，还是一个实践性活动，系统内部各子系统或各要素主要是有较强自觉能动性的人，系统内部各个要素实现有序运动，提升立德树人工作的实效性会更加明显。可见，二者的结合有内在的可能性，并且协同策略的构建对于解决高校立德树人过程中现存的问题也有很多现实意义。

1. 顺应时代发展需要

改革开放 40 多年来，中国对外开放步伐不断扩大，要求我们必须深刻把握国际国内发展基本走势，落实教育优先发展的战略地位，顺应时代发展的要求，积极推进教育现代化的发展。在中外比较学习借鉴世界各国的教育优势中，我们不难发现西方国家对道德教育的重视、对理念的探索、对模式的研究在历史上是一以贯之的。尤其到了近代以来，各个国家间的竞争日趋激烈，西方国家着眼于人才培养和教育实力的提升，纷纷采取各种形式以推进高等院校建设，增强国家综合竞争力。我国于 2016 年开始实施建设"双一流"高校的战略，是提升我国高等教育综合实力和国际竞争力的重要举措，是建设高等教育强国和实现人力资源强国战略的必然选择，也是实现"两个

一百年"奋斗目标和中华民族伟大复兴中国梦的坚实支撑。双一流建设的首要任务是人才培养。因此，通过协同汇聚一流资源、优化教育模式、提升教育效果，全面促进大学生的政治觉悟、思想道德、能力素质等多方面的发展，既是全面落实科教兴国、人才强国的战略的需要，也是进一步顺应时代发展，增强国际竞争力的需要。

2. 维护意识形态安全

从意识形态工作的性质来看，它决定着立德树人的方向。总体来说，目前高校大学生主流意识形态表现出积极向上的良好态势，但是大学生在大学时期正处在思维活跃、好奇心重、接受能力强的阶段，经济全球化、政治民主化、文化多元化和信息网络化的发展，使得他们更容易受到多元文化、多重价值观的冲击和侵蚀。如若没有正确、及时的引导，大学生的价值判断与选择极易陷入误区、偏离准线，甚至在关键问题上出现一些模糊性认识和错误观点。此外，随着大学生自主性不断增强，部分大学生以自我为中心，过度关注个人利益和眼前利益，缺乏社会责任心，导致意识形态领域的安全受到严峻挑战。大学生是建设中国特色社会主义事业的人才资源和后备力量，"人生的扣子从一开始就要扣好"，高校作为大学生的聚集地，也是我们维护意识形态安全的主阵地，立德树人协同策略的构建有利于联合高校内外的各个关涉部门、各种力量筑起大学生主流意识形态培养的安全防线，引导大学生树立坚定信仰与共同理想，将高校大学生的主流意识与国家、社会的指导思想统一起来，引导社会主流意识形态的发展方向，破除传统文化中的落后思想和西方文化中的腐朽思想给我国所带来的意识形态领域安全问题。

3. 提升立德树人效能

新时代高校全面贯彻党的教育方针，将立德树人落实在课堂教学中、渗透在校园文化中、延伸到学生生活中，高校大学生的文化水平、思想觉悟、思想道德素质不断提高，立德树人取得了长远发展。但还有很多高校的实践局限于思想政治教育的课堂，停留于理论层面，缺乏实践引导。构建高校立德树人的协同策略，可以调节立德树人工作的不平衡、不协调性，通过更多地关注并满足大学生多方面的需要，优化大学生的素质结构，促进高校学生的全面均衡发展。因此，将协同理论引进高校立德树人体系是促进立德树人体系中多元主体互动的必由之路，只有使多元主体相互协调、相互促进，才能最大限度地利用各种教育资源，推动各个子系统由无序运动向有序运动转化，破解高校立德树人现存的条块分割、孤立无援、缺乏实践引导等现象，进一步提高立德树人工作的有效性和针对性。

（二）协同策略构建的价值目标

高校立德树人协同策略的构建并非是为了将各类主体、各种资源进行简单地一加一，而是为了整合多方面力量，更好地落实立德树人工作，因此协同策略构建须着眼于更高层次上的价值追求，致力于实现更高水准的目标。

1. 树立"以学生的全面发展和健康成长为中心"的教育理念

构建协同策略必须坚持"以学生的全面发展和健康成长为中心"这是新时代一切教育工作的出发点和落脚点，教育理念的核心就在于尊重和理解学生，在于对学生潜力的挖掘与心智的启发，协同策略的构建归根结底是为了提高立德树人的实效性。高校立德树人工作在实施过程中必须充分考虑每一个学生的特殊性，向着实现理论教学与实践教学并行、心理疏导与行为引导并重的教育模式转变，关注关心每一个学生的成长需求。加强各个育人主体的育人意识、服务意识和管理意识，真正做到教育为了学生、服务为了学生、管理为了学生，从而在各类育人主体头脑中树立起"以学生的全面发展和健康成长为中心"的教育理念。

2. 树立"三全育人"的工作理念

"三全育人"工作理念，既体现了协同发展的育人思想，也是全面、系统的育人指导思想和原则。在参与主体维度上要做到全员育人，也就是要求参与立德树人工作的队伍（包括党政干部和共青团干部、思想政治理论课教师和哲学社会科学教师、辅导员班主任、心理咨询教师六支队伍在内的思想政治工作队伍；专业课教师和行政管理服务人员及家长、社会相关教育部门）密切分工，相互配合，同向同行。在时空维度上要做到全过程育人，要求在学生的不同学习阶段，根据其不同的特点及发展规律，分阶段、按计划地开展育人工作。在遵循和执行教育政策的基础上，在学生发展的不同阶段设立不同的教育主题。在资源调配上做到全方位育人，要求充分运用各种教育载体，使其相互补充、取长补短、协同发力。要求促进不同领域、类型和层次的育人实践活动的相互作用、相互影响，形成多向互动的动态平衡关系和良性循环的育人格局。综合不同领域、不同育人主体的利益诉求，兼顾不同类型和层次的特殊要求，生成相对整合统一的价值追求和实践规范。要在互补、互动、综合的基础上形成融通效应，实现目标、资源、策略、评价等各个要素的相互融通。

3. 形成环环相扣的责任体系

在协同理论指导下，高校对队伍自身权责协同体系要进行深化调整，以协同理论为指导，创新队伍的谋划、培养和发展体系，以权定责、以责固权，推动教育队伍的良性协同发展。通过构建健全成熟的队伍体系保障立德树人工作发展的持续动力。责任体系构建的关键因素是把握自我性，明确责任与权限。首先要认识到各教育主体的自发性、主动性特点，正确认识教育主体自身要素的目标一致性和发展路径的趋同性。其次，强化分级队伍，形成合力保障。要着眼于队伍的广泛性和专业性，从人员分工具体化到队伍责任明确化，按照思想真、素质高和能力强的原则，不断优化各个层面的组织结构人员配备，并分门别类形成责任考核体系加以落实。

二、新时代高校立德树人协同策略构建的原则

高校立德树人协同策略构建的目的就是为了实现系统内各个子系统或要素之间的相互协调、相互促进，使多元主体同向而行，教育资源得到最大限度地利用，从而促进大学生的全面发展。协同策略构建并不是感性随意的设计和推进运行的，需要遵循一定的原则。具体而言，主要有导向性原则、中心性原则、系统性原则和动态性原则。

（一）导向性原则

高校立德树人协同策略构建的导向性体现在两个维度，一是政治导向的维度，正确的政治导向可以为整个协同策略的构建过程和有效施行提供根本性的保障。二是实践导向的维度，它要求整个协同不是停留在认识层面，发展不是自发演变的结果，也不是在共同利益方面有一致认识结果，不能把它简化为实现专家学者设计的各种模型，而是需要达成共识后指向实践。

1. 政治导向

中国是中国共产党领导的社会主义国家，这就决定了我们的教育必须把培养社会主义建设者和接班人作为根本任务，培养一代又一代拥护中国共产党领导和我国社会主义制度、立志为中国特色社会主义奋斗终身的有用人才。这既是教育工作的根本任务，也是教育现代化的方向目标。这彰显出正确的政治导向在高校立德树人协同策略构建过程中的极端重要性，而高校立德树人协同策略构建所应遵循的政治导向是指协同策略的构建方向要始终与我国社会主义社会的主流意识形态、指导思想、发展要求相一致，要与我国社会主义大学的办学宗旨、教育理念相一致。

首先，要坚持马克思主义在中国特色社会主义主流意识形态中的指导地位。马克思主义立足于无产阶级的立场，客观阐述了人、自然和社会发展的一般规律，为人们提供了认识世界和改造世界的一般立场、观点和方法，自诞生以来就成为广大无产阶级认识社会、改造社会的强大思想武器和理论指导。马克思主义是一个开放的理论体系，它的生命力就在于它与具体的社会实践相结合，马克思主义一经传入中国便开始与中国实际相结合。中国用实践证明了中国特色社会主义事业的顺利进行和健康发展始终离不开马克思主义的指导。然而当前我国正处在社会转型期，社会经济成分、利益关系多样化发展，传统思想与现代思想相互交融、外来文化冲击本土文化，各种载体承载的信息良莠不齐，为人们学习中国特色社会主义理论、树立社会主义核心价值观带来了困难。面对高校立德树人所处的这种社会大环境，协同策略的构建就必须牢牢地坚持马克思主义的指导地位，利用马克思主义的立场、观点、方法来帮助学生修养德行、增长才干。

其次，高校立德树人协同策略的构建要遵循党的领导和党的路线方针政策，我们的高校是党领导下的高校，是中国特色社会主义高校。因此，高校立德树人协同策略的构建与落实理应坚持党的领导，遵循党的执政理念，贯彻党的路线方针政策，保证协同策略构建的科学性，保证协同策略切实提高立德树人工作的实效性，使立德树人工作服务于学生、服务于中国共产党治国理政工作、服务于巩固和发展中国特色社会主义制度、服务于改革开放和社会主义现代化建设、服务于实现全面建成小康社会、服务于中华民族伟大复兴中国梦的实现。高等教育事关民族的前途命运、事关百姓福祉、事关人民群众能否拥有更多获得感，因此，高校立德树人协同策略的构建能否坚持正确的政治方向至关重要。方向正确，则协同策略对高校立德树人工作会起到事半功倍的作用；方向错误，则协同策略反而会导致立德树人工作的效果与党和国家的希望背道而驰前功尽弃。

2.实践导向

虽然理论灌输在高校立德树人工作中占据主要位置，但是理论灌输对学生的教育还只是停留在观念层面，并不意味着学生在实际行动中会真正落实，因此，构建高校立德树人的协同策略要充分注意实践教学的重要作用。扎扎实实干事，踏踏实实做人。道不可坐论，德不能空谈。由此可见，实践才是立德树人的关键所在。在协同策略构建过程中选择来源于实践、贴近学生生活实际的教育内容，不断地开展实践教育增强大学生对于立德树人教育的理解能力，有助于他们更深入地去思考去理解立德树人的概念，并在与具体事务和与周边环境的互动中将学习到的理论知识内化为自我认同，并外化于实际行动中。理论来源于实践，也是用来指导实践的，正确的理论可以有效地推进实践活动，错误的理论则会导致实践失效。同样地，在高校立德树人协同策略构建过程中提高对实践的重视程度，也会推进认识水平的提高和理论成果的升华。

（二）中心性原则

中心性原则是指协同战略构建要"以学生的全面发展和健康成长为中心"。主体性是人的本质属性，是指人作为对象性活动的主体所具有的本质特性，是人在认识和改造外部世界和人本身，并创造着自己历史的活动中所表现出来的能动性、创造性和自主性。

高校立德树人工作的主要工作者和工作对象是人，而高校立德树人协同策略的构建所应遵循的中心性原则就是要求充分激发学生的主体作用，尊重学生的差异，满足学生的需要，遵循学生成长发展规律。

1.激发主体作用

坚持中心性原则，就是要充分发挥大学生的主动精神，建设属于大学生自己的协同育人策略，并促使建成的协同策略真正发挥作用，使青年学子不断提高自身的自主精神、创新精神和创造能力。要引导学生积极参与到协同策略的建设中来，在协同策略构建的过程中不断开动脑筋，养成善于思考的习惯，不断提高大学生认识问题、分析问题和解决问题的能力。重视协同策略构建过程中师生主体间的互动交流，要重视师生之间的情感沟通。教师在立德树人过程中以情化人、将心比心，在情感上给予学生关心，引导学生从心理上、知识结构上认同教师传授的内容和价值观，才能真正对自己的实践起到正向的指导作用，才能使立德树人实现新的有效沟通。在信息反馈中一定要注重双向的交流，要在平等的基础上达成共识，而并非是主动地说与被动地听，这样会影响沟通的积极性，对沟通效果产生不利影响，双向的沟通可以反复进行多次，在不断的意见交流中达到立德树人的最好效果。

2. 遵循教育规律

做好高校思想政治工作要遵循思想政治工作规律、教书育人规律、学生成长规律。这既是做好思想政治工作的原则，也是高校实施文化育人的基本原则。

协同策略的构建要着眼于尊重大学生成长规律。规律是指事物发展过程中内在的本质联系，由事物内部矛盾构成，决定事物发展的趋向。规律是客观的、内在的，它不以人的主观意志为转移，不能创造和改变，只能发现、把握、利用。人们对事物发展规律的认识属于主观对客观的反映活动，它是一个永无止境的探索过程。大学生思想品德不是与生俱来的，而是有一个形成发展的过程，即个体在社会环境的影响下，通过社会实践使思想品德诸要素不断平衡发展，使知与行从旧质到新质循环往复、螺旋上升，从而形成符合社会要求的相对稳定的心理特征、思想倾向和行为习惯的外部制约与内在转化有机统一的矛盾运动过程。大学生理想信念、道德情操、行为规范的确立是主体内在思想矛盾运动转化的结果，是在社会实践基础上主客体因素相互作用的结果。同时，立德树人协同策略的构建不仅要满足学生发展，更要适应社会发展的主导需要，考察学生需要不仅要关注学生个体的发展规律与需求，更要把握社会发展的阶段、性质和规律性，与社会发展的要求相一致。

（三）系统性原则

系统性原则强调系统整体结构与功能，关键是要处理好三个关系，一是系统内部各个要素之间的关系；二是系统整体与部分之间的关系；三是系统与外部环境之间的关系。系统的结构往往能决定系统功能，因为结构越完善，功能就越优良。但整体功能并不等于要素功能之和，系统质量、数量与组合形式都会影响整体功能，因此在注重整体性结构的同时，要注重要素间结构和要素与整体的关系。在系统论看来，系统整体包括两个以上的要素，各个构成要素、要素与系统整体，包括系统整体与外部环境均建立在一定联系之上，从而保证了系统结构的稳定。相较于各组成要素而言，系统的结构与功能具有整体性、顺序性、关联性、平衡性和发展性等特点。遵守系统性原则，要求我们将立德树人工作视为一个完整系统，协调处理各构成要素之间、要素与系统整体之间以及系统整体与外部环境之间的相互作用关系，力求实现系统目标的最优化，保持整个系统的稳定与平衡发展。需要注意的是，系统中的各个要素绝不是相互孤立存在的，而是相互联系、相互作用的，并遵循一定的规则，处于相应的位置，进而构成具有一定功能和运动规律的有机整体。

1. 有机协调

整个世界是由不同层次不同特质的系统所构成的一个整体，这些系统间既相互制约又相互依存，使得整个世界可以有活力且有规律的演化发展。而高校的立德树人工作也是一个由诸多相互联系、相互影响、相互作用、相互制约的要素组成的具有一定结构与功能的系统。立德树人工作的各构成要素分布在不同组织层面、不同工作领域、不同人员群体，具有很大的复杂性，各个工作部分都各自有着不同的特点和功能，也承担着不同的工作任务。同时，各个环节、各构成部分之间是相互联系、相互作用、不可分割的，每一个构成环节或部分都具有自己独特的特点并发挥重要的功能。任何的一个环节或部分出现问题必定会影响整体功能发挥，甚至制约系统的良性运行与协调发展。要有效发挥协同立德树人的功能，必须坚持系统性原则，从协同育人的大局出发，将各个部门、各个环节、各个主体有机协调起来，形成一个有机的整体，避免出现割裂现象，促使各个要素共同发挥作用，从而使高校思想政治教育协同育人策略发挥最大效应。这需要各要素之间互相配合、互相渗透、互相协作，使各个要素之间的优点与缺点形成互补，发挥各个要素最大效应，建立起良性互动策略，使各个要素能各自承担起协同育人的责任，具有高度的协同意识，协同主动性强。

2. 有效整合

坚持系统性原则，要从整合各方面力量入手，一是以社会主义核心价值观统领的校内诸多育人力量。从校园师生所承载的立德树人职能看，校园内有几支重要的力量，即承载教书育人职能的第一课堂教学力量，承载管理育人职能的管理力量，承载服务育人职能的图书馆、学生公寓、安全保卫等服务保障力量，承载朋辈育人职能的学生组织等学生榜样力量。如果将这些影响力量加以整合，那么对学生立德树人工作的效果就更强。二是整合社会各界力量。高校立德树人工作并非局限于校园之中，尤其是在信息化社会，各种信息可通过各种媒介走出校园，辐射到社会，同时也接受来自社会文化的影响。

（四）动态性原则

高校立德树人协同策略并非一成不变，会随着内部要素和外部环境的变化而变化，因此具有一定的不稳定性。高校立德树人协同策略需遵循动态化原则进行构建，不仅要在建构理念上体现动态化思想，而且要动态组合各部分要素，将动态化原则渗透整个高校立德树人工作中。

1. 动态调动

高校立德树人协同策略的完善过程是不断运动和变化的，而不是孤立的、静止的。高校教育工作系统内的各个要素从来不是稳定不变的，正因为其动态性、发展性的存在，进一步推动了高校立德树人过程的不断变化和发展。从教育者的角度来看，作为主动的一方，社会在自身发展的基础上提出了对大学生立德的现实要求，教育者通过对社会要求的合理转化提出了教育要求，提出了教育目标、设置了教育任务、创设了教育情境，并选择了教育的方式方法，但往往不能保证应有的效果，原因在于教育主体在立德树人的过程中往往缺乏主动性，缺乏相应的约束，甚至缺乏相应的价值追求，无法保证立德树人实践的长效化、机制化运行。因此，一方面必须设置主体行为的约束机制，动态考核教育者主业主责的完成标准；另一方面要设置有利于教育者潜心育人的制度安排，实现长效化运行。从受教育者的角度来看，其作为被动的一方，思想与行为往往处于反复不定的状态，需要动态的关注与引导，运用物质、情感等方式构建动态的激励机制，启发其积极性与主动性，运用制度规范约束其不当的思想行为。因此，必须从整体的角度动态调动。这意味着不仅要关注系统内部各主体、各要素在立德树人协同策略中的作用，更要着重把握大学生立德树人过程中的各主体、各要素之间的互动，使高校立德树人协同策略的构建实现整体结构有序、功能良好。

2. 动态供给

协同理论指出稳定的系统是开放性的，即系统整体无法独立存在，在其发展过程中必须不断地与外部环境进行物质资源、信息资源和能量资源的交流。同时，还要对外界事物采用宽容的态度。因为只有系统不断的进行物质、信息与能量的交换才能打破旧系统原有的平衡，远离平衡后使各子系统产生非线性作用，实现无序向有序运动的转变。高校立德树人过程处在一定的社会环境中，随着客观环境的变化必然要求策略随之进行调整，以适应客观条件的变化发展。中国的社会主义进入新时代，改革开放的进程不断推进，经济发展速度加快，大学生对于精神文化生活要求也越来越高，高校只有通过协同产出高质量、实时化、有效的内容供给并被大学生所接受，才能满足主体成长的需要。要着力实现需求侧和供给侧协同联动。着眼学生关心什么，增强以社会热点难点问题为导向的解疑释惑能力。聚焦学生需要什么，提高精准满足学生成长成才需要的供给能力。立足帮助学生解决什么，将思想价值引领与评奖评优、困难生资助、勤工助学、就业创业、心理咨询深度融合，将思想政治工作与学生组织管理、校园文化建设、社会实践活动相互贯通，不断提高统筹解决思想问题与实际问题的能力和水平。

3.动态创新

创新不仅是一个国家发展的不竭动力，更是高校立德树人协同策略构建所应遵循的必不可少的重要理念。坚持动态性原则，要求我们在不断健全高校立德树人协同策略的过程中融合时代特点，创造性的继承传统，针对性的总结经验，科学性的探索方法。大学生处在一个世界观、价值观和人生观的形成时期，是个多变性的群体，他们的思维活跃，对新鲜事物的接受能力比较强，再加上经济和网络社会的迅猛发展，更加容易受到身边各种人和各种信息的影响。因此，要将动态性原则贯穿于策略构建的全过程。创造性的继承传统就是要注重突破以往固有的思考和行为模式，取其精华。针对性的总结经验就是要借鉴其他学科领域或社会领域的有益经验，科学地掌握各种研究成果与研究模式。科学性的探索方法就是要用变化发展的眼光看待和解决伴随时代出现的新情况、新问题和新挑战。

三、新时代高校立德树人协同策略构建的方略

（一）全员：育人主体的合力凝聚

高校立德树人协同策略的构建必须重视和发挥各种育人主体的作用，凝聚各类育人主体的力量，强化育人意识和责任担当，凝聚共识、齐心协力，使各主体自觉在各自本职工作中对学生实施直接或间接的思想价值引领。

1. 把握育人主体的广泛性

全员是指党和国家、高校、学生乃至家庭和社会都应该参与到立德树人过程中来。高校立德树人体系的建设主体具体来说主要包括四类：一是领导主体，主要指中国共产党和高校党团组织；二是教师主体，高校教师主体既包括专业的思政理论课教师、哲学及社会科学教师、辅导员、班主任和心理咨询教师等人，也包括其他专业课教师、科研人员和各级各类的行政人员以及教辅人员、后勤管理部门的人员；三是学生主体，学生在立德树人教育过程中既是受动者，又可以发挥自我主观能动性成为自我教育的主体；四是社会主体，社会主体主要包括学生个人成长的家庭、社区、工作以及社会大环境。

我国历来重视党对宣传工作和思想政治工作的领导，强调领导干部在教育工作中的重要作用。政治路线确定之后，干部就是决定的因素。同样，在育人工作中领导干部也是决定性的因素。形成在党委领导下的各方齐抓共管的育人新格局，要求领导干部在面临新的形势、出现的新问题时，不但要成为育人的理论专家，更要成为育人的实践专家，真正履行新时代中国特色社会主义思想，勇挑责任，廉洁奉公，加强自身修养，在高校大学生立德树人工作中真正形成一支素质过硬的领导工作队伍。老一辈无产阶级革命领导身体力行，为我们新世纪的领导干部在如何提高自身素质，保持党员先进性，搞好育人工作等方面做出了光辉的典范。但随着时代的变革，社会环境和党内生活环境都有了天翻地覆的变化，部分领导干部经不起改革开放的各种考验，自身素质下降甚至堕落，其育人主体的形象不同于以往，发生了很大的改变，育人工作的主体性作用削弱。对此，新时代党的建设总要求：只有不断加强高校党的建设与干部队伍建设，以确保立德树人的核心关键决策，才能最终保证高校立德树人工作的有效推行。

对于高校立德树人工作的落实来说，建立一支专业化的教育团队至关重要。立德树人工作所包含的教育主体是绝对的，即指专门从事立德树人工作的学校教育者。同时，育人主体也是相对的，即其他在立德树人工作中起主导作用的人也可称之为育人主体，只是该类主体所承担的任务和工作的范围相对小一些，所以，立德树人工作的育人主体是绝对和相对的有机统一。

由于各类主体在立德树人工作中所处的地位不同，所承担的职责不同，所以主体的教育理念、教育方法和手段各有不同。相较于专业化的教育团队而言，非专职的教育主体在很大程度上存在弱化育人责任感，缺乏育人积极性和主动性，忽视育人方法科学性等问题。中国社会的新发展和新时代大学生的精神需要使得高校立德树人工作需要应对更为严峻的挑战和更多复杂的问题，这也使得育人主体的重要性凸显，教师团队的专业化建设亟待提升。教育团队的专业化建设，一是要区别对待各类育人主体。针对各个行业的性质与任务分别发挥不同育人主体的优势，落实到位，明确职责，使育人工作更见成效。二是针对当前高校立德树人工作存在的问题建立专门的教育队伍。高校有专门的教师队伍负责立德树人教学工作，专职辅导员老师对学生进行日常生活管理和情感沟通。服务、后勤部门为学生提供生活保障。从传统意义上说，高校是绝对的育人主体，此类主体有着特殊的工作性质和任务，承担着立德树人的义务和责任，这也是育人主体的专业性所具有的本质特征。需要注意的是，对育人主体的划分并不是绝对的；也就是说，高校作为专门育人机构确实是发挥重要作用的育人主体，但并不否认其他主体也可以进行和实施立德树人工作，实际上仅仅是在工作范围与内容上存在差异。

马克思主义认为，人的本质是自我全面发展的主体、社会活动的主体、社会关系的总和，强调人的主体性发展。人的主体性就是人在创造自己历史活动中所表现出来的自主性、能动性及创造性，其中，人的主体性的最高层次表现是人的自主性。高校学生心智基本成熟，在接受教育的同时也会自己选择吸收的教育内容，成为对自我进行教育的主体。高校是一个半开放式的环境，人不仅能认识客观世界，还能改造客观世界。从认识主体来看，改造客观物质对象的过程，需要相关的素质和能力作为媒介基础。由于人的主观因素和客观条件的不同所限，人与人之间便产生了一定的差异，使得人们在认识世界与改造世界的过程中产生了教育与被教育的角色。也正是因为人有主体性，所以高校立德树人的育人主体不是仅是指高校思政课教师，而且还包括来自家庭、工作和社会大环境的教育主体，可见高校立德树人的育人主体具有广泛性。具体而言，对应个体的成长经历和职业发展过程，个体教育大致分为家庭育人、学校育人及职业育人三个层次，其中，家庭育人是基础，学校育人是重点，职业育人是关键。同时，办好教育事业，家庭、学校、政府、社会都有责任。全社会要担负起青少年成长成才的责任。各级党委和政府要为学校办学安全托底，解决学校后顾之忧，维护教师和学校应有的尊严，保护学生生命安全。高校立德树人主体存在广泛性，总体来看，高校立德树人工作必须构建一个团结紧密、行之有效的协同策略，要构建一套育人模式，坚持"育人为本、全面发动、全面普及"的原则，同时探索构建与现代社会相适应的"家庭育人、教书育人、管理育人、服务育人、环境育人和自我育人"的育人规律新模式、新策略。

2. 实现全员育人的统合联动

高校之所以需要而且能够协同各类教育主体落实全员立德树人工作主要有以下三方面原因。

第一，全员协同育人具有根本需要。由于立德树人的教育目标是生活在现实中的，所以受教育者必然会与现实社会中的人进行交流和沟通，也必然会吸收到不同的思想观点和价值观念。尤其在现代信息化社会中，海量信息鱼龙混珠，传播速度极快，缺乏辨别力的大学生极易受到不良信息的影响。因此，高校立德树人工作主体应协同一致，尽可能地同向输出正能量信息，阻止负能量信息对大学生产生不良影响。

第二，全员协同育人具有内在动力。由于立德树人是高校党团组织、思政理论课教师、辅导员和其他专业课教师等教职工的"天职"，既是责任又是义务，所以全员协同运作，可以进一步加强对学生的教育引导。

第三，全员协同育人具有外在压力。教育的根本任务是立德树人，最终的落脚点是培育具有社会核心价值观的社会主义建设者和接班人，归属于国家政策。高等院校作为落实立德树人工作的主阵地，是政策的有力实施者。另外，高校教职工为了追求与自身相关的核心利益，也会不断提高自身道德修养和思想境界，协同其他教育主体共同促进学生的全面发展。

总之，构建高校立德树人全员协同机制就是要构建以党委主体为领导，高校主体为核心，社会主体为辅助，激励学生自己教育自己的工作机制。只有认真审视每一个育人主体的地位，发挥每一个育人主体的作用，使之同向而行，才能实现取得立德树人工作的最大成效。

（二）全过程：育人实践的有效衔接

高校立德树人工作并不是一蹴而就的，所谓全过程就是要求将立德树人工作贯穿到学生成长成才和教育教学全过程，这是一个纵向的相互关联过程。纵向衔接主要包括职责维度的层级衔接和时间维度的阶段衔接。层级衔接指的是职责与任务的层层有效落实，阶段衔接指的是立德树人对大学生成长成才过程的全过程、全领域的融入。

1. 层级衔接

在层级的纵向协同方面，要把握协同有序性。高校立德树人工作是一个典型的层级制教育管理分层体系，高校党委发挥领导作用，以学工部为统领的日常思想政治工作部门、肩负思政课教学主渠道的马克思主义学院、肩负意识形态管理职责的党委宣传部、肩负党建育人职责的党委组织部、肩负师德师风建设的党委教师工作部、肩负课程思政推动的教务处等核心部门作为中间层，发挥承上启下的作用。学院作为落实立德树人根本任务的具体部门处于第三个层次，肩负行政管理服务育人的其他部门处于第四个层次，每一个层次都指向大学生主体，发挥相应的作用。同样地，在学院的内部，立德树人工作的运行也是一个层级严密的过程，院级党委领导，学工部门和各系、教研室作为中间层。学工部门指导辅导员、班主任、学生组织开展工作，各系、教研室指导专业课教师具体展开协同育人工作。

在这种纵向的层级关系中，我们非常有必要重视协同作用。首先，层级协同要求各个部门之间尽最大可能地保证信息传递的及时性和通畅性，以确保不会因为层级的传递导致工作过程中信息传递出现错误、迟滞；其次，层级协同可以使各层级之间达成共识，通力合作，既要避免造成被动执行，又要避免各层级单位各管一摊各不相帮的结果；最后，层级协同也是一种有效的监督与激励策略，可以避免立德树人工作中的官僚作风，提高工作者的工作效率与积极性。

2. 阶段衔接

理论上，高校立德树人应当贯穿于大学生生涯的全过程，教育的维度上要实现"中高社一体化衔接"。高校是学生成长成才过程中的重要一环，但并非是终点，因此研究、制定高等学校立德树人工作进度，要以大学阶段为中心，同时考虑高中和社会的衔接。高校学生要将学校所传递的价值观念、道德观点和政治立场内化于心，外化于行。这本就需要一段时间，是一个逐步吸收深化的过程，而且每个时期的学生都有不同的接受能力和成长需求，所以协同策略的构建必须针对不同年级水平学生有所侧重。

大学一年级是学生角色转变的阶段，中学与大学的教育环境、教育内容和教学方法都存在着较大的差异性，因此对刚进入大学校园的新生应以适应性、感性化的教育内容为主，采取关怀式教育方法，使学生逐步建立正确的价值追求，此时大学生应该以学习通识类课程为主，比如，思想道德修养与法律基础课、马克思主义基本原理课等，借以树立正确的世界观、人生观和价值观；大学教育的黄金时期是大二、大三阶段，是培养学生德才兼备的关键时期，此时大二、大三的学生多侧重于专业课的学习，以期提高专业素养。所以，高校应将立德树人教育融入各个专业学科文化知识教育中，以专业教师为依托，以学科内容为载体，致力于培育德才兼备的新型人才；而大四阶段是学生即将步入社会的一个阶段，此阶段的教育应重点关注学生的社会化，让学生从一个学习者转变为一个社会的实践者。此时立德树人工作的主要内容是对学生进行就业指导教育，开展思想引导，促进学生在社会中实现自我价值和社会价值。大四的学生在此时应当自主学习有关就业创业或者考研的知识，为今后的社会生活打下基础。

高校立德树人协同策略的构建还应该关注产学研一体化发展。产学研一体化已经成为高校发展的必然趋势，高校要构建产学研一体化协同育人策略，充分利用产学研过程中的立德树人资源，培养学生崇高的职业道德与务实、勤恳的作风。让企业参与到学校立德树人过程中去，利用企业精神、科研精神等对学生进行立德树人教育，不断丰富新时期高校立德树人内涵，拓展立德树人路径。此外，高校学生在成长成才过程中，难免会出现各种各样的困惑，甚至发展成心理问题。因此，各大高校有必要建立健全心理健康教育策略，选任专业的心理咨询教师，制定翔实、全面、可行的心理教育目标、计划，将对学生的心理健康教育贯穿学生在校学习的每一个阶段，渗透于立德树人的全过程。

时间衔接是协同立德树人全过程中最为关键的要素。立德树人的对象是发展过程中的学生，全过程育人机制的建立，要在合适的时间节点选择不同的、由低到高的教育内容，最大限度地满足学生阶段性需求。同时又要一以贯之，借助教育内容的内在关联性实现立德树人工作的前后衔接。

（三）全方位：育人资源的深度整合

全方位教育是一种育人的空间教育要素，其中又包含了载体和资源两个子要素。为了将学生培育成为德智体美劳全面发展的社会主义建设者和接班人以及担当民族复兴大任的时代新人，全方位协同育人要求高校从校内与校外、课内与课外、线上与线下多个维度锁定立德树人这一根本任务，高效运用各类载体对资源进行深度整合，使线上与线下、课内与课外以及家庭、社会、学校多个领域的功能协同发力。

1. 载体整合与优化

第一，实现传统与现代的整合。传统载体主要包括思想政治理论教育、专业课教育德育资源、各种社会实践平台等。相对应的，现代载体是指文化载体、活动载体、传媒载体等在新的历史条件下不断创新创造出的更多包含着时代特征、体现着时代需求的、表征着时代意蕴的载体。传统载体和现代载体对高校立德树人都至关重要，应合理利用，充分发挥其自身优势，使大学生更易于接受，增强思想政治教育的广泛性和渗透性。另外，教育者要根据现实情况灵活运用各种教育载体。传统载体和现代载体都具有其自身的优势和缺陷之处，教育者在实施立德树人工作时要充分考虑高校学生的特点，把两种载体进行有机筛选和搭配，选择灵活的教育方式，综合运用多种载体，进而达到教育的既定目标。

其次，要加强对新媒体载体的扬长避短与深度开发。互联网的快速发展与普及，为高校立德树人工作营造了新的环境，提供了新媒体载体。新媒体和传统大众媒体相比较，其优势是转变了传统大众媒体一对多的传播方式，具有教育的实时性、交互性、高度集成性等特点。相对于传统媒体而言，新媒体具有快捷性强、交互性好、信息量丰富、传播范围广等许多优势，突出呈现了大众传播的系列特点，彰显了信息时代的突出特征。而教育如何利用新媒体技术的资源优势与应有特点，是一个重要的问题。新媒体技术在高校立德树人过程中的应用既有优势又有不足。首先在学生受教层面。一方面，新媒体虽扩充了学生对人生、社会、世界的学习渠道和感知范围，但学生在受益的同时也出现了依赖性。另一方面，大学生的注意力也同样牢牢地被新媒体占据，如在需要高度专注的课堂教学中，学生普遍成为"低头族"；又如，在课外时间，学生也常利用手机等媒介消食"快餐文化"，进行"碎片式阅读"，此类现象比比皆是。大学期间学生的三观并不成熟，是非辨别能力较差，容易受到外界的干扰和诱导，学习难成体系，影响教学效果的实现。

第二，实现人与技术的整合。立德树人的前提是全面认识和了解新媒体技术所带来的机遇和挑战。首先，新媒体技术为教育者提供了更加全面便捷的搜索途径，利用新媒体技术教育者可以更加直观和全面地展示教学内容；其次，新媒体的平台为传统课堂以外的老师和同学提供交流的新渠道，有利于师生研讨和交流，教学相长。新媒体环境带来的挑战为高校立德树人工作增加了难度和强度，新媒体渠道的开辟改变了学生的认知方式和认知立场，此时的教育者的角色不仅是信息的"把关人"，更主要的是学生价值观和人生态度上的"引导人"。总体而言，新媒体自身特点给高校立德树人工作的客观环境带来的变化对施教与受教两个层面都具有双重影响，需要扬长避短。因此，教育的双向主体都应积极面对新媒体飞速发展所带来的挑战，把握机遇，不仅要顺应网络技术和新媒体的发展趋势，而且要重视传统教育教学课堂的主阵地作用。教育者要在提升自己媒介素养的同时，还要掌握新媒体的运用，积极引导大学生合理使用新媒体技术，共同实现立德树人的目标。综合运用传统载体和现代化载体协调线上线下立德树人教育工作，是信息化、科技化高度发展的必然要求，也是新时代背景下大学生的真切需要。

2.资源挖掘与利用

随着现代社会的快速发展，传统教育模式课堂中的显性教育资源不能满足现如今的信息化的教育模式和教学效果，为弥补教育资源的匮乏，积极推动对大学生的教育工作，充分利用和发掘校内各种优秀的隐性教育资源就成为发展创新立德树人模式的关键。

第一，挖掘专业教育中的隐形教育资源，高校立德树人工作需要融入教育教学全过程。首先，我国高校的宗旨是要办人民满意的社会主义大学。在高校日常教学工作中，立德树人教育要与各大专业知识与技能培养相结合，发挥专业教育中立德树人的功能。高校在实施立德树人时，要充分发挥马克思主义理论课程和思想政治教育课程的基础作用，需利用课堂这一阵地，从传统的"思政课程"向"课程思政"转变，将立德树人工作从思想政治理论课堂拓展到专业课堂和其他通识类课堂中，进一步培养学生的政治素养，提高学生的道德修养和精神觉悟。学生只有兼具德与才，才能让自己的专业技能更有社会意义。其次，构建立德树人协同机制全过程育人还要求高校在关注专职马克思主义理论课教师和思想政治教育课教师能力的同时，要提高对其他专业课教师和通识课教师的要求，培育各类教师进行立德树人教育的自觉性和主动性。

第二，发掘高校管理制度中的隐性资源。学校中的物质和文化环境、学校各类的规章法则，教师的素养等都是可利用的隐形资源。物质和文化环境蕴含着深厚的文化底蕴，是立德树人的源泉，这种环境会在课外潜移默化的影响学生。无规矩不成方圆，学校中的一切活动都要受到各项规章制度的约束。彰显的是严厉的管理，实则蕴含着育人的功能。榜样的力量是强大的，教师的言谈举止和工作表现无疑会影响到学生的行为表现，所以师德深刻影响着学生价值观的养成。所以，师德对于学生价值观养成有着深远地影响。充分挖掘、协同运用校内的各种隐性资源，实现思政课与专业课、通识课之间的衔接，统筹课内课外育人工作，对构建全方位立德树人协同机制具有重要价值。

3. 内外联动与融合

高校是思想政治教育协同育人策略的主阵地，它在协同育人策略中发挥着主导作用，它的优越性是其他教育组织无法比拟的，高校要不断构建和完善校内的协同育才策略和方针。要协同育人资源和育人模式。前者在于聚焦教育资源跨境流动、全球共享的最新动态和发展趋势，以构建中国特色、世界眼光的思想政治工作国际比较体系为突破，整合力量、全球布局，提高高校思想政治工作引进来与走出去有机协同的意识和能力。后者在于着眼信息化、智能化时代人机共存、人机协同学习形态变革，以及学生、教师与平台耦合互补的教学形态变革，推动思想政治工作传统优势与信息技术高度融合，探索开放式、泛在式、个性化的育人模式，实现多时段、多地点、多次数、多人群的全方位渗透、全领域覆盖。

第一，高校立德树人协同策略的构建要敢于创新和创造，建立跨专业、跨学科、跨区域的协同育人工作策略，实现更大范围的教育资源的共享。通过创设高校之间的校际协作平台和机会，交流共享各个高校在教育理念、学科建设、师资队伍、硬件设施、文化氛围等方面的育人优势，改善各高校之间教育资源封闭、力量分散的现实问题，努力实现各高校之间优质教育理念的传播共享和教育资源的优化配置。鼓励各高校利用地缘优势依托其建立区域联合培养策略，建立联合培养平台，进一步完善专家教授和学生的互访交流，促进组织机构的优化管理。校际优秀教育资源的共享，可以让各个学校之间取长补短，提升自我的教学水平，也可以扩大优质师资的影响力，使更多的学生享受到优质的教育资源，发挥校际资源共享的育人效能。

第二，继续完善家校社会的协同策略。高校立德树人的主阵地是学校内部，但高校要发挥自身在思想政治教育协同育人领导力，积极推动高校的家校互动策略，加强家校交流与沟通，实现学生成长成才信息的共享。建立和谐的家庭氛围，潜移默化熏陶学生的思想。发挥除学校以外的社会的立德树人的作用，充分挖掘和利用社会环境中的隐性教育资源。就目前的发展情况来看，大学教育已经成为社会发展的中心，大学校园是向社会开放的，在日常的校园生活中大学生也是在社会场域中生活的个体，因此，他们就不可避免地受到社会环境的多方面复杂影响。如果这种影响是正向的，那么对大学生的思想发展会起到至关重要的作用。因此，家庭氛围、道德规范和法律法规、社会舆论等等社会环境因素也是社会隐形教育资源的有效载体。正确把握和利用这些社会环境因素与立德树人相融合，把思想道德观念、价值观等潜移默化的影响大学生。与校内教育形成优势互补，可以增强大学生立德树人的实效性。

总之，高校立德树人协同策略的构建具有重要的现实意义。高校要进一步发挥在协同育人策略中的主导作用，不断实践和更新。积极应对高校立德树人协同策略构建中的问题，因时而变、顺势而为，发挥各个育人主体的作用，实现育人过程的完整衔接。整合各种教育资源，实现全员、全过程、全方位的立德树人，以构建完整、高效的立德树人协同策略。

第二章 立德树人课堂教学实践

第一节 以课程教学为切入点推动学校立德树人

决定教育内涵发展、质量提升的因素是很多的。其中，办学条件的保障问题、教师队伍问题、学校的管理等都影响着教育的质量和内涵，但其中最为核心的应该是学校的课程与教学。

课程为什么这么重要？第一，课程规划着我们的教育体系。如果仅仅把课程理解为课程内容，就把它窄化了。进行课程的建设与规划，首先要规划培养什么样的学生，要赋予学生什么样的能力、什么样的知识、什么样的素养，我们希望他们将来成长为什么样的人。所以，课程关系着对培养目标的体会，而培养目标则直接反映国家的意志。第二，课程决定着我们将来要教授什么样的内容，我们面对学生，准备给他们什么样的精神食粮。第三，课程直接指向教育结果。这不仅为评估提供了具体的内容限制，决定着我们将来要用什么样的方式来培养学生。所以，课程的实施、教学的改革就显得特别重要。第四，我们还要回过头来评价、评估我们的课程和整个教育活动的设计是否达到了预期。因此，它还和考试评价有着直接的关系。

过去把课程理解成教育内容，今天这个时代要把课程理解得更为宽泛。它和人才的培养、我国教育的核心紧密相连。所以，《国家中长期教育改革发展规划纲要》就把坚持以人为本，全面实施素质教育作为我国未来 10 年的战略发展主题，更加重视人才培养模式的改革、教育质量的提升和素质教育的有效实施。特别是，在义务教育和普通高中教育阶段，都明确提出了要深化课程改革这样一些核心的任务要求。

推进立德树人工作，关键是要找准切入点。课程是教育思想、教育目标和教育内容的主要载体，集中体现国家意志和社会主义核心价值观，是学校教育教学活动的基本依据，在人才培养中发挥着核心作用。课程改革是人才培养体制改革的关键，牵动着学校教育的全面改革。多年的课程改革实践证明，抓住了课改，就抓住了育人工作的"牛鼻子"。只有通过进一步深化课改，扫清人才培养的重大体制、机制障碍，才能真正有效落实立德树人的根本任务。美国教育学家提出了国家课程是育人的第一课程，校本课程是育人的第二课程，校园文化是育人的第三课程。学校育人的核心载体是课程，国家教育方针的贯彻落实、学校办学目标的实现、学校办学特色的彰显、学生个性发展的呈现等都需要通过课程来达成，离开科学合理的课程，一切都不现实，其他的教育要素都无法发挥应有的作用，整个教育系统的顺畅运转也将受到影响。

课程是实现教育目的的重要途径，是组织教育教学活动的最主要依据，是集中体现和反映教育思想和教育观念的载体。因此，课程位于教育的核心地位。基础教育课程改革，不是纯粹主观意志的产物，而是人们对特定社会政治经济发展的客观需要所做的主观反应。因此，社会政治经济发展的客观需要不仅决定了一定社会中的教育是否要进行改革，还从根本上决定了改革的方向、目标乃至规模。

商业经济时代的学校教育模式的功能或价值可以概括为这样一句话，即把受教育者培养成为生产者和劳动者，成为生产和消费的工具。学校教育孜孜以求的是如何最大限度地发挥其经济价值。20 世纪 50 年代，出现了人力资本理论，专注于经济增长、不顾人的发展的教育模式在历史上曾经发挥过积极作用。然而，在当前的知识经济时代，这种教育模式的弊端引起了越来越多的有识之士的关注，要求对教育进行改革的呼声越来越高。此外，基础教育是整个教育大厦的奠基石，发挥着基础性的作用。相比其他种类的教育，基础教育更加需要从课程改革入手，逐步深化基础教育领域的综合改革。越来越多的人认识到，如果不着手对基础教育课程进行改革，将严重影响国家的经济和社会发展。世界各国之所以不约而同地进行基础教育课程改革，其原因也在于此。

根据教育部颁布的《基础教育课程改革纲要（试行）》规定，课程改革主要有六大方面的"改变"：

第一，课程目标方面，反对过于注重知识传授，强调知识与技能、过程与方法、情感态度与价值观"三维"目标的达成。比如，过去的化学课将重心单纯放在每个化学知识点的教授上，关注学生是否"记住"化学元素、化学反应等；化学实验则主要是教师的"演示"，要求学生按照固定的流程去"模仿"已经知道结果的化学变化。现在我们经常不告诉学生结果，而是让学生自己去做实验，在实验过程中学习、理解和记忆，体验过程、培养能力，形成正确的思维方式和价值观。

第二，课程结构方面，改变了过去将知识系统割裂为互不影响的学科，每个学科又细分为不同的知识点的学科本位，改变了科目过多和缺乏整合的状况，转而强调不同功能和价值的课程要有一个比较均衡、合理的结构，注重不同学科之间的互相渗透和影响，一些交叉学科、综合课程也出现在课堂活动中，符合未来社会对人才素质的要求和学生的身心发展规律，突出的是技术、艺术、体育与健康、综合实践活动类的课程得到强化，同时强调课程的综合性和选择性。

第三，课程内容方面，强调改变过去长久不变的规定性课程，改变"繁、难、偏、旧"的教学内容，转而强调学生应掌握的知识不是固定不变的，而是随着社会经济的要求需要不断更新和创造的，让学生更多地学习与生活、科技相联系的"活"的知识，培养学生在掌握已有知识基础上具备开创能力。

第四，课程实施方面，改变传统教学中过分强调教师主导作用的教学方式，以及学生被动接受知识的现状，转而变"要学生学"为"学生要学"，要激发学生的兴趣，让学生主动参与、乐于探究、勤于动手、学会合作。

第五，课程评价方面，以前的评价过于强调甄别与选拔，现在强调的评价是为了改进教学、促进发展。过去的评价将眼光过分关注于学生的不足之处，通过排名的方式，给学生的自信心带来消极影响。现在更强调为学生提供适合自我的发展之路，诊断不足的目标在于为进一步提升做准备。比如，有的学生基础较差但很用功，只考了 58 分，没及格，老师可以给他 60 分，甚至 65 分，以促使他更有信心地学习。

第六，课程管理方面，以前基本上是国家课程、教材一统天下；现在强调国家、地方、学校三级管理，将课程管理的权力下放至不同层面，充分调动地方和学校的积极性，也增强教育的针对性。

总之，课程改革涉及培养目标的变化、课程结构的调整、课程内容的更新、国家课程标准的制定、课程实施与教学改革、教材改革、课程资源的开发、评价体系的建立和师资培训以及保障支撑系统等，是一场由课程改革所牵动的整个基础教育的全面改革。它绝不是对现行课程的简单调整和修正，而是一场反映时代精神的深刻变革，是对产生于计划经济时代的与当今社会发展严重脱节的"应试教育"课程体系的重建。从这个意义上说，本次课程改革是一场既广泛又深入的教育创新，在本质上，它是一种文化重建，它将培植一种富有时代气息、体现时代精神、与时俱进的民主、科学、开放的新文化。

课程改革的根本目的或者说主要任务是推进国家课程的最优化实施，而国家课程最优化实施的唯一途径就是国家课程校本化。之所以要推进国家课程的校本化，其依据有以下三方面。

一是基于教情。每位教师的教育教学活动都具有以下几个方面的独特性，即教育教学素养的个体差异、教育教学风格的个体差异、对教育教学价值的个体偏好、对教育教学文本材料的个体理解等。正是因为存在这些不同，每位教师对国家课程及其载体——教材的处理必然留下自己的独特烙印。

二是基于学情。每位教师在不同的学校任教、执教不同的班级，面对的学生都是不同的、存在巨大差异的。这些不同的学生带进课堂的"经验"是不同的，这些不同的经验与国家课程实施载体——教材的联结方式、理解方式、体验方式与内化方式都是不同的。而这些基于学生经验的不同而带来的以上方式的不同，则决定了教师对国家课程实施方式的具体差异。

三是基于校情。同样，不同的学校为教师提供的教学条件与教学资源不同，而这些不同也必然会体现在教师对国家课程实施的不同处理上。

任何课程，无论是国家课程，还是地方课程，都必须回到学校这个具体的教育教学环境中才有意义。因此，从课程的现实化角度而言，只存在具体化的学校课程，而不存在什么抽象的国家课程、地方课程。在这里，学校课程体系的建构，其逻辑框架必须回到国家课程领域中去。任何一个国家课程领域，都存在三种课程形态，即校本化的国家课程、校本化的地方课程、体现学校独特育人价值的校本课程。

第二节 德育课程新观念理论探讨

随着教育改革的深入，中学德育课程设置的两个层面滞后于形势发展日益严重。德育课程滞后的主要原因在于课程编制存在一定缺陷，包括对德育课程基础理论研究、指导课程编制的教育哲学思想等方面的缺陷。因此，必须重视对德育课程理论的研究以及对德育课程性质的认识。

一、重视对德育课程理论的研究

在学校道德教育如何进行的问题上，世界上很多国家都经历过直接法与间接法之争。前者强调学校道德教育应该单独设立课程来进行，以体现这一教育所要求的系统性和循序渐进性；后者则力主道德教育通过其他各门学科的有机渗透来自然地进行，不应把它简单列为一门独立的课程。两种认识交替占上风，在较长时间内，间接论的力量似乎更胜一筹。因此，在学校道德教育课程化与非课程化交替更迭的周期中，课程化方式往往维持时间较短且生命力较为脆弱。

20世纪六七十年代以后，许多国家在经历一系列大的社会事件和社会思潮冲击后，痛定思痛，逐渐认识到学校道德教育失范给社会带来的危害性，认识到淡化乃至取消学校道德教育的课程化绝非明智之举。于是，一些国家将重心纷纷转移，道德教育课程化被重新再认识、再实践，螺旋式地提升到一个新的阶段。

中国的德育课程这一术语是在近几年才提及的，以往却是以德育组织形式或德育途径来体现的。因此，德育课程理论研究较晚，比较滞后，其主要表现为：一是缺乏对德育课程的专题研究。由于研究者所持德育课程观念的局限性，在德育课程研究中，往往是以点带面，即以一种类型或一个方面的德育课程研究代替整个德育课程研究的倾向，如研究者或多或少地把直接学科德育课程或者理论形态德育课程误认为是全部德育课程（如以思想政治教育学科为背景的研究中，往往把德育课程理解为具体的德育课程科目，所指的德育课程主要是特定的德育课程——"两课"课程）；或者把活动德育课程、隐性德育课程作为主要的德育课程进行研究，并且所有的德育课程研究均停留在德育课程观念层面，而对德育课程的设计和实施，特别是德育课程的评价缺乏基本的关注，使课程研究停留在课程设计这样一个研究层面。二是研究视野的局限性。由于研究者主要从德育领域、思想政治教育领域来研究德育课程，在研究过程中或多或少地把研究的视野局限于直接德育课程的研究，而对间接德育课程这个广泛而具有丰富育德性的领域缺乏应有的关注。在思维方式上或多或少地离不开就德育、思想政治教育论、德育和思想政治教育的怪圈。三是理论与实际脱节的趋向。由于众多的研究者并没有把作为理论形态的德育课程研究和作为现实具体层面的德育课程研究很好的区别开来，这样在研究过程中出现两极化的倾向。要么理论研究脱离我国德育课程运行的现实，要么只是单纯从工作层面对具体课程经验进行总结，缺乏一种把理论研究与工作研究很好地结合起来的综合性的课程研究。课程设置依然有滞后性，或是由于对德育课程性质的认识不够，或是片面追求升学率思潮对课程所造成的负面效应，教学中形成了重认知轻情意、重考试技能轻德育素质培养的倾向，这一教学模式又反过来误导教师错把德育性质的课程当作纯文化知识课程。四是对本课程基础理论和编制理论研究不够，教师对课程两重属性的关系认识模糊，将德育的根本属性和德育认知等一般属性混淆，甚至用一般属性取代根本属性。

由此，现代德育课程理论要从全方位来定义德育课程，现代德育课程研究不能仅就德育而研究德育，现代德育课程的研究也不只是一种直接德育课程的研究。现代德育课程不仅包括显性德育课程，还包括隐性德育课程；不仅包括直接德育课程，还包括间接德育课程；不仅包括学科德育课程，还包括活动德育课程；不仅包括德育课程的具体类型和具体课程，还包括学校作为一个整体提供给学生的教育性经验。德育课程研究需要一种整体的眼光和综合的视野。德育课程的建设必须确立开放、综合的研究视野，从而进行整体构建。

根据现代课程本质观的变迁，必须极大地拓宽德育课程研究视野和领域，使德育课程研究不仅仅局限于学校有目的、有计划的课程领域，而且拓展到学校生活的各种教育因素、教育影响、教育力量、教育途径，使现代德育课程研究呈现出一种"全方位""全天候"的局面。传统德育课程较重视内容的科学性、正确性，忽视对学生认知的发展，现代德育课程不仅要重视课程内容本身的科学性、整体性，还要重视学生的身心发展，重视学生与德育课程的双向互动，即德育课程学习与学生德行培养的统一等等。从而使现代德育课程比以往传统德育课程具有更为丰富的德育功能。

二、更新、整合德育观

当今的道德教育已不再满足于抽象谈论"弘扬人性"，也不只停留在国与国之间意识形态领域的分歧与斗争，更不是简单的政治灌输。它从全球的角度，从"人与自然共生"的角度，从人类由竞争走向合作的发展趋势中，着力解决人类共同面临的问题、人类与自然和谐的问题、各民族之间相互依存的问题、人类潜能开发的问题、个体精神满足的问题等带有全球性、开放性、发展性、精神性的观念。面对这一现实，中国的道德教育必须尽快更新观念，与世界接轨，调整、补充、丰富我们的德育内涵。只有这样，我们才能与世界对话，才能以新思路发展德育，才能使受教育者了解世界，以便今后更好地参与国际事务。同时，根据新的课程观，德育课程不再是一套外在于师生的强制性的价值规范体系，也不再是一种老师向学生灌输这些价值的过程，而是师生在教育情境中不断变革、创造内容，融入自己的生活世界，在逐渐创生的具有丰富不确定性的氛围中，共同对话、体验、理解和实践，由此不断建构新的道德意义，实现德行共同成长的过程。

总体来看，对德育课程改革应有以下几种理念：德育实体观、德育双重价值观、德育主体观、全方位德育观。重视德育的个体价值，重视学校作为实施德育的主体、教育者作为组织德育活动的主体、受教育者作为参与德育活动的主体的意义。思想品德内在构成的复杂性、形成机制的复合性、内外影响因素的多元化以及教育的几个组成部分之间的不可分割性，决定了实施现代德育必须树立全方位的德育观。同时要考虑教育环境下显性因素与隐性因素的统一，考虑学校、家庭、社会各种影响因素内部和各种因素之间的力量的整合。

（一）德育实体观

德育实体观即是对德育是不是一个相对独立的教育实体的看法，人们往往把智育、体育、美育乃至劳动技术教育看作实体，而把德育看作"虚"体，认为它只有寓于或渗透在其他各育之中才能存在。其实，教育实践早已表明，德育从来都是作为一个教育的独立实体客观存在着。因此，要使德育的价值真正得以重视，使德育在实际工作中真正取得实效，必须首先树立德育实体观，力争在实现教育体制、教育模式的转变中千方百计地把德育建成可以操作和调控的实体。

（二）德育双重价值观

德育双重价值观是关于德育功能的一种看法，认为德育既具有维护社会稳定、促进社会发展的价值，也具有促进个人发展的价值。在过去的德育理论和德育实践中，我们常常只注重德育的社会价值，而且更多的是强调德育对维护社会稳定的意义，然而对于德育对社会发展的促进作用、对个体价值的提升却不十分注重，往往把德育作为传递一定社会的意识、观念、规范、准则，培养一定社会所需要的人的重要手段。虽然也十分强调个人的自我修养，但"修身"也为了"齐家、治国、平天下"。然而德育的一个重要功能还在于培养个体的思想品德，以此促进个体自身的完善和发展，发挥个体的潜能，实现一定社会条件下的个体价值。德育的这种促进个体发展的功能体现了德育的个体价值。20世纪七八十年代以来，虽然我国的德育发生了根本性的转变，由极度的政治化倾向转为注重社会现实，但德育的实效却不佳。如果撇开社会转型这一特殊背景，从德育内部究其原因，显然与片面强调德育的社会功能、不重视德育的个体价值有关。有鉴于此，在我国实现现代化的过程中，重视德育的价值就应当既重视德育的社会价值，也重视德育的个体价值。一方面，要在进一步强化德育在维护社会稳定、促进社会发展的作用之中实现其社会价值；另一方面，又要通过施加教育影响来丰富个人生活，提升个人的价值和精神追求，发掘个人的潜能，促进个体的完善，以求努力实现德育的个体价值。

（三）德育主体观

德育主体观是关于学校以及教育者和受教育者在德育过程中的地位问题。长期以来，由于我们对德育作为一个相对独立的教育实体的重视不够或不当，对德育的个体价值比较容易忽视，同时也受到传统教育观念的束缚，因而在考察学校与社会、教育者与受教育者等一系列关系的时候，比较容易忽视学校作为实施德育的主体、教育者作为组织德育活动的主体、受教育者作为参与德育活动的主体的意义。树立德育的主体观就是要考虑到：在教育方针指导下，学校根据社会进步的需要，遵循德育规律和受教育者的思想品德形成规律，制定科学而有效的德育实施方案，健全德育领导管理体制，独立自主地开展德育工作，努力拒斥社会不良影响和一些社会团体或部门对学校德育的无端干扰，确立学校在德育过程中的自主形象；在学校的统一部署下，教育者遵循德育规律和受教育者思想品德的形成规律，根据受教育者个体或群体的实际，积极主动地组织和开展德育活动，充分发挥教育者的主导作用，确立教育者的主体地位；在教育者指导下，受教育者通过自身的内、外化机构，积极主动地接受教育影响，努力形成和完善个体的思想品德结构，确立受教育者在接受教育影响过程中的主体地位。这三个方面讲述了在德育过程中如何确立和落实受教育者的主体地位，是德育主体观的核心。

（四）全方位德育观

思想品德内在构成的复杂性、形成机制的复合性、内外影响因素的多元化以及教育的几个组成部分之间的不可分割性，决定了实施现代德育还必须树立全方位的德育观。这种全方位的德育观要求在实施德育的过程中，必须考虑德育作为教育组成部分之一的相对意义；考虑教育环境下显性因素与隐性因素的统一；考虑学校、家庭、社会各种影响因素内部和各种因素之间的力量的整合。

总的来说，要打破狭义的德育学科界限，就要以培养社会主义人文素质为核心，从大德育观念出发，构建现代化的德育课程。传统德育课程是对政治科学和其他社会科学知识的再编制。在编制过程中，依据社会需求和中学生的实际状况选择其中的课题，按相应的概念结构和原理结构组成教学内容，用一定的逻辑方式编制成课程。当前我国的德育课程基本是这样一种传统课程，其间虽经多次改革，删掉一些落后于时代的内容，增补了一些时代需要的内容，但由于没有从教育哲学的角度去解决课程变革中的几个关键问题，所以在传统课程改革方面就没有什么重大突破。

随着社会的现代化，公民现代化的综合素质水平更高，昔日传统的德、智、体、美、劳等素质划分已不能适应时代的发展，正向着人文素质、创新素质、科技素质、智能素质等新的综合素质划分过渡，课程设置不能停留在昔日划定的传统框框内，而应持坚定不移的改革态度去打破传统框架，从公民的综合素质教育出发构筑课程。德育课程也应当从公民的人文整体素质教育出发去考虑改革。

现代科技的发展需要综合运用各种知识，知识的综合化是当代科学发展的趋势，在此基础上出现了各类综合学科、交叉学科、横向学科。这一科技发展的趋势要求我们大胆地拆除学科之间的界限，用科学观点设置综合化的课程，使学生获得跨学科的知识和方法。德育课程怎样对待知识综合化的问题，德育方面的知识出现了向人文知识方面高度综合的趋势。除综合传统的各种德育课题和知识外，德育课程依据社会需求和教学主体的需求，应综合心理学科、人口教育学科、哲学学科、政治教育学科、经济学科、法学学科、历史学科、思维学科、环境教育学科、生计学科、家政学科等学科的基本知识，以构成公民德育课程，我们在设置德育课程时必须勇于打破传统的德育学科界限，充分考虑知识综合化趋势，向人文方面渗透，使改革后的德育课程成为不断流动的德育教学媒体。

德育课程的目的不是简单地传授某一方面的知识或知识体系，它的目标在于价值观念的确立、态度的改变，以及正确的价值信念和行为方式的形成；在于德育目的、目标较高的要求；在于情感、态度、信念等因素及其实现的复杂性，德育课程的设计与实施就自然成为学校课程实践中难度最大、挑战性最强的一个领域。

1. 重新定位德育目标

目前的德育目标只重视理想性，目标过高过远不切实际，片面强调理想，片面拔高理想，带有很明显的功利主义色彩，而忽略了学生作为社会主体应当履行基本义务的道德要求，严重脱离了现实生活。传统的中国教育是精英教育，比如，评"三好""五好"，评"标兵"，而大多数人处于疏于引导或放任自流，造成学生德育状况极不均衡。在德育实施中，目标倒挂，呈"倒金字塔形"，即对小学生进行共产主义理想教育，对中学生进行革命传统和法制教育，对大学生进行文明行为教育。在德育起点上，大多数教育工作者把学生当成一种不清楚自己的道德需要、没有行动能力的人，看成一种被动的、只需接受先进道德的"美德袋"，无视学生身心发展的客观规律，对其进行简单的道德信条灌输，认为学生是天生的道德家，任何优良的道德品质都能养成。殊不知道德不是靠灌输来养成的，而是靠身体力行来养成的。传统的德育目标定位远远偏离了德育的常态定位，导致德育丧失生活基础。

当今社会要求公民的素质应该是综合化、多维度、具有开放性的，能推动自我实现和人类发展，它应包含心理、道德、政治、审美等多个维度的素质，使个体形成健全、和谐、立体、动态的人格，而我国的德育目标却没有跟上这一趋势。虽然新的课程标准在这方面做了一些调整，但总的来说，德育课程目标在这点上还有待改进。另外，我国德育课程目标过多服从于政治需要，对个体个性发展的需要以及个人生活幸福不够重视。该目标指导下的教育活动势必很难调动学生的主体性，培养的个体在人格上也是不完善的。此外，不管是德育的一般性目标还是具体目标，基本上都是以国家决定和颁布的方式确定的，没有德育工作者和学生的实际参与，这必然会降低德育目标的功能。因此，重新认识德育课程目标是非常必要且迫切需要的。

2. 更新德育目标的指导思想与内容

我国总课程体系规定了思想政治课是以培养学生道德素质为主的德育课程，该课程的目标在于以提高学生道德素质为核心，按照德育认知、德育信念、德育行为这三个领域的顺序构建德育目标体系。然而随着时代的发展，现有的德育课程目标基点已经不能停留在培养公民的基本道德素质上，而应该转变到培养公民现代化人文素质这一基点上来，人文素质是综合性的、多维度的，它不仅综合政治素质、道德素质、思想素质、心理素质、审美素质和思维素质等，而且每一素质都包含着科学的思想观念、情意因素、逻辑方式等。这些素质不仅适应 21 世纪社会发展的需要，而且也推动了人的本身发展和自我实现。在这样的基点之上，德育课程目标的内容也应进行相应的变革，认知领域必须纳入现代化的社会科学知识中去，学校课程应从提高德育实效性出发，构建学生适应现实生活的观念体系。当前，随着科技的发展和全球信息时代的到来，环境、网络道德、性道德等诸多问题困扰着现代社会的人们，生活于这一时代的青少年学生由于自身缺乏主体的价值判断能力，其道德领域不可避免地会出现诸多不良现象。

所以，德育课程目标的内容应该富有时代气息，然而我们当前的德育课程更多的是强调学生对书本理论知识的掌握，严重脱离学生的生活世界，所以学校德育课程应紧跟时代步伐，着眼于学生的实际生活，解决学生在生活世界面临的问题，培养学生主体的价值判断能力和健全的人格，促使学生过有道德的生活。有些德育目标的内容不仅要适应时代对德育素质的需要，而且要有超前趋势。许多富于时代气息的内容，如现代化教育、创新教育、生计教育、全球意识教育、性道德教育、网络道德教育、环境道德教育、动物伦理教育等德育内容未能深刻地反映到课程内容中去。必须在内涵上变革德育课程目标的内容，认知领域必须纳入现代化的社会科学知识，必须保留的传统德育知识，应该从提高德育效率出发，构建学生的现代化观念体系。行为规范领域的面要宽，从被动地遵守纪律、法治规范拓宽到主动去维护、去遵守和维护学习环境、生活环境的道德和行为规范，拓宽到社会大环境领域。

同时，有道德的生活总是寓于学生生活的方方面面，不能离开学生的家庭生活、班级生活、学校与社区生活来谈道德生活，也不能离开经济、消费、政治、文化等生活来谈道德生活。因此，不存在一种"纯道德的生活"。道德存在于学生的全部生活之中。所以，学校德育课程应该关注学生的真实生活，让学生的学习真正面对他们的真实生活，使学生学会解决各种现实问题。学生每天过的和以后将要过的实际生活本身都是综合的，德育课程目标应着眼于促使学生学会面对实际生活。面向学生的生活世界，满足学生完美生活的需要，促使学生学会生活是德育课程目标的要旨之所在。当前基础教育课程改革的总体目标应体现：使学生体验生活和存在的意义，把他们培养成为完美生活和可能生活的主体，即把学生培养成为个体生活的主体和社会生活的主体。所以，德育课程目标的设计在关注学生现实生活和生存状态，重建他们的生活方式的同时，应构建学生的可能生活，要敢于为学生建立一种新的生活。可能生活即每个人都尽可能去实现他所意味着去实现的生活。相对于现实生活来讲，可能生活更能体现其人生价值和意义。因此，德育课程目标应着眼于培养学生现实生活和建构可能生活的能力，即促使学生学会生活。

3. 确立德育目标多样化与综合化

传统的德育目标是从认知、情意、行为规范三个领域去确定的，是对学生单一德育素质的规格性规定。随着现代化事业发展，青少年德育素质构成发生变化，逐步形成以价值观为核心的多维度人文素质。与此相关，青少年迫切要求开发潜在的智能因素、情意因素，传统的单一目标已不能适应变化了的德育素质需求，制定多维度的德育目标已刻不容缓，这就要求德育目标多样化。另外，在信息时代，向学生提供尽可能多的德育信息，有利于调动学习主体的能动性，达成自我实现、自我完善。德育形式的多样化要求我们在课程设置中把学科课程、活动课程、潜在课程统一到德育课程设置中，在全方位、多角度、多层次的形式中达成课程目标。同时，作为德育课程的教材，要注重知识、能力目标，更要注重情感、态度和价值观方面的综合目标。

在 21 世纪的新时期，我国德育的内容要具有时代性和开放性，要重视培养学生的现代意识和创新能力，注意用社会生活中充分体现时代精神的新鲜事物和优秀人物事迹教育学生，要吸收古今中外有益的东西，特别是要注意吸收中华民族优秀的道德传统，赋予时代的意义，来陶冶学生的情操。同时要借鉴和吸收世界各国优秀的道德传统，以设置科学的德育课程。总之，我们必须整体构建德育内容体系，依据总目标从广义上认识德育，确定德育内容由政治教育、思想教育、道德教育、心理教育几项要素构成。既考虑心理、道德、法律、国情四者的有机综合，又考虑不同学习阶段突出某些重点内容，并依据学生的成长逻辑和生活主题安排教材内容。

（1）要批判与继承中华德育传统文化

中国传统道德是一定时代的产物，同任何事物一样，中国传统道德也具有两重性，既有进步性，又有局限性；既有精华，又有糟粕，建立在小农生产基础和封建宗法制度之上的传统道德，必然有其封闭性和保守性。因此，对待中国传统文化应当批判地继承，吸收其精华，剔除其糟粕，与时俱进，开拓创新。当今世界，科学技术迅猛发展，经济全球化、文化多元化趋势不可逆转。我们要顺应时代潮流，在弘扬民族文化、振奋民族精神的同时，还要有世界眼光，实现中西文化的整合与互补。

社会主义市场经济下的学校德育是一项前所未有的事业。首先，它需要我们的开拓创新精神，也要我们继承中国传统的德育精华。我国传统德育内容，有的已成为人类社会共同的思想道德品质精华，在今天仍起着积极的作用；有的已随着历史的发展失去了存在的基础和价值，变成了消极的因素。我们迫切需要做的两件事：一是怎样发扬光大那些在改革开放的现代化浪潮中已被淡化和遗忘的优秀的传统思想道德观念；二是怎样变革和调整那些与新时代发展已不相适应的落后的思想道德观念。长期以来，我国在批判与继承传统道德方面存在不少问题，最突出的就是对继承传统道德缺乏科学态度和科学认识。对于优秀传统道德，应当赋予现代的内容，将传统道德融合到现代道德教育之中。社会主义现代化建设的客观现实要求我们必须实现传统道德教育与现代化的结合，这是现代社会物质文明与精神文明协调发展的要求，也是21世纪道德教育发展的必然趋势。

其次，要顺应重政治教育向重道德教育转变的趋势。随着价值观的多元化，以政治教育为重的德育工作逐渐疲软无力，21世纪的德育将逐步加强道德人格教育和社会公德规范的教育，努力达到学会做人、学会关心、学会互处等一系列未来社会的德育目标。在道德形成的动力方面，也出现了由政治动力向经济动力启动的趋势。这种重视以经济利益激发人们形成社会需要的品行，不仅是现实社会的需求，更是21世纪德育的要求和发展方向，能否充分结合经济启动力来开展德育工作进行德育渗透，必将成为未来完成德育任务的一大突破口。

（2）要借鉴与吸收国外学校的德育精华

尽管存在着社会制度不同的矛盾，可是越来越多的教育工作者认识到学校德育作为一门育人的科学，具有某些共同的规律性的东西，研究和揭示国外学校德育，对改进我国的学校德育工作具有借鉴意义。人类在道德上有许多共同的东西，这需要我们批判与借鉴。比如，在第40届国际教育大会上，许多国家和社会人士都强调对学生加强道德伦理、纪律和价值教育，大会明确要求，要"教育青年，促进个人全面和协调地发展"。在教育内容上，特别是西方文化中那些适用于市场经济的价值观念，如改革开放观念、民主法制观念、权利义务观念、公平竞争观念、效率效益观念、互利互惠观念、公关信息观念、商品市场观念、文明消费观念等，更需要借鉴和吸收，使其与中国传统美德相融合，使中国和西方传统道德两种不同道德价值观相互吸收、相互融合，并在相互吸收对方传统道德合理因素的基础上不断建立适应现存社会需要的道德体系。

（3）课程内容应该来自现实生活

课程内容的设计和安排受到多方面因素的影响，如一定社会经济、政治和文化背景的影响、课程目标的制约、教育者思想品德和身心发展阶段的制约，等等。但总体来说，基于促使学生学会生活的德育课程目标基础上的课程内容应来源于学生的生活世界。生活世界是建立在日常交往基础上的，由主体与主体之间所结成的丰富生动的日常生活构成的世界。课程改革回归生活世界,在内容上不应是单一的、理论化的、体系化的书本知识,而是要给学生呈现人类群体的生活经验,并把它们纳入学生生活世界中加以组织,使文化进入学生的"生活经验"和"履历情境"。所以,德育课程内容不能仅仅是空洞的概念、原理,而且必须以学生的生活世界作为背景和来源,联系生活、反映生活,寻求课程内容基础性和发展性、学术性与生活性、知识性与实践性、科学性与人文性的融合。

学生是个体人和社会人的统一体,学生除日常生活之外还有社会生活。德育课程内容要关注学生自身、他人、自然、社会和国家之间的相互关系,关注学生个体生存与发展,关注学生真实生活世界中的问题。首先,要关注学生个体的心理健康问题,德育的最终目的在于使人获得幸福,而健康的心理是幸福人生的必备条件。道德内化的程度与受教育者个体的心理密切相关。因此,在课程内容中增设心理教育内容,正视自我、承受挫折、自尊自信、培养良好情绪、发展健全情感等,以此来帮助学生改善心理品质,为整个人生的心理发展和良好的道德品质发展奠定基础。其次,现代德育应关注并指导学生的学习和交往生活。因为学习与人际交往是学生生活的两大重要内容。学习目的是否明确,学习的主动性、积极性如何以及学习方法是否恰当都影响着学生的学习进步。学生之间、师生之间、家长与学生之间以及学生与陌生人之间进行的交往活动是否有利于学生身心健康发展,以及学生是否具备一定的交往、沟通能力,能否处理好和他人的关系,对于学生来讲都具有十分重要的现实意义。所以,在这一方面的内容安排可以有:珍惜时间、勤奋学习、学会尊重、诚实守信、互助协作等。最后,德育课程应包含学生要热爱劳动、合理消费、文明休闲等内容。因为随着生活水平的提高,人们的生活习惯、消费观念和行为与以前相比发生了很大变化。所以,关注并引导学生的日常生活方式和生活习惯,成为当前学校德育课程面临的新任务。同时,当代德育还应引导学生关注并适当参与社会生活。关心国家的政治、经济、法律等问题,培养学生的政治素质、法纪素质,引导学生关注生活中的各种法律问题、经济问题和政治问题,带领学生参与社会生活,在生活中解决问题、掌握知识。

德育课程在内容上要凸显"生活化"。生活是课程的基础,是教学的源泉,也是学生学习道德、领悟道理的重要途径。长期以来,我国德育课程严重脱离学生生活实际，目前教育工作者已经认识到这个问题并在努力改善。这一趋势在课程内容的选择上表现为选取儿童有可能获得和理解的各种直接或间接的生活经验和事例，教材取材于学生的生活、周围环境，鼓励采用现实生活和环境中的事实材料，挖掘当地的文化资源。这一趋势还表现为在内容上选取当前国内外的重要事件以及人们共同关心的热点问题，如环境、资源、人口、生态、多元文化、性别平等、全球关系等，使社会现实及其变化在德育课程中及时得到反映。德育课程与学生生活实际的贴近在课程内容的编排方面表现为：以解决社会实际问题为逻辑主线，而不是以学科知识的逻辑结构为主线来组织教学内容。在课程的教育活动方面，这一趋势表现为，教师尽可能地为学生创设接近真实生活的更新的德育课程内容。

另外，网络社会中的青少年接触互联网而导致许多不良问题产生，面对生活在信息化社会中的青少年学生，德育课程内容必须增加网络德育的内容。随着全球化的到来，德育课程也应包括培养学生现代化意识、全球意识、创新意识、主体意识、环境意识等凸显时代特色的内容。

2013年初，教育部提出了关于深化教育领域综合改革的意见，给基础教育课程改革提出了更明确的方向，注入了新的活力，带来了光明的前景。按照素质教育的要求重新审视我国的基础教育课程教材，以培养学生的创新能力和社会实践能力为重心，更新课程观念，改革其中落后的不符合时代要求的方面是当务之急。但是，任何改革的过程都不会是一帆风顺的，如何估计课程改革的继承性、复杂性和困难性？这是首先要回答的问题。必须对改革可能出现的偏差和误区有所预见，做好认真的准备。从国际教育改革的发展情况，我们可以看到，如果不对课程改革的复杂性、困难性有充分的准备，改革可能最终会成为纸上谈兵，或走弯路乃至最终失败。由于课程改革是一项涉及人的培养和发展的事业，是牵涉基础教育整体和各个部分的关键领域，是需要教育行政部门、科研机构、中小学校和广大教师共同完成的任务，这就展现了课程改革的继承性、广泛性、艰巨性和持久性。全社会的广泛参与及观念的转变和更新，是课程改革顺利进行和最终获得成功的先决条件。那种过于依赖行政力量干预的做法，将使课程改革可能再次出现政策和实践相互脱节的空壳化的情形，从而难以走出那种激进的、急躁的、急于求成的改革误区。国内外的课程改革实践证明，企图通过一次改革解决所有问题的做法是注定要失败的。课程改革从来都是一个渐进的、继承和革新并存的过程，是一个波浪式前进的过程。简单地把当前和未来的课程按改良或改革来做观念和现实上的区分是不恰当的，只能引起人们对课程改革认识的混乱和误解。

让我们带着这些问题和思考来分析当前我国课程改革的趋势和问题，也许会使我们能有更清晰的认识，并从中寻找答案。我们试图从以下七个方面来把握课程改革的整体趋势。

第一，课程改革转向以学生发展为本的方向。以学生发展为本的课程，是注重学生个性的养成、潜能的开发、能力的培养、智力的发展的课程。把课程改革建立在脑科学研究、心理学研究和教育学研究基础上，把学生的发展作为课程开发的终极目标，使课程领域重新出现科学化和心理学化的潮流。国际教育界早在20世纪70年代就提出了要纠正片面强调智能发展的倾向，转向使学生个性充分发展。尽管我国在注重学生能力发展方面与国际进程有一定距离，但我们可以吸取别人的经验和教训，把个性发展和能力发展同时纳入课程改革的中心视线，采取相应措施，使之并行不悖。个性、创新精神和创新能力、社会实践能力、潜能等，成为目前课程领域的主流词汇，这对我们纠正长期以来的知识、技能偏向，树立现代的、科学的课程观是极大的推动。

第二，强化基础学科和学科基础知识的趋势。20世纪80年代以来，一些课程权力相对分散的国家，如英国和美国，通过立法和其他手段，逐步确立了每个学生都必须学习的国家核心课程和基础课程，并组织力量编制了各科课程的国家标准，强调要坚持基础学科和学科基础知识的教学。这与我国基础教育领域长期形成的坚持基础知识、基本技能的教学"双基"论形成不谋而合之势。

但值得注意的是，人们对"基础"的理解有了新的变化。根据不同的时代要求和知识发展的特点，学校课程的"基础"在不断发展变化，具有鲜明的时代特征。我国过去长期在学校的课程和教学中坚持基础知识、基本技能的"双基"教学，为学生的继续学习和从事生产劳动打下坚实基础，一直是我国学校教育中的一大鲜明特色。事实证明，坚持"双基"为保证基础教育的质量提供了有力的支撑。但仅仅坚持"双基"教学是不够的，现代社会对公民和人才的素质提出了新的要求，特别是要求培养学生具有基本的能力，以适应经济和社会发展给我们带来的挑战。此外，飞速发展的经济和社会还要求学校养成未来公民基本的观念和态度。所以，学校课程的基础实际上已经由"双基"发展为"三基"和"四基"。由于我国理论界和广大教师对"双基"的重视，已经形成了一套行之有效的理论和方法，教师比较熟悉"双基"教学的操作程序，基础知识和基本技能的教学可以得到很好的落实。我们欠缺的是对基本能力和基本态度进行理论和实际操作程序相结合的研究和实践，如果不对基本能力和基本态度的指标和实施方式进行认真的探索，教学实践很可能仍然会停留在抓"双基"、抓基本能力和基本态度培养"虚"的层面。同时，必须充分认识我国在"双基"教学上多年形成的理论和经验价值，防止出现一强调基本能力和基本态度，就忽视甚至否定"双基"教学的偏向。

第三，加强道德教育和人文教育的倾向。道德情操的养成是一个世界性的难题。养成道德在历史上一度是教育要解决的主要问题，至今也仍然是学校教育肩负的重任。从古至今，人们对此做了大量的探索。观念、态度和价值体系的传递在教育和社会教化中的极端重要性是不言而喻的。特别是，当今全球化、网络化发展迅速的情况下，道德教育的重要性和难度都加大加重了。我国社会的进一步改革开放和经济市场化的过程，给学校德育带来了新的特殊的难题。在此情形下，道德教育如何才能在学校课程中更好地体现并且与之融为一体，产生有效的德育效应和氛围，是教育研究和实践面临的迫切任务。我国道德教育长期存在的耗时多、作用小的情形得以改善的前景不容乐观。学校、社会和家庭之间在道德教育上相互脱节，进而形成学校、社会、家庭三本"教科书"的局面。这种情形不是靠行政命令或一朝一夕就能改变的，必须在发现和尊重德育的规律方面做巨大的努力。

科学技术的发展给人类社会带来的不确定性与人文精神的永恒追求在当今社会已经成为一对尖锐的矛盾。众所周知，科学技术的发明和创造是一把"双刃剑"，既能造福人类，也可能给我们带来难以预料的灾难。靠什么来控制科学技术这匹狂奔的野马呢？专家学者把目光投向了传统人文学科的教育。他们认为，科技发展需要人文精神的牵引，人们需要人文精神来指引和确定未来社会发展的方向。国际上近年出现的加大人文学科课程分量的趋势就是这种看法的反映。我国学校教育中数理学科比例较大、人文学科分量偏低的情况值得我们警惕。

第四，课程综合化的趋势和问题。综合课程的提出和发展源于对分科教育缺陷的批判。长期以来，课程整合的理想和学科割裂的现实困扰着中小学教育教学，世界不可能按照一个整体来进行传授、学习或探索，对世界进行分解和分化加以认识是必然的选择。但是各种分门别类的教育需要在一个学生身上最终发生整合的作用，如何解决这样一对矛盾？

我们认为，分析和综合是认识世界的两种不同方式，没有孰优孰劣之分。与此相对应，学校教育中的分科和综合都有其自身存在的理由。综合和分科各有自己的优势和不足。根据学生生理、心理发展状况和不同阶段学校教育的目标，不同阶段的课程综合具有不同的意义。一般来说，年级越低，综合的程度可以越高一些。义务教育阶段的课程综合化的程度应该高些，特别是科学教育科目应该适当加以综合。但高中阶段，分科深化的课程随学生抽象思维的发展体现出的教育上的巨大价值早已为人们所认识，世界各国在高中阶段都比较重视分科的教学，综合课程成为分科课程的有效补充。

我们必须注意，克服教育中出现的那种以偏纠偏的思维定式，防止以综合的优点来反对分科的长处，防止要改掉的恰恰是应该继承和发扬的。那种动辄以综合课程和分科课程代表不同的教育价值观为借口，不顾学生心理发展的特点和我国教育教学的实际，片面强调综合或分科的优点，以便取代对方的做法是不可取的。可以预料，在我国未来基础教育课程改革中，综合化将给学校课程带来巨大变化和全新面貌，但学校教育将要产生和遭遇的问题、难题也是空前的。解决问题的关键不是靠制定一项政策，而是需要我们认真探索行之有效的综合的模式和方法，需要我们排除干扰，在课程开发和教学中采取实事求是的态度，具体问题具体分析，真正把握好分科和综合的界限，并使它们能够相互渗透和补充。该综合的坚决综合，该分科的坚决分科，综合中有分科，分科中有综合。

第五，课程生活化、社会化、实用化的趋势。中小学学术科目在追求学科体系结构完整性和纯洁性方面的误区，使我国课程总体上脱离生活和实践的倾向仍然很严重。特别是，在中学的一些逻辑性较强的学科上，这种情形更为明显。这种误区的出现首先是因为对基础教育特别是义务教育为公民基本素质教育的这一本质特点认识不足，学科课程专家把出发点放在为学科后备人才的培养的基础上造成的；其次，它与课程编制者没有切实认识到实践和生活的教育价值，没有把实践和生活当作学生认知发展的"活水"来看待有关。

加强课程与学生生活和现实社会实际之间的联系，使它们更有效地融合起来，并不是要使课程脱离学术的轨道，而是给已经经过几百年的发展而充分学术化了的课程增添时代的特征和新的活力，把中小学的通识教育和职业技术教育适度融合起来通盘考虑，是许多国家通常采用的做法。我国几十年来也一直在这一领域探索，但始终没有形成真正有效的途径和方法。在这一方面，职业教育和通识教育的结合"适度"是最难把握的。历史证明，我们总是围绕这个"适度"或左或右地来回徘徊折腾，甚至滑向严重干扰教学秩序的方向。对过于强调职业教育或通识教育对学校教育和社会发展带来的巨大危害，我们应该有充分的认识。

第六，课程个性化和多样化的趋势。课程个性化的问题实际上就是因材施教的问题，在班级授课制的情形下，教师面对众多不同资质、不同特点的学生，很难做到因材施教。即使最大限度地采取各种措施，也难以获得理想的效果。几百年来，人们在课程教材和教学领域不断地探讨，企求有所突破。因材施教作为课程编制和教学过程的主要原则，可以说在大部分的时间和情形之中仍然停留在理论原则上。目前的课程改革个性化依然是我们要坚持追求的目标。但是应该注意到，实施个性化的课程和教学的条件正在发生变化。信息技术手段的发展、多媒体计算机和网络在学校中应用范围的日益扩大，给课程个性化和教学过程的因材施教带来了新的机遇，创造了前所未有的条件。课程个性化的时代内涵就是要利用新技术带来的可能和机遇，为各种不同特色的学校和特点鲜明的学生开发和提供相适应的课程和教材，以促进教学过程的因材施教。

课程多样化是我国各地教育发展不平衡的客观要求，也是当前市场经济条件下通过竞争促精品的现实需要。我国现行的义务教育教材采用"一纲多本"和"多纲多本"的政策，全国范围内有多套义务教育教材正在使用。总结义务教育教材多样化所走过的道路，我们认为基础教育课程教材的改革必须坚持走多样化的道路，这是确定无疑的正确方针。但是坚持课程教材的多样化具有三个必要的条件：首先，多样化是一个数量增加的概念，就是要发展多种多样的课程教材；其次，数量的增加必须和课程教材的差异性结合在一起，即多种多样的课程教材必须是各具特色的，相互之间的编写风格和适应对象都应该具有明显的区分，各自显示出独有的特征；最后，仅有数量的增加和差异性的存在，还不足以真正构成多样化的本质特征，它还必须和课程教材的可选择性结合起来，使不同特色的学校甚至不同特点的学生能够根据自身情况和特点，独立地、自由地、不受干扰地对各种课程教材做出合理的选择。只有这三个方面的条件具备了，课程的多样化才可能得到真正的实现。

第七，课程与现代信息技术结合发展的趋势。现代信息技术的飞速发展及其日益向学校教育领域渗透的局面，给学校教育发展带来的机遇，也使学校教育再次面临严峻的挑战。现行学校教育方式在未来社会会继续生存还是消亡？信息科技的发展最终会为教育方式带来什么样的变革？这在今天还是一件难以预料的事。但我们应该清楚，现行教育方式或课堂教学方式并不是天经地义的东西，它本身也是通过变革和发展而确立的，它适应的是以纸张为载体的印刷时代的要求。今天正在变化的信息网络时代会把我们带到什么样的方向，值得我们深思。

学习方式的变革可能是这个时代教育将要发生的变化中最突出的特征。是仍然像现在一样基于课本进行学习，还是基于信息资源进行学习？如何为教师和学生准备方便易查的学习资源是课程编制面临的新的课题。在教学资源的选取上，课程研究中古老的问题"什么知识最有价值"被赋予了新的答案。那些有利于学生学会学习、学会思考和创造的资源在新的教育知识价值观的引导下，会逐步占据主要地位。由此，课程的概念将会增加新的内涵。

第三节 充分发挥课堂教学的育人功能

培养学生的核心素养是我们回答教育培养什么样人的问题的基础。何为核心素养，教育领域有不同的解答。近些年来，包括美国、英国、澳大利亚在内的许多国家都不约而同地对学生的核心素养予以界定，并致力于推行体现这些素养的课程。在我国，学校拥有越来越多的课程自主权，而政府也更多强调学校多元、独特的发展路径，社会也希望每所学校能够提供培养学生核心能力同时又具有自己个性的课程，以适应不同类型群体的需求。由此可见，所谓核心素养，是学生个性的基础，是学生成才的基本素质。我们可以通过列举的方式理解这一概念，如核心概念主要包括：政治素养、身体素养、道德素养、业务专业素养、个人心理素养、沟通交流素养、组织领导素养和语言表达素养等。通过学习、研究，依据学生发展核心素养体系，结合学科课程的内容，明确学科教学在培育社会主义核心价值观、传承中华民族优秀文化、提高科学素养方面的任务和作用，将德育要求、科学素养培育细化落实到学科课程的教学目标中，是实现学科教学立德育人的首要工作。

学科教学内容包括学科基础知识、基本技能，学科方法基础，学科思想观念。学科教学内容是学科教学育人的载体。各学科，特别是社会科学各学科和体育、艺术等的教学内容，具有独特的育人优势，对于培育社会主义核心价值观，传承中华民族优秀文化的功能是众所周知的。各学科课程的学习内容所起的作用、所具有的价值，许多教育、教学专家和学者都做了精辟的阐述。

第一，学科育人与学科课堂教学融为一体，才能使立德树人更具科学性，才能进一步增强立德树人的针对性和有效性。课程改革要求学科教学不仅要"传递知识"，更应当发挥学科教学的多重功能，实现知识与技能、过程与方法、情感态度与价值观三维教学目标的统一。

第二，学科育人，应充分尊重学科教学的规律，尊重学科的本质属性，体现学科德育特色，而绝不能"贴标签"，搞形式主义。提高课堂上德育的有效性一直是教育者追求的目标。任何一种学科的教学都和德育有关。在课堂教学过程中，教师往往自觉或不自觉地进行了道德教育。不同学科的教材承载了不同的德育内容，依据教材挖掘德育因素是学科育人的前提。

当前，高校课堂正发生一场"静悄悄的革命"，其最突出的变化就是实施德育工作的教师已经不仅仅是班主任和德育课教师，而是全体教师，"人人都是德育工作者"；德育工作的主阵地已经不仅仅是课外实践活动，而是"润物细无声"地融入学科的课堂，课堂教学日益肩负起"立德树人"这一教育工作的根本任务，学科育人成为学校教育的主旋律。

探索在课堂教学中落实《意见》的有效途径和方法，已经成为学科教师热议的话题。学科德育强调在学科教学过程中，根据学科自身的特点，利用学科丰富的教育资源，随时随机地融入民族精神教育和生命教育，凸显学科的育人功能。各门学科的教学内容为德育提供了内蕴丰厚、文质兼美的教育资源，如语文、历史等人文社会学科可以"以情育人""以史育人"，音乐、美术等艺术学科可以"以美育人"，物理、化学等自然科学学科可以"以理育人"，使学生在多彩的学科世界中受到思想道德的熏陶。教师要善于抓住学科育人的"闪光点"，点燃学生生命的激情，培育他们积极的情感态度和价值观。

在我们的学校教育过程中，凝聚着绝大多数教师的心血，占据着学生身心主要精力的是学科课堂教学。德育和学科课堂教学融为一体，发挥学科教学的优势，才能使德育更具科学性，才能进一步增强德育的针对性和有效性。学科如果不能充分发挥育人的作用，就会使学生成为爱因斯坦所说的一种"有用的机器"，但是不能成为一个和谐发展的人。同样，德育脱离课堂教学，脱离学科丰富的科学人文内涵，就易成为"无水之鱼"。

第三，正确认识和处理学科、教学、内容三要素间的关系。学科的课程标准，要求在知识和技能、过程和方法、情感态度价值观三个维度，建构学科课程的三维学习目标。学科知识和技能的传授、学科方法的介绍训练、学科思想观念的熏陶和培育，教学二要素之间的融合，才能帮助学生形成从学科视角看待自然、社会的观念和思维方法，处理、解决和学科研究内容有关问题的学科能力。各个学科相互配合发挥综合育人功能，能提高学生综合运用知识解决实际问题的能力，提高科学素养，为形成学习能力、生存能力、实践能力和创造能力奠定良好的基础。

学科基础知识和基本技能是人类在学科领域的认知活动中获得的宝贵成果，是回答学科所研究的客观事物"是什么""为什么"等具体问题的事实性知识。学科知识是学科研究的客观事物在人脑中的主观印象，它反映了客观事物的属性与联系。随着时代的进步和科学技术的发展，学科知识也将得到更新和充实，具有相对的稳定性和发展性。密切联系生产生活实际和科学发展成就的学科基础知识、基本技能，是培育学生与当代社会相适应的科学素养的重要养分。但是学科知识、技能的教学不能脱离了学科方法和学科思想观念的教育。孤立地学习学科知识和技能，不仅难以吸收所学习的事实性知识，更不可能转化为学科能力，形成科学的世界观、价值观，不能发挥提升学生科学素养的作用。

第四，学科育人的关键在教师。只有通过教师的创造性教学活动，才能将教学内容具体化为学生的道德认知、道德情感和道德实践。而从目前对教师实施学科德育的调研情况来看，教师自身的人文素养、实施学科育人的意识和能力还有待提高。有效提高教师学科德育的自觉意识，提升教师的育人能力，关键是要深刻把握教师专业发展的内涵，坚持科学的教师专业发展观。首先，教师的专业发展，要坚持正确的价值观和科学的教学思想的统一。教师只有认同并坚信社会主义共同理想和价值观，才能树立正确的教育思想，把学生培养成具有创新精神和健康人格的社会主义建设者和接班人。其次，教师的专业发展是育德能力和专业能力的统一。正确把握学科德育的内容体系和实施方法，提高学科教学各环节落实民族精神教育和生命教育的能力。最后，教师的专业发展是学识魅力和人格魅力的统一。渊博的学识是教育的基础，只有和人格魅力结合起来，才能为人师表、严谨治学、乐于奉献，才能通过自己的专业发展促进学生的全面发展。在学科教学中进行德育，是教学的教育性客观规律的反映，是教师教书育人职责的基本要求，也是培养德才兼备高素质人才的重要途径。因此，探索学科教学的教育性规律，弄清德育渗透的理论、方法和途径，对于提高教师德育渗透的能力、培养德智体全面发展的社会主义建设人才就显得十分重要和迫切。

回顾有关教学教育性规律的论述，我们可从中获得以下启示：

一是教学永远具有教育性。教学活动是教师和学生的双边活动。教师在教学活动中，无论他以什么样的内容和形式组织教学，都会对学生施加影响，教师的治学态度、思想作风、言谈举止、形象仪表以及个性特点对学生都具有潜移默化的作用。实际上，真正意义上的教书不育人的现象是不存在的。区别在于是用积极向上、健康正确的思想、内容、态度和情感影响学生，还是用消极颓废、情趣低级的不正确思想、内容、态度和情感影响学生。我们平常所说的教书不育人实质上是指后者。

二是教学中的德育渗透是教师教书育人的必然要求。在学科不断分化、教育分工越来越细的情况下，学校教育被划分成教学、科研、政工、管理和服务保障等多个项目。这种分工原本是为了提高教育效益，但分工所产生的不良反应却滋生了部门之间的狭隘思想观念，整体协同的育人机制受到了削弱，以致有些教师在教学中只注重传授知识技能，把对学生的思想教育当作了分外事。就教学活动本身而言，教师要巧妙地把传授知识、培养技能、发展智能、进行思想教育统一于教学活动之中，增强教学的教育性效果，这些都是教师工作的分内事。

三是德育渗透是培养德智体全面发展合格人才的内在动力。德是人的"灵魂"，是人行为的"导向机构"和"动力系统"。在专业课教学中进行德育，不仅对学生全面正确地认识事物、获得真知产生作用，而且对学生增强事业心和责任感、提高非智力因素产生作用。许多教师认为，当前因思想认识引发的教育问题，已远远超过因教育技术引发的教育问题。一些学生学习成绩不佳，主要原因是情感障碍和学习动力不足，并非智力因素，企图通过传授各种学习生成技术以改变这些学生的学习状况是难以成功的。教师在这些方面所能做的就是有针对性地搞好德育渗透，充分调动学生学习的积极性和主动性。

第三章 立德树人理念下高校思想政治教育人文关怀

第一节 人文精神与人文教育

一、人文的内涵

我们知道文化是人类或者一个民族、一个人群共同具有的符号、价值观及规范，符号是文化的基础，价值观是文化的核心，而规范包括习惯规范、道德规范和法律规范，则是文化的主要内容。人文是指人类文化中先进的、科学的、优秀的、健康的部分。其核心是先进的价值观，其主要内容则是先进的规范。对社会而言，是先进的法律和制度规范；对社会成员而言，是先进的道德和习惯规范；对青少年来说，首先体现在养成良好的行为习惯规范上。从文艺复兴的历史看，人文应该是重视人的文化。从概念上讲，可以这样认为，人文就是人类文化中的先进部分和核心部分，即先进的价值观及规范，集中表现为：重视人、尊重人、关心人、爱护人。简言之，人文，即重视人的文化。

二、人文精神的内涵

人文精神一词源自西方，也可称作"人文主义"。它是西方哲学在两千多年探索一些不可解问题的过程中培育起来的一种精神。它包含人性和理性两个元素。人性，主要精神就是尊重人，尤其尊重人作为一种精神存在的价值；理性，从科学的意义来说，人是有思想有头脑的，能够思考真理、追求真理。从某方面而言，它叙述了人们在探索未知世界的过程中，不因前路迷茫而退却，追求真理、积极进取、坚韧不拔的精神。

现代人文精神可以说是一种自由的人文精神。它摒弃了几千年来封建社会对个人价值的漠视，把人当作宇宙间最高价值来尊重，肯定每个人存在于这个世界上独一无二的价值和意义，强调人在这个世界上人生价值的体现。人所追求的不仅仅是三餐温饱的外在条件，还应该追求更高尚的人生意义。但这种自由的人文精神必须建立在有序的人文平台上，每个人都应遵循一定的规则。在追求生命意义的过程中，人文精神能为自己、为自己的行为树立一个道德法则及目标，以此来约束并激励自己。

人文精神的核心是人们关于人应当如何生活，人之为人的价值标准等一系列命题的自我意识，这便是人文本体，人文本体是决定人文世界向正确方向发展的客观依据。而人文本体，即人文精神的核心，是不同时代和历史背景下使用的人文精神的概念和内涵有所区别的关键。因此，在不同的时代，人文精神的特点和重点是不同的。它是在特定时代背景下人们的价值观、人生观和时代精神的集中反映。因此，对"什么是人文精神"，不同的学者有不同的理解，目前还没有统一的定义。

人文精神针对的是现代进程中的西方中心主义、物质消费主义、技术工具主义，强调人文文化、自我实现和内心关怀，主张人的主体创造作用，主张民族自尊、自持、自决。人文精神；简单地说，就是现在人们经常说的"以人为本"。以人为本的人文精神，包含了三个层面的意义。

首先，要以人的生命为本。中国传统文化中关于"命"的命题非常多，但是往往会把命与义相对立，对于人的生命的重视应该说是不太够的。

其次，要以人的发展为本。我们的社会远没有达到让每一个人都能实现自我发展的地步，人们大多还在为生存而挣扎。

最后，要以人的自我实现为本。人的需要是多层次、多维度的，最高层次当属自我实现这一维度。

所谓人文精神，主要指执着地追求理想世界和理想人格，高扬人的价值，追求人自身的完善，谋求个性解放，并坚持理性，反对迷信和盲从。核心是贯穿在人们的思维与言行中的信仰、理想、价值取向、人格模式和审美情趣。因此，人文精神在本质上是以人为中心，强调人的情感、人的体验，求真、求善、求美的理性兼顾。

这里需要强调的是，人文知识和人文精神有明显的区别。人文知识指的是人类认识和改造世界、自身以及社会的经验总结；而人文精神则是指人文学科知识中人类主体的精神性成果，它存在于人的内心世界，是见之于人的行为及其结果。人文知识的载体主要是各种各样的媒体，如图书、报纸、期刊和网络等。人文学科知识可以从课堂上或者媒体中获取；人文精神的获得必须经过人文知识的整合、内化、长期积淀，成为人类主体意识、情感等的生命体验和善行，载体只在于人自身。因此，人文知识并不同于、更不能等于人文精神。拥有人文知识的人并不一定都具有人文精神。例如，当前有些大学生，甚至研究生，虽然知识丰富，学了不少人文知识，但不一定都具有相应的人文精神；相反，有些识字不多、文化程度不高的农民，虽然没有读过像样的人文课程，却经常表现出真诚、正直、善良、利他等人文素质。这告诉我们，体现人文精神的思想、情感和行动是需要在人文氛围浓郁的环境里长期熏陶感染、潜移默化的。当然，这并不是说书本上的人文学科知识不重要。有了人文学科知识，就为形成人文精神提供了广阔的理性知识背景。也就是说，人文学科知识一定要经过内化转变为人文素质，变为自身的意识、思想、情感乃至行动，也就是知识、学问应该和善行结合。只有这样，才能体现出"知识孕育精神"的真实意义，才能真正显示出人文知识应有的价值。

三、人文教育

教育是人的灵魂的教育，而非理智知识和认识的堆积。从这个意义上说，教育的重要本质特征就是它的人文性。人文教育是不可以从教育中抽离的，人文教育在高等教育中应该具有更为重要的地位。

正因为如此，人们才不断地呼吁加强人文教育。但是，对于加强什么样的人文教育，我们却面临着不同的选择和定位。一般来说，人们谈到的人文教育并没有一种确定的公认的含义，而常常表现出多种含义。最常见的有三种：一是人文主义教育；二是人文学科教育；三是关于"成人"的教育。

人文教育有多种表述。人文教育指对受教育者进行的，在促进其人性境界提升、理想人格塑造，以及个人与社会价值实现的教育，其实质是人性教育，其核心是有涵养的人文精神。这种精神的养成一般要通过多种途径，包括广博的文化知识滋养、高雅的文化氛围陶冶、优秀的文化传统熏染和深刻的人生实践体验等。这一教育既重视由外而内的文化构成，更强调自我体悟与心灵觉醒。归根结底，它使人理解并重视人生的意义，并多给社会一份人文关怀，从根本上体现教育的本质与理想。

由此，可以从三个方面来理解人文教育的含义。第一，这一界定把人文教育视为使人"成人"的教育，把人的教育作为教育的灵魂贯穿教育的始终，反对教育中的实用主义、功利主义。关于"成人"的教育有不同层次的要求，最低要求是使人成为人；较高要求是使人成为较完整的人，即德、智、体、美、劳诸方面得到全面发展的人；最高要求是使人成为一个完美的人，这当然是一种理想追求。人文教育的特点是以学生为本位，发展学生的特性，使学生有共性发展的空间。第二，这一界定把人文教育的根本目的确定为促进受教育者的人性境界提升、理想人格塑造以及个人与社会价值实现，不是为了培养专业工作者，而是一种非职业性的非专业性的教育，其核心是涵养和充实人文精神，而不是停留于获得有关的人文知识。第三，这一界定是用整体文化的视野与知行统一观来看待人文教育的。基于此，界定中提出了人文教育目的的达成过程，它是通过广博的文化知识滋养、高雅的文化氛围陶冶、优秀的文化传统熏染和深刻的人生实践体验达成的。在我国，人文教育所要培养的人文精神首先应体现为树立正确的政治方向、培养爱国主义精神、坚持集体主义价值取向和为人民服务的人生观；其次体现为以人为本的主体精神、创新精神和良好的道德意识；此外，还包括良好的心理素质、文化品位和审美情趣等。

从宏观层面上讲，人文教育主要是传授人文知识、培养人文精神的教育。从微观层面上讲，人文教育即人性化教育，是通过人文的濡染与内化，使人学会做人的教育。它旨在通过人文学科（包括文学、史学、哲学基础学科以及艺术学科等）的学习，使人不仅能获得人文知识，更能认识人的本质，建立价值体系，塑造精神家园。

第二节　思想政治教育及其相关语词辨析

高校思想政治教育，主要是指以在校学生为教育对象的思想教育、政治教育和道德教育。当前，有许多学者认为，学校道德育与思想政治教育有区别，但在实践中，学校思想政治教育就包含了道德教育在内。思想教育是思想政治教育中最根本的内容，包括世界观、人生观、价值观的教育，三者是内在统一的。由于人所处的环境不同，认识与理解能力的差异，不同学生的世界观、人生观和价值观就有一定的差异。因此，思想教育呈现多端性和多层次性，在教育内容的选择上必须有针对性，这样才能达到好的教育效果。

道德教育是思想政治教育中的基础工程。对大学生的道德教育主要包括社会公德、职业道德和家庭美德教育。在道德教育中，应当从实际出发，针对大学生的特点，提出相应的道德要求。培养大学生尊重人，关心人，维护和提高人的权利、价值和尊严等道德观念，帮助大学生树立为人民服务的意识，增强集体主义观念，做社会主义事业的合格建设者和可靠接班人。

近年来，高校日益重视学生公民素养的提升。因此，不少学者开始关注大学生的公民教育，并将发端于西方的公民教育理论本土化，形成了富有中国特色的公民教育理论。公民教育与思想政治教育相互补充、相互促进、相得益彰。

一、公民教育是思想政治教育的补充

公民教育是涉及面较广的公民素质教育，解决的是个体公民的全面素质和全体国民的整体素质问题。而思想政治教育主要指公民的世界观、人生观和价值观等方面的教育，解决的是公民的思想领域的政治问题和政治领域的思想问题。虽然思想政治教育不能把公民教育内容包括进去，但是在长期的实践中，承担学校思想政治教育的部门，在加强和改进思想政治教育的同时，常常把公民教育的内容纳入其中，通过公民教育来增强思想政治教育的实效性。

二、公民教育的内容包含思想政治教育

公民教育既包括培养中国特色社会主义事业的合格民众的一般要求，同时还包括培养社会主义事业可靠接班人的要求。思想政治教育的内容主要是上层建筑和意识形态领域的东西，目标是培养社会主义和共产主义事业的接班人。因此，思想政治教育被包含在公民教育之中。

三、公民教育比思想政治教育更倾向隐性教育

公民教育更注重以"润物细无声"的方式让教育对象接受统治阶级所主张的意识形态和价值观念，具有较强的渗透性。同时，也由于其渗透性强，受到了公民的欢迎。思想政治教育则注重显性教育。在和平时期，这种强制性的、正面的教育，如果不讲究方式方法，就容易使人产生排斥的心理，从而降低思想政治教育应有的功效。因此，思想政治教育可借鉴公民教育"润

物细无声"的方式，将显性教育逐步地转换成隐性教育，并渗透到公民教育中去，增强教育对象的认同感。

在现今的学校教育中，学生心理健康教育日益受到重视，但却存在着思想政治教育代替心理健康教育的现象，或心理健康教育说教化的倾向。辨析二者之间的关系，有助于我们更深层次地认识心理健康教育和思想政治教育有机结合的价值，增强思想政治教育的实效性。

（一）二者紧密联系、相互促进

1. 教育内容的关联性

心理健康教育着重提高学生的心理健康水平和社会适应能力，这种能力的体现，恰恰又是以形成良好的思想道德品质为前提的。一个人心理发展的方向要受到其思想和价值观念的支配，良好的思想道德品质是塑造健康心理的基础。思想政治教育和心理健康教育都以理想、信念、品德和意志等为重要内容。就内容来说，心理健康教育与思想政治教育是相互交叉、相互联系和相互渗透的。

2. 教育功能的互动性

一是思想政治教育是心理健康教育的前提。学生健康的心理素质表现为良好的意志品质、积极的人生态度和乐观豁达的处世方式等，这些都是学生从小就受到的思想政治教育的内容。二是心理健康教育能保证思想政治教育取得良好效果。要培养学生良好的道德品质，必须先有良好的社会适应能力，能够正确认识自己、欣赏自己，成功地与他人交往，有良好的情绪控制能力。对于学生日常生活中许多问题，往往采用心理健康教育的方法能达到更佳的效果。就功能而言，思想政治教育和心理健康教育互为条件和前提。

3. 教育方法的交融性

学校学生心理健康教育是思想政治教育的重要手段，对学生进行及时有效的心理健康教育有助于其思想品德的形成和发展。而在思想政治教育中，结合心理健康教育可以帮助学生树立正确的人生观、价值观、世界观，帮助学生正确认识自己的优缺点，方能对自己有一个客观的评价，并能坦然接受现实中的自我，从而保持心理健康。

思想政治工作是中国共产党独创的工作方法，在中国的社会主义革命和社会主义建设时期的各个阶段都发挥了重要的作用，被誉为经济工作和其他一切工作的"生命线"。思想政治工作之所以会发挥如此大的社会效能，其重要原因是党的思想政治工作一是坚持了"以人为本"的理念；二是能够根据实际不断创新工作方法，这为当前大学生思想政治教育工作的改进和提升提供了有益借鉴。中国共产党从开始领导中国革命就特别强调人的重要性和人的主观能动性的发挥。

要加强和改进思想政治工作，要形成科学塑人与价值育人合力，促进"思政课程"与"课程思政"融合。今天，重新解读"人文关怀"，它在强调人的价值、人的尊严和人格完整以外，又增添了新的时代内容，即把"人文关怀"与党的思想政治工作紧密联系起来，延伸到正确妥善和谐地处理人际关系，这就使人文关怀的内涵得到扩展，也更易于落到实处。总而言之，中国共产党在思想政治工作方面的经验是极为丰富的，值得我们研究和借鉴。它启示我们在今后的大学生思想政治教育实际工作中要继续坚持"以人为本"的理念，重视大学生主体积极性的发挥，立足大学生的思想实际，尊重他们对合理的物质利益的追求和对丰富的精神文化需求的满足，积极发扬党的"尊重人、理解人、关心人"思想政治工作的优良传统，真正把大学生思想政治教育人文关怀落到实处。

（二）二者之间的不同之处

1. 理论基础不同

思想政治教育是以政治学为基础，与政治伦理学模式相联系。中国共产党坚持解放思想、实事求是、与时俱进、求真务实，坚持辩证唯物主义和历史唯物主义，紧密结合新的时代条件和实践要求，以全新的视野深化对共产党执政规律、社会主义建设规律、人类社会发展规律的认识，进行艰辛理论探索，取得了重大理论创新成果，形成了新时代中国特色社会主义思想。

思想政治教育就是用辩证唯物主义和历史唯物主义的基本原理及当前的形势与政策等对学生进行政治方向、思想意识、价值取向以及辨别是非等方面的教育。而心理工作的理论基础是各种心理健康理论及咨询治疗理论，主要是对学生进行心理卫生、学习生活、人际关系、职业选择、心理障碍、行为异常等多方面的指导和教育。

2. 工作侧重点不同

思想政治教育侧重于学生思想品德的提高、塑造、转变，主要是按国家的教育方针和培养人才的规格要求进行的，帮助学生解决社会倾向问题，以引导学生树立科学正确的世界观、人生观、价值观为目的。而心理健康教育的重点在于帮助学生提升心理素质，防治心理疾病，挖掘自己的潜在能力，着重提高人的心理健康水平和社会适应能力，以促进身心健康为目的。

3. 教育内容不同

思想政治教育侧重政治教育、思想教育、道德教育，帮助学生解决好思想实际问题。心理健康教育侧重于宣传普及心理健康知识，培训心理调适技能，教授维护心理健康的方法，帮助大学生处理好环境适应、自我管理、学习成才、人际交往、交友恋爱、求职择业、人格发展和情绪调节等方面的困惑。

4. 教育任务不同

思想政治教育的任务在于培养学生具有坚定正确的政治方向、辩证唯物主义世界观和共产主义道德品质，培养学生的道德思维能力、道德评价能力和自我教育能力，帮助学生树立正确的世界观、人生观、价值观。而心理健康教育的任务是帮助学生树立心理健康意识，完善心理品质，增强心理调适能力和社会生活的适应能力，预防和缓解心理问题，促进其人格向健康、协调的方向发展。

5. 教育方法不同

思想政治教育以理论教育和宣传为主，主要采取正面说服、榜样示范等方法。而心理健康教育主要采用普及心理学知识，与学生交谈、讨论，让学生进行角色分析扮演，对学生进行心理训练、心理测量等方法。

第三节 高校思想政治课中人文教育的内涵

一、高校思想政治课人文教育概念

人文教育是现代教育的重要组成部分，它的根本目标是让学生做全面进步发展的现代人。也就是通过提高人文素质使人活得更自觉、更高尚、更高雅，使现代人拥有更开阔的心胸，更加重视精神追求。显然，从高校思想政治课程的性质以及基本理念来看，这门课程不仅要传授给学生具体的知识，还要对学生进行人文教育，培养大学生的人文精神，这既是课改的新要求，也是教育教学的本质所在。

由此，高校思想政治课人文教育是指高校政治课教师遵循教育的本质和规律，通过高校思想政治课程内容的教学，培养人，塑造人，使大学生具有较高的思想品位、道德水准、心理素质、思维方式、人际交往能力，以及情感、人生观、价值观等个性品格。

因此，人文教育对于人的社会化具有十分重要的价值。从某种意义上来说，人文素质教育是贯彻全面发展的教育方针在新的社会历史条件下的合理体现，是素质教育的本质特征之一。

二、大学生思想政治教育中人文关怀的特征

（一）人本性

思想政治教育是做人的工作，它的主体包括教育者与被教育者，都是人。思想政治教育的有效性是建立在尊重人和关注人的本性基础上的。大学生思想政治教育的任务不仅要培养大学生成为社会的人，而且要尊重大学生内在需要，促进其个性的自由全面发展，并让他们知晓生命的价值和生存的意义，丰富和完善自己的精神世界，使他们过上有意义的生活。人文关怀就是用人的方式理解人、关怀人、对待人、关注人的精神生活，促进大学生的生命自由成长，让学校成为他们的精神家园。人的本质既是一种生理意义的存在，同时也是一种超越生命的存在，是具有无限的丰富性、多样性的存在。它不只包含可塑性，人不单单是可以被动地接受塑造的动物和填补的空间，人的存在不仅是一个被外力塑造的自然过程，还是一个自主自决的能动性创造过程，从生命本体性看待人的可能发展，人的能动性才是人的存在的根本性力量。人的可能性存在在根本上是"超生命"的，是在后天的实践活动中创造出来的，是在社会中接受社会改造和自我改造的过程中形成的。正是人的存在的可能性本质，决定了思想政治教育不单纯是使人服从、适应和服务于现实社会生活，更重要的是，要走向人文关怀，关照人的精神生活，促进人的正向发展。

大学生思想政治教育实施人文关怀，首先，要承认并尊重大学生是拥有独立人格的人，是具有能动性和创造性的人。人文关怀关照的是大学生这个完整的生命体，他们是有思想、有情感的活生生的人，是具有潜在发展性和现实生成性的特定人格的人。

其次，要关注学生的现实生活和可能生活。传统的思想政治教育并未

完全脱离人的生活世界，但它关注的却是造就单纯的道德的人、政治的人和当下经济的人，从未追求过养成"生活的人"，忽视和遮蔽了生活本身的教育意义和价值，形成了重课堂教学、轻生活熏陶，重社会群体的间接经验、轻学生个人直接经验的弊端，课堂教学逐步脱离了学生直接经验的现实世界。人征服了自然，获得了关于物质的全部知识，但对于人的存在最重要的最基本问题——人应当怎样生活，却茫然无知。因此，大学生思想政治教育工作就要克服以往的弊端，强调以现实的大学生为出发点，充分尊重与维护他们的权利与尊严，承认并尊重其个性差异，关照大学生兴趣、爱好和需要，真正做到以人为先、以人为重、以人为尊；充分相信大学生的能力与潜质，在整个思想政治教育的过程中，教育者是大学生全面发展的陪伴者、辅导者、促进者、合作者，以民主平等的方式信任学生、理解学生、宽容学生，以促进大学生的全面发展；充分面对大学生的现实生活，充分关注大学生的可能生活，为大学生提供人性化教育、人性化管理，促进他们的全面发展。

（二）主体性

思想政治教育是一种育心育德的文化心理活动，是人与人之间交往对话，沟通心灵，通过提高人的思想道德水平和人格境界来促进人的全面发展的实践活动。既是受教育者与外界教育信息相互作用的过程，也是受教育者主体内部自我运动的过程，有着很高的主体能动性。这意味着要增强思想政治教育的有效性，必须改变那种无视受教育者主体能动性，无视教育规律，脱离生活实际的教育方法。

所谓主体性，就是人作为主体的规定性。主体是一种关系的范围，是相对于客体而言的。谈主体性，其用意在于"把世界还给人，把人还给他自己"。有学者认为，人的主体性，概括地说，就是在一定的历史条件下，基于实践活动的人的自主性、积极性和创造性。大学生思想政治教育强调的主体性，是为了提升学生的主体性，反对脱离学生的道德生活实际，从不切实际的高远的、单一的道德理想出发，反对把学生当作任意塑型的"泥人"和思想政治知识的"容器"，反对把思想政治教育变成一味地空洞说教或简单粗暴的灌输。目前，主体意识增强是大学生自身的重要特征，随着年龄的增长、知识面的拓宽，大学生的社会认知水平明显提高，判断事物的自主性、独立性和批判性明显增强，大部分学生有学习的主动性、自觉性，普遍追求自主性与充分的学习自由。

大学生思想政治教育中的人文关怀，首先是要充分尊重大学生的个体特征，妥善解决学生主体自身的不成熟与强烈追求自主之间的矛盾，帮助他们自觉、正确地选择和确定自己的追求目标，并产生实现目标的力量。努力创造相互尊重、平等、信任、理解的师生关系，这样既能满足学生的心理需求，增强他们的信心，振奋大学生的精神，又能促进大学生思想政治教育效果的实现，促进师生互动，实现教学相长。其次，大学生思想政治教育遵循的以生为本的理念，不是放任学生的个性任意、自由发展，不以学生个人为本位。随着现代化的推进，人的个性得到极大张扬，有人认为，思想政治教育要以人为本，高扬人的主体性，就不需要也不可能有统一的价值评判标准。这实际上是否认了思想政治教育者对学生的价值引导，放任学生个性任意自由地发展，是教育的无政府主义，在理论上是错误的，在实践中也是非常有害的。否认价值引导就是否认思想政治教育，就是消解思想政治教育的主导作用，就是放弃教育者的育人责任，就是自然主义的"内发论"教育观。大学生思想政治教育要遵循以生为本的理念，不仅要避免社会本位论，同时还要避免个体本位论，应该是教育者价值引导和学生资助构建相结合的活动过程，是教育者主导性和学生主体性共同发挥的过程，是教的过程和学的过程的相统一，着力解决学生个体发展与社会整体发展之间存在的矛盾和冲突。

（三）情感性

情感是人类心理活动的重要组成部分，也是一种复杂的心理现象。它是人对客观事物的主体性反应，是主体对客观世界积极投射的结果，是人内心世界的外化。在西方传统哲学中，情感往往与理性相对，被看作外在于理性而变动的内心体验。现代心理学则发现，情感与理性、认识息息相关。人们总是根据自己认识的水平，依据自我的认识能力，凭借自身的价值认同而对客观事实产生某种情感，进而形成稳定的行为习惯。列宁曾指出：没有人的情感，就不可能有人对真理的追求。同时，情感还是一种社会性活动，人们是在社会交往过程中形成情感体验和情感关系的。人类的许多痛苦和幸福都存在于同其他人的交往过程。通过交往形成自己的道德观念、审美评价，获得自我社会角色的感受。

大学生思想政治教育包含思想教育、政治教育和道德教育。它作为一种规范性教育，主要是引导大学生追求美好的人生，在规范教育中使人产生自觉的信任与行为，主要作用于人的意识、理性的层面，即作用于所谓的良知方面。而道德教育作为思想政治教育的基础工程，已然承担着思想政治教育者与受教育者之间的情感连接。道德情感所产生的是理性内容与非理性内容的统一，以交流、共享、相互生发、相互感染的特性，在人际交往中发生、进行。正因为有人际间的情感互动，才会有道德上的情感共鸣，才会有道德的人际传递和道德的"增值效应"。然而，人际互动中，"情到理方至，情阻理难通"，如果接受的是积极的影响，则"情通而理自达"，如果是消极甚至不良的道德情感体验，则"情不通而理难通"。我国古代就注意到情感的重要性，认识到"情"对"理"的动力机制与推动作用，如"感人心者，莫先乎于情"，"动之以情，方能晓之以理"。霍姆林斯基说过，情感是信念、原则性及精神力量的核心与血肉，没有情感，思想政治教育就会变成枯燥无味的空话，只能培养伪君子。因此，情感体验应该成为大学生思想政治教育过程的一部分。"情"也因而成为大学生思想政治教育中的人文关怀的重要因素。没有人的情感，就不可能有人对真理的追求。情是打开大学生心灵的钥匙，是沟通教育者与受教育者交往关系的基础。在大学生思想政治教育的人文关怀中也要突出这个"情"字，加大情感投资，充分发挥情感在大学生思想政治教育中的先导作用，达到以情动人的目的。只有这样，大学生才会主动接受社会所期望他们拥有的思想品质、政治素养，并将其付诸实践。正如心理学家所说的：青少年的心灵就像一架多弦琴，其中有一根是和弦，只要将它弹一下，就会使其他弦一起振动，发出共鸣，协奏起来就会产生美妙的乐章。大学生思想政治教育中的人文关怀就是鼓励教育者努力找到这根和弦，并用真情拨动它，这样就会与大学生产生情感上的共鸣、思想上的对流、心理上的交融，实现"增值效应"，达到思想政治教育的预期目的。

（四）平等性

所谓平等性原则，即平等地关怀每个学生，在思想政治教育中要面向全体学生，对所有的学生一视同仁。当前，大学生之间存在着学习素养的差异、贫富差异、性别差异、能力差异，等等。但是我们不难看到，有着两千多年封建文化熏陶的中国，等级观念在今天仍然根植在中国这片土地上，教师对来自不同家庭背景的学生还是有区别对待的现象；在以分数为衡量标准的现实社会，成绩的好坏也成了衡量学生差异的主要标准；专业对性别的限制，我们也很难看出在教育中针对性别不同而制订的教育方案；教师对能力强的学生表现出的偏爱也无可厚非地在校园中普遍存在。

以上这些因各种因素对学生产生的不公平对待，显而易见，制约着中国特色社会主义事业合格的建设者和接班人的培养。思想政治教育的终极价值目标就是培养全面自由发展的人，而全面发展的人的一个重要核心内容就是拥有公平与正义，不因出生、性别、能力而遭遇不同级别的对待。因此，大学生思想政治教育所关心的便是怎样使每一个大学生真正受益。实施人文关怀，就要在思想政治教育目标制定的过程中，充分考虑每个受教育者的多层次、多样性、差异性的特点，有针对性地实施人性化教育，培养学生的自主性品质，健全人格，使学生的个性得以张扬，创造性得以发挥，良好的个性品质得以塑造，使他们每个人都能从思想政治教育中真正受益，改善他们的生活世界和生存状态。从每个人的生理、心理需要和思想实际出发，"对症下药"，因材施教，为每个有个性的人的创新力的生成创造自主发展的空间，努力开发其潜在的优势。同时，必须克服思想政治教育目标"高不可攀"的弱点，变单纯的"高空作业"为充满人情味的"贴身关怀"，增强受教育者对思想政治教育的认同感，以求提升思想政治教育的有效性。

（五）全面性

所谓全面性原则，即要关心学生的全面发展，就是在思想政治教育中以一种全面的方式，把学生看作一个整体的人进行关注。思想政治教育在西方称为道德教育。德育要培养什么样的人，不同时期有不同的看法，并存在着争论和分歧。有学者提出，要培养"自然人"，尊重和遵循人"与生俱来"的自然个性，但如果在跟随这种"自然本性"的后面亦步亦趋也是错误的，因为这种观念消解了教育的作用。因此，思想政治教育的价值和目的不仅仅是促进人的自然本性的发展，更要引导和规范人的自然本性的发展，防止其任意和无序的发展。在资本主义社会，商品经济迅猛发展，物质价值取向成为社会的主导，人成为"经济人"，道德教育沦为培养"经济人"的工具。

不论是"自然人"还是"经济人""政治人"，都是"单向度"的人，没能按照人应有的本质开展教育，忽略了人主体地位的要求，忽略了人的全面发展的要求。马克思主义关于人的全面发展就是"人以一种全面的方式，就是说，作为一个完整的人，占有自己的全面的本质"。按照马克思和恩格斯的理解，人处于一个不断完善的、发展的过程，是一个"完整的人"，人的自由全面发展是社会发展的终极价值目标。马克思对人的全面发展做了科学阐述："个人的全面性不是想象的或设想的全面性，而是他的现实关系和观念关系的全面性。"中国正朝着现代化快速发展，然而仍有落后以及不适应的因素存在，因而目前对于多数人来说全面自由发展还是种高期待。但是，正因如此，思想政治教育更是要以人的全面发展为原则，实施人文关怀，从政治上、经济上、学习上、生活上和感情上了解和满足学生的需求，不只是教给学生思想政治理论，更应教给他们塑造完美人格的能力。当前大学生的特点，决定了更要对他们的发展全面关注，做到以心动人、以情感人、以诚待人、以行服人和以理导人，使他们敢于、乐于接受人文关怀，提高政治素养和塑造完美人格。

第四节 高校思想政治教育中人文关怀的价值

思想政治教育与一般的知识教育不同，它是人类价值认识的结果。从根本上讲，思想政治教育就是要用马克思主义的立场、观点和方法去改造、转变人们的思想观念，坚定人们共产主义、社会主义和集体主义的信念。在思想政治工作中既要注重培养教育对象的世界观、人生观和价值观，又要关注其自身发展的个性诉求、人格完善和生活保障，帮助其塑造自身、发展自身、完善自身，这就是人文关怀的体现。对于教育者来说，人文关怀是对其自身思想政治素质的一个再教育和提高；对于受教育者来说，人文关怀是思想政治教育的最有效的途径和教育理念。思想政治教育人文关怀丰富和发展了思想政治教育的内涵和外延，是思想政治教育发展的内在需要。思想政治教育本质上是一种培养人、塑造人、完善人、发展人的教育活动，具有广泛而深厚的人文内涵。

从人的自然属性方面看，人类本能的欲望、冲动和追求常常是人类行动的一个强大的内驱力，同时也容易成为人性发展的重要障碍。当前，多元文化的发展，价值观念的碰撞，社会主义市场经济的大发展，使大学生面临太多的诱惑与选择，内在冲突日益明显，人的生态心理系统日渐失衡。思想政治教育所致力的目标是通过文化的教化、思想的引导，帮助大学生从动物性存在不断提升到人性存在，不断促进大学生超越自身的自然本性，提高生存质量，不断提升人性发展的思想道德修养层次，解决大学生发展过程中的身与心的矛盾，这正是人文关怀倡导的对学生生命本体进行的关怀，深刻体现着思想政治教育所包含的人文关怀价值。

从人的社会属性方面看，马克思指出，人天生就是社会的生物，只有在社会中才能发展自己的真正的天性，而对于他的天性力量的判断，也不应当以单个个人的力量为准绳，而应当以整个社会的力量为准绳。人作为一种社会存在物，在各式各样的活动中，形成了各式各样的社会关系，如人际关系、法律关系、血缘关系、同事关系以及互相交换劳动的关系等。因此，人的本质在其现实性上是一切社会关系的总和。人类在处理这些关系的过程中不可避免地会产生个人与个人、个人与集体、个人与社会等的利益冲突。每一个大学生虽然是思想独立、个性突出的个体，但还是生活在特定的社会关系中，需要融入某个社会角色来获得他人认可，进而实现自身的社会价值。然而理想和现实常有冲突之时，眼前利益和长远利益也时常矛盾，使大学生陷入抉择的烦恼中。大学生思想政治教育的一个重要任务就是努力在尊重大学生现实利益的基础上，积极引导大学生认清自身定位，适应在现实中的各种角色，帮助大学生在交往过程中保持良好的心态，学会面对困难尽早走出困惑的阴影，从长远出发为大学生构建一个价值世界，使大学生的物质世界与精神世界、交往的主体与客体统一起来，使世俗世界的矛盾与纷争得到消解，这也是人文关怀所要完成的重要使命。

从人的精神属性方面看，人是以意义为生存本体的高级动物。人与其他生物存在不同，不仅仅满足于活着，而且追求生命的意义，探寻生命的终极价值。人有追求自我实现的内在追求，无法忍受空虚和无意义的生活。现代社会虽然给人类的物质生活带来了很大的富足，但人的精神家园、人生的意义和归宿问题却显得日益突出。正如雅斯贝斯所言，人在创造丰富的物质世界时，似乎正在被吸收成为服务于某种目的的手段，成为丧失某种意义的存在。人们发展他们的生活时，他们似乎正在牺牲一种他们赖以在其中认识自己自我的存在。因此，人的思想道德观念的生成和培养需要外在的思想引导、行为引导和价值引导，借助于受教育个体的人性基础来实现个体存在的意义。

目前，我们正处在现代社会全面转型的新时期。我们的社会在经济、政治、文化及价值观上都已经或者正在发生深刻的变迁，环境对人的影响从相对单一的影响发展为多元化的渗透，进而影响到价值和行为标准的变更。在人的思想道德形成过程中，思想政治教育和环境都是影响其产生、发展和变化的外部条件，它们共同影响着受教育者的思想和行为。因此，在面对多元化渗透的现实，我们要努力挖掘多元环境中的积极因素，实施人文关怀，才能使教育对象在选择、权衡中确立正确的"参照系"。否则，在与各种价值的碰撞中就有可能使思想政治教育落于下风，从而影响其导向作用。

社会主义市场经济背景下，思想政治教育中逐步引入人文关怀。中华人民共和国成立之前，我国长期是以小农生产为主的自然经济，而社会以及人的发展模式就是以此为基础而建构的。中华人民共和国成立后，高度集中的计划经济体制又禁锢了社会与人的发展。1992 年，我国明确了"建立社会主义市场经济体制"的发展目标，虽然目前仍然在探索中，但不断发展和完善的社会主义市场经济却对中国社会的发展、人的发展带来了巨大的冲击，环境变迁、时代发展的元素为人的发展的根本性转变奠定了坚实的基础。

马克思指出，一个人是什么样的，这取决于他们进行生产的物质条件。即在人类历史领域，个体的存在方式和个体的生产方式、交往方式是互相理解的一致关系。在社会主义市场经济中，商品的交换推进了人们之间平等、自由的交往关系，使人们逐步摆脱等级从属、人身依附关系的束缚，获得独立性的发展，正如马克思指出的，平等和自由不仅在以交换价值为基础的交换中受到尊重，而且交换价值的交换是一切平等和自由的生产的、现实的基础。世界历史性的、真正普遍的个人只能生成于市场经济的条件中。然而，在我国长达数千年的封建文化体系中，个人的地位被湮没无遗。从外在行为上的唯理是从，到内心观念上的道心为主，从礼治秩序上的等级依附，到意识形态上的拒斥异端，渗透到价值领域的每个角落。中华人民共和国成立以后，我国实行了计划经济，而计划经济在实质上是指令经济，社会资源由政府配置，官员的意志起很大作用，个人的价值仅被定位于"充当整体计划所需的螺丝钉"。于是，个人因失去许多自主活动的机遇，很难谈得上主体地位与自主能力的建构。从某种意义上讲，在我国计划经济时期，人的独立个体地位得不到真正尊重，人的自主发展意识仍处于沉睡的状态。社会主义市场经济体制的运行推动了人的独立利益主体地位的生成和巩固。传统思想政治教育滞后的观念无法应对社会主义市场经济对个体独立意识和自主意识的需求。至此，因社会主义市场经济从未有过对人的独立性与自主性的强烈需求，继而对承担塑造人的思想的思想政治教育提出了相应的诉求。大学生思想政治教育以发展学生的个性、独立性、自主性、创造性为主旨，这为市场经济的完善与发展提供了必要的人才资源储备，具有重要的价值意义。

多元化发展已然成为环境变迁的一个时代标志。伴随着全球化的发展进程，社会生活呈多元化发展，当代中国文化领域的多元化发展特征日益凸显。在全球化的浪潮下，人类文化由封闭、单一、排他性的发展状态向着平等对话、多元交融的趋向发展。不同质态的文化均有其独特的文化个性，在它们的深处，是意义构成的生命，是价值组成的内核，它把人对"人"的规范的创造、对"人"的生命存在意义、对人生悲与喜的体验、对美善和崇高的向往用心血炼成，浇灌在自己的深处。人们用自己的方式创造文化，也就是把他们深邃的价值体验、崇高的价值追求倾注于这些文化当中。因此，富有独特魅力、身后价值和意义底蕴的多元文化对人的震撼和冲击是不言而喻的，对于人的本质力量之提升、全面素质之养成、综合能力之发展的积极而深刻的作用也是不言而喻的。

多元文化的并存发展促使人更加全面和深入地思考和理解人的生命存在、发展的价值、意义和应然的取向；丰富的文化资源极大地充实了人们的发展，为个人提供了更多的选择机会和价值取向，赋予个人更多的自由和更充盈的精神世界，以及更有力的行为表现和更有意义的生命存在。当然，多元文化还意味着多元的甚至对立的价值纷争、多种层次的生命意义的理解、不同的应然发展取向的判断。在传统文化与现代文化、本土文化与外来文化等不同质态的文化类型矛盾交织、复杂发展的态势之下，一旦个体缺乏理性的判断与分析能力、选择能力，文化的多元并存与交融带来的将是人的价值观、理想信念、行为方式、发展取向等方面的混乱和错位，致使人的发展陷入困境，甚至可能在错误、偏差的文化价值导向之下误入歧途、迷失方向。可见，多元文化的并存发展赋予了人更自主的文化取向权，让人的生存状态更自由、更完善，生活空间更广阔，正如恩格斯指出，文化上的每一个进步，都是迈向自由的基石。而这些正向效应的取得必须在主导文化为指导的前提下，以个体相当程度的理性判断和选择能力的发展为条件；多元文化的自由与开放反过来又为主导文化的发展注入活力和动力，为人的判断与选择能力的提升提供了有利契机。

在封闭发展的时代，单一文化背景下，主导文化具有独断性与排他性。学生谈不上享有自主的文化取向权利，他们缺少对不同的文化价值进行比较和取舍的权利和自由，他们是被动的文化接受者，他们对不同文化缺乏选择权，更谈不上创造文化。学校思想政治教育承担的使命就是维护文化的统一性、绝对权威性，培养维护一元文化的人，确保社会政治的高度稳定。然而，依靠文化的压制和堵截换来的稳定是虚假的、表面的，对不同质态文化的限制其实质是遏制人对生命、生存意义与价值不同的理解与追求。真实的稳定是建立在人的文化自主意愿、自由选择被尊重的基础上，真正的主流文化的生命力是来自多元文化的激情碰撞与平等对话。如果思想政治教育远离人的需要，缺乏真正的人文关怀，仅仅是一种主流文化的"传声筒"的角色，它就缺乏实效性与持久的生命力，而且扼杀了人的自主性、创造性，也就背离了人的发展。

多元文化背景下，主流文化不再独断，也减轻了排他性，不同的社会思潮也就逐步地涌入了校园，深处校园中的大学生也被推到了多元文化的激流中，拥有了对不同文化价值进行比较和取舍的权利和自由，进而对传统思想政治教育的合理性和有效性产生怀疑，同时对传统思想政治教育的理念与模式提出了转向的诉求。然而，每一种文化都是特定文明的历史积淀，都有其合理的价值内核与独特的文化魅力，但也有其不可避免的局限性甚至错误性。置身于似是而非、充满诱惑也充满机遇的多元文化的世界里，大学生也必然形成思想、信念、价值、道德准则的多样化、层次化。这其中有正向的元素，如大学生通过比较、学习、反思、借鉴不同文化的积极因素，必然有利于提升自我人生价值与生存意义。但不能否认，也有负向的元素，如西方的拜金主义、享乐主义的文化思潮，传统文化中的消极因素也可能遏制大学生的"超我"的精神追求，甚至流于低俗的人生追求。那么，如果想让大学生对物欲横流的多元世界做出合理的判断与选择，掌握稳定合理的价值评判标准，并具备独立自主的判断和选择的能力，就必须依靠以人为本的思想政治教育对大学生的主体性发展的关注，对大学生多元化、多层次性的选择与发展的尊重，对大学生确立自身生存意义、价值准则的积极引导，对大学生全面素质、选择判断能力的培养、塑造。个体只有在理性洞察多元文化的内在本质，懂得合理做出文化价值选择的基础上，才能参与到文化的发展与创造中，融会贯通多元文化的精髓，进而推动社会主义文化的大繁荣大发展。

随着现代信息技术的发展，网络化、数字化深刻地影响着人们的生产方式、生活方式、行为方式，以及精神世界和价值观念，网络的普及化全方位地改变着人的发展。网络技术的突飞猛进，将大学生推入了海量的信息浪潮中，纷繁复杂的信息如果缺失相应的甄别能力而对信息全盘接受，那么过量的信息辐射会对人的精神产生强烈的冲击，人的心理必然无法承受各种信息的轰炸，容易导致各种心理疾病。

第一，信息变成了快餐消费。在网络时代，信息以秒为单位快速便捷地将个人所需的信息资源搜索齐全，简易、便捷、齐全的特点使信息成为"快餐"，大学生在大量消费海量信息的时候，对能让自己思想境界、认识能力、选择能力得以提升的有"营养"的内容的获取非常有限。但是，海量信息客观存在，个体就身不由己地依赖网络信息，如果缺乏人的主体性的参与和有目的性的驾驭，那么信息对人而言仅仅是一堆肤浅甚至是没有意义的数字符号而已，无法承载深刻的思想内涵，给人的心灵以震撼。

第二，信息"绑架"了人的意识。在网络时代，信息成为人们工作、学习、生活的必需品，信息的泛滥逐步让人失去了与他人相处、与自己独处的能力，开始不由自主地依赖信息，信息的便捷常常剥夺了人的独立思考的能力，特别是青年学生，在写作、考试、学习时都对网络产生了强烈的依赖感，甚至达到盲目信任与崇拜的境地，不经意间离开网络信息便惶惶不可终日。同时，被网上轻易获取的不健康信息所迷惑，甚至沉沦其中，不可自拔。我们不难在地铁、公交车、课堂等公共场合中发现这样的场景，人手一部手机，埋头浏览网页信息；在景区、聚餐地点，人们不再陶醉自然景观，不再热衷交流，而是用手机不断拍摄所见然后传送到微信上。人们热衷于与虚拟世界的交流，却自动忽视了现实生活，意识逐步被网络信息所左右，心甘情愿被信息控制，成为俘虏而乐在其中。此时，信息作为主体的异己力量与主体对立起来，人与信息的本质关系发生了颠倒和错位，信息反客为主，实现对人奴役与支配。

面对信息快速发展而大学生驾驭信息能力却相对不足的问题，大学生思想政治教育必须积极回应，不能仅仅扮演信息权威化的角色，更不能单纯作为政治宣传的手段，而要立足人本关怀的角度，树立以人的全面发展、素质和能力的全面提升为根本目的的发展理念。

首先，要充分关注大学生信息素质、信息能力的培养，对大学生"快餐式"消费信息做出明确的、富有目的的深度引导。帮助他们独立、平等、自主地参与信息的选择，并能经常停下脚步，慢慢"咀嚼"，积淀匹配信息的"营养"，让心灵去体验"营养信息"带来的震撼。只有人得到真正的发展，具备了相当程度的整合运用信息的能力，在人与信息的关系上，才有可能确立自己的主体地位，根据自我的需求，对信息进行判断、选择、重组，最终实现对信息的改造与创新。

其次，要充分关注大学生思维秩序、思维活动的规范和思维空间的拓展。长久以来，思想政治教育关注的是学生社会活动的规范与实体性空间秩序的维护，忽略了学生思维空间的拓展，因此常常使学生养成唯一标准化的习惯，学生的成长缺乏个性与创新能力，限制了潜能发掘的可能。在网络信息时代，无限的信息使人的思维空间得到了无限的拓展，然而也容易造成人的无序的思维空间，牵制了人的发展。大学生思想政治教育要正视网络背景下信息获得的同步性和平等性，引导大学生学会积极接纳信息、理性选择信息、积极应用信息、合理组织和创新信息，而不是成为信息的"容器"，以此激发大学生主体意识的觉醒。这样，大学生才能构建有序、和谐的思维空间，而不会被杂乱无章的信息所干扰。

因此，思想政治教育要以人文关怀关注大学生，不仅要注重外在的规范，还要引导大学生注重内在的反思与体验，进行积极自主地自我构建，最大限度地发挥自己的内在潜能，达到个性的充分发展，实现更高层次的发展目标。

总之，把人文关怀理念引入大学生思想政治教育工作，是思想政治工作与时俱进的创新，体现了"以人为本"的核心，有助于构建社会主义和谐社会。思想政治教育工作者需提高自身素质，转变工作方式，不断开创思想政治教育工作的方法和途径，真正使二者相辅相成。这样思想政治教育工作才能收到"春风化雨，润物无声"的效果。

第四章 立德树人与大学生思想政治教育创新

第一节 立德树人论与高校思想政治教育

一、立德树人论进一步明确了高校思想政治教育的地位

"立德树人"从教育方针的高度明确了高校思想政治教育是高等教育事业的重要组成部分，高校思想政治教育是高校实施并完成培养人各项工作的有机组成部分，是高校的"主业"之一。思想政治教育的内容是学校教育教学的重要内容，思想政治教育工作队伍是学校教师队伍的重要组成部分，思想政治教育学科是处于基础性、全局性地位的重要学科。因此，高校要把思想政治教育同专业知识教育同等看待，把思想政治教育队伍同专业教师队伍同等看待，把思想政治教育学科同其他学科同等看待。立德树人进一步明确了高校思想政治教育的对象、目的、目标、任务。

（一）进一步明确了高校思想政治教育的对象

思想政治教育的对象是"人"，是做"人"的工作，不仅包括思想境界中的"人"，也包括现实世界中的"人"，二者是辩证统一的。思想境界的"人"带有方向性，现实世界的"人"带有基础性，"两种人"统一于教育全过程、全方位，相辅相成、缺一不可。过去我们将思想政治教育的对象主要定位在思想境界的"人"，即把"人"培养成为思想高尚的"人"、思想纯粹的"人"，而忽视或轻视了现实世界的"人"。立德树人的出发点和落脚点在"人"，立德树人的"人"把思想境界中的"人"和现实世界的"人"统一起来，进一步明确了思想政治教育的对象是"人"、根本目的是"人"、根本任务是育"人"，防止了思想政治教育对象的单一性和片面性。

（二）进一步明确了思想政治教育的目的

高校思想政治教育的根本目的是以新时代中国特色社会主义思想为指导，加强社会主义核心价值体系建设，对大学生进行社会主义道德观塑造和主流意识形态的认同和接受。把马克思主义理论和马克思主义中国化最新理论成果作为指导实践的强大思想武器，引导当代大学生树立正确的世界观、人生观和价值观，促进其思想道德素质、科学文化素质和身心健康素质的普遍提高和协调发展，促进其健康成长。立德树人深化了对这一目的的认识，进一步强调不仅要使大学生知晓、理解、接受、掌握、信仰马克思主义基本理论特别是马克思主义中国化的最新成果，并且要将其内化为自身的理性信仰，外化为各种实践活动，即以理想信念教育为核心，以爱国主义教育为重点，以思想道德建设为基础，以全面发展为目标，努力把大学生培养成为"理想远大、热爱祖国的人""追求真理、勇于创新的人""德才兼备、全面发展的人""视野开阔、胸怀宽广的人""知行统一、脚踏实地的人"。从这一点上说，立德树人更强调对学生的教育是立德和树人的和谐统一。

（三）进一步明确了高校思想政治教育的目标

高校思想政治教育的目标就是要实现人在社会关系的丰富性和合理性方面得到提升，就是要实现人在思想领域和精神境界方面得到提升，其根本目标是使人养成符合社会主义要求的道德品质和素质能力，从而实现人的自由而全面的发展。表面上看，高校思想政治教育是一种属于思想意识范畴、带有主观性的东西，但是它的确是从客观实际出发的，是根据国家和社会对大学生的政治、思想、道德、心理要求和青年学生自身全面发展的需要提出的。其内容是客观的，立德树人的目标不仅是培养社会主义的"德"，而且是培养社会主义的"人"，是对思想政治教育目标的细化，二者在本质上是一致的。这种一致性主要体现在：一是共同的物质基础。理想与现实是既对立又统一的；二是共同的精神追求。人在思想政治道德等方面发展的需要是人的精神发展和综合素质提升的需要，它塑造人的灵魂、品德，解决人的思想、信仰、理想问题。共同的物质基础和精神追求决定了二者在"培养人"目标上的一致性，既要使学生成为"社会的人"，使其自觉地接受"共同"的思想政治教育，在受教育中汲取营养，提高思想政治素质；又要使其成为"独立的人"，促进个性成长，形成独立高尚的人格品质和较高的素质能力。

（四）进一步明确了高校思想政治教育的任务

高校思想政治教育的根本任务是改造学生的主观世界，树立正确的世界观、人生观、价值观，使其正确认识自己，不断提高认识和改造世界的能力。过去思想政治教育的任务被片面地理解为仅仅是对人的"德"的培养，务虚而不务实。其实思想政治教育的任务不仅是培养人的"德"，更重要的是，"树人""成人"。立德树人根本任务的提出，不仅强调了"德"的培养的重要性，更强调了"培养人"的根本性，把"立德"与"树人"结合起来，不仅务虚还务实，这就进一步明确了高校思想政治教育的任务。主要体现在以下三方面：

一是更加强调促进社会进步和个人发展。社会发展进步的需要要求高校思想政治教育必须适应并服从于社会主义物质文明和精神文明发展的要求，以保证其方向的正确性。立德树人要求把社会道德和行为要求内化为大学生的思想观点、理想信念，并把这种内在素质外化为行为习惯。内化和外化的前提是必须符合大学生的成长规律和心理状况，进而达到社会进步的需要和个人发展的需要的辩证统一。

二是更加强调继承和创新。立德树人强调要吸收我国传统教育的精华和外国教育中的有益成分，立足于我国社会主义初级阶段的现实，既要照顾大多数学生的健康发展，又要鼓励先进，把广泛性和先进性结合起来；既坚持了社会主义的根本原则和共产主义方向，又有利于中华民族优良传统的发扬，使教育的内容和任务更具有吸引力、感召力和实践性。

三是更加强调整体共性与层次个性。高校思想政治教育的任务首先是为培养人才的整体目标服务的。思想政治教育是中国特色的政治教育，"德"的目标具有相对统一性、稳定性，对所有高校有一个共同的标准——培育社会主义与共产主义思想和具有这种思想的人，所有高校都要用这个共同的标准去培养学生。但是，不同时间、不同地区、不同类型的高校和不同层次的学生，又要求在共性的基础上实现个性的目标。立德树人既考虑到不同年龄、不同思想政治素质发展的渐进性、层次性，同时也考虑到大学生身心发展的不均衡性、差异性；既注意整体共性的优化，又关注层次个性的培养发展，做到了整体共性与层次个性的辩证统一。

二、立德树人论进一步明确了高校思想政治教育的方法

（一）高校思想政治教育必须坚持在党委领导下各部门齐抓共管

党委领导下各部门齐抓共管是高校思想政治教育贯彻落实"立德树人"根本任务的根本保证。高等学校各门课程都具有育人功能，所有教师都负有育人职责，广大教职员工都负有对大学生进行思想政治教育的重要责任。然而，当前许多高校在思想政治教育过程中，"非全员化"现象非常明显，导致育人实效性不足，主要表现为部分学科专业教师教书不育人、部分管理人员管理不育人，部分后勤服务人员干活不育人，大学生思想政治教育专职工作队伍"势单力薄""心有余而力不足"。因此，高校思想政治教育必须要建立以学校党委为统一领导，各部门齐抓共管的思想政治教育工作格局或组织体系。一方面可以明确"立德树人"的教育实践在学校各项工作中的首要地位和现实意义，纠正部分教职员工错误地认为大学生思想政治教育是专职思想政治教育队伍的"专利"的思想，从而调动全体教师一起来参与立德树人，形成全员育人新体系；另一方面可以通过以学校党委为"龙头"，上下联动，不同部门、学院以及思想政治教育工作者之间的相互协作，凝聚思想政治教育的强大合力，达到"润物细无声"的教育效果。

（二）高校思想政治教育必须坚持以人为本

大学生主体性的发挥程度以及如何调动大学生积极主动参与，对于高校思想政治教育贯彻落实"立德树人"根本任务意义重大。大学不仅是立德树人的目的地，也是立德树人的"显示器"。因此，首先，高校思想政治教育必须坚持"以学生为本"的教育理念，通过不断加强调查研究及时了解大学生成长方面的所需所想，把思想政治教育落实到解决大学生思想和实际问题上来。其次，应凸显大学生的主体角色地位，让大学生自觉参与思想政治教育过程。没有大学生的参与，思想政治教育就等于没有发生。大学生对于他们亲身积极参与而形成的价值观，要比他们被动地从别人那里听到的观点容易接受得多，而且不易改变。最后，大学生不应是消极、被动的参与者，而应通过确立以大学生成长为中心的指导思想，尊重大学生的基本权利，包括选择权、知情权、表达权等，提高其参与度，促使大学生对社会主义核心价值体系的持续关注，实现思想政治教育实效的最优化。如果不能做到这些，思想政治教育也许会半途而废或者无法得到充分实施。

（三）高校思想政治教育必须坚持系统运作

"做什么""怎样做"，既是立德树人教育实践的中心问题和首要问题，也是高校思想政治教育的中心问题和首要问题。关于高校思想政治教育"做什么""怎样做"的问题，是大学生思想政治教育主管部门所做的顶层设计。顶层设计对高校思想政治教育工作的意义主要在于，高校思想政治教育主管部门能够更加有效地控制思想政治教育过程。因为，高校思想政治教育是一个十分复杂的系统工程，不同形式、不同渠道、不同信息都对高校思想政治教育产生影响，从而出现不同效果。因此，高校思想政治教育必须坚持系统运作原则，运用系统的方法，从整体上对其进行动态的、层次性的把握。如果不能坚持系统性准则，就会缺乏大局观念，不能从宏观上把握整个教育活动，容易割断各部分之间的联系，产生顾此失彼的现象，影响整体的教育效果。系统运作意味着高校思想政治教育主管部门必须高度重视、妥善处理各种关系，才能使立德树人的教育实践活动更有成效。要重点把握三个方面：

一是要理顺宏观、中观和微观三个层次的关系，合理地分化功能，既要划清权限，避免相互之间推诿责任或简单的重复性教育，又要协调行动，防止各自为政、各自为战。

二是要充分界定目标效果，从整体与部分的关系中把握教育流程。整体不是各个部分的简单堆砌，而是按照一定的顺序有层次地排列。思想政治教育工作的顶层设计应从大处着眼，树立全局观念，在考察每一项活动在大学生道德认知、情感以及行为上的变化情况时，都需要与下一阶段的教育活动的设想联系起来，形成一个连续和累加的教育过程。

三是要从动态角度对整个系统随时做出调整。教育效果是诸多教育要素相互作用的集合效应，对于这些要素既做出具体的分析，也要进行系统地分析和综合性研究，了解这些要素的变化对整个体系的影响，一旦发现问题就及时进行调整，改进教育过程。只有这样，才能实现思想政治教育整体效果的最优化。

（四）高校思想政治教育必须不断创新工作方式方法

形势在变，大学生在变，高校思想政治教育要想取得实效，除了要端正"立德为先"的态度之外，还必须紧密结合现实的社会发展要求，遵循立德树人教育实践本身应有的规律，不断创新工作方式方法。在高校思想政治教育实践过程中，要围绕着"培养德智体美全面发展的社会主义建设者和接班人"这一教育目标和教育实践过程中的各要素，包括指导思想、目标效果体系等，应突出什么不突出什么，什么在前什么在后，内容如何搭配，大有文章可做，如果现有工作方式方法不能很好地解决现实问题，那么我们可以去修正它，甚至发明一个新的方式方法。也就是说，高校思想政治教育实践的方式方法不是绝对的、一成不变的东西，应该随着客观条件和主观需要的变化而变化。一是工作模式的创新。每一种模式都隐含着原创者相关性的判断或理论，并将其所强调的特定方面融进模式，而这些只不过是原创者认为的与思想政治教育过程或结构相关的一些方面。因此，我们不能期望或构建某种模式具有普适性、能解决所有的问题，因为教育是不断发展的，社会对教育的要求也在不断变化着。二是工作模式的运行要因势利导，巧妙设计和灵活安排。要对具体主题或目标实现的效果层次预判评估，合理地安排教育活动参与思想政治教育过程以及先后顺序；要及时了解教育效果是否实现及实现的程度，总结经验，找出存在问题，为下一轮教育活动提供指导。

三、立德树人论进一步明确了高校思想政治教育学科发展的方向

（一）使思想政治教育学科有了更为明确的政治依据

思想政治教育作为一门学科，其根本目的在于教育人和培养人，为国家、社会和人民服务。在中国共产党的历史上，虽然不同的历史时期对思想政治教育的要求各不相同，但其实质是相同的，就是要把新时代中国特色社会主义思想和党的路线、方针、政策内化为人们的基本思想和自觉行动。思想政治教育要讲政治，思想政治教育学科也要讲政治。我国《宪法》第一条规定了我国的国体，即"中华人民共和国是工人阶级领导的、以工农联盟为基础的人民民主专政的社会主义国家"，规定了我国以人民代表大会制度为根本政治制度的政体，规定了我国公民的基本权利和基本义务，规定了"国家的根本任务是沿着中国特色社会主义道路，集中力量进行社会主义现代化建设"；《宪法》第二十四条又直接规定了与此相适应的政治、思想和道德教育的内容。立德树人是这一内容的根本体现，使思想政治教育学科建设和发展有了更加明确的政治依据。实施立德树人根本任务，思想政治教育学科负有重要使命，包括以下三方面：一是突出强调思想政治教育学科建设的马克思主义属性，改变德育的"弱势"；二是促进人的全面发展，把着眼点和

侧重点放在强化学生思想政治教育或德育；三是思想政治教育学科要创新发展，从本科专业课程建设做起，发挥好大学生的主体作用。

（二）使思想政治教育学科有了更为明确的理论依据

思想政治教育的学科属性是马克思主义的思想政治教育。在当代中国，拓展思想政治教育的学科领域，应该在马克思主义"三化"背景下强化思想政治教育学科属性。首先，思想政治教育是马克思主义理论的概念。思想政治教育学科的发展，内容十分丰富，包括思想政治教育指导理论的发展和思想政治教育的目标发展、领域发展、功能发展、价值发展，以及思想政治教育内容、模式、方法、载体等各个方面的发展。但最主要的是思想政治教育学科的理论发展，这个理论包括马克思主义和马克思主义中国化的理论成果。马克思主义中国化的理论成果是我们党和国家的指导思想，是思想政治教育学科的灵魂，核心是理想信念问题。大学生思想政治教育要"以理想信念教育为核心"。"理想信念教育"的含义是，要使大学生"确立在中国共产党领导下走中国特色社会主义道路、为实现中华民族伟大复兴而奋斗的共同理想和坚定信念"，"使他们中的先进分子树立共产主义的远大理想，确立马克思主义的坚定信念"。

立德树人是马克思主义和马克思主义中国化理论成果在教育领域的具体体现，它吸收和借鉴了教育学、心理学、伦理学、社会学等相关学科的理论成果和研究方法，经过加工、改造和转化，逐步形成了立德树人的基本概念和理论体系，这种吸收和借鉴有效地促进思想政治教育学科建设与发展。

（三）使思想政治教育学科有了更为明确的实践依据

马克思主义只有与具体实际相结合，才能适合国情、满足需要，才能得到广泛传播、被接受并指导实践。新中国成立以来，我国高等教育规模不断壮大，高校思想政治理论课作为对学生进行思想政治教育的主渠道地位得到巩固，取得了实实在在的成效。一个根本的原因就是高校思想政治教育不仅坚持了马克思主义理论的指导，而且坚持了党对思想政治工作的实践指导。这种实践是以社会的发展和人的发展为主体开展的，统一于中国特色社会主义事业的伟大实践。中国特色社会主义事业的伟大实践反映在思想上、理论上，就是中国特色社会主义共同理想和共产主义理想，这是思想政治教育学科发展的实践基础，也是核心。

新中国成立七十多年，特别是改革开放四十多年来的实践证明，只有坚持中国特色社会主义道路和理想才能引领中国的发展进步，才能真正实现中华民族的伟大复兴。一句话，坚持中国特色社会主义道路和理想是思想政治教育学科建设最根本的、最终的依据。如果离开了这个核心，就偏离了思想政治教育学科的正确方向。立德树人反映了新中国成立七十多年特别是改革开放四十多年来我国教育的实践历程，强调要以马克思主义为指导，把坚持中国特色社会主义道路和理想作为根本，运用马克思主义和马克思主义中国化理论成果来引导人、培育人。所以，把立德树人作为教育的根本任务更加明确了高校思想政治教育学科的实践依据。

第二节 立德树人在大学生思想政治教育创新中的理论基础

思想政治教育的创新既是对社会发展和人的发展提出的客观要求和思想政治教育促进社会发展与人的发展的需要，也是思想政治教育科学化发展的历史必然。新时代思想政治教育创新具有更为紧迫的要求，已经成为学界和思想政治教育工作者探讨的热点话题。多集中在诸如思想政治教育观念的更新、思想政治教育内容的拓展、思想政治教育手段的现代化等微观环节和具体的经验层面，而对思想政治教育的理论创新研究不够，学术性不强。思想政治教育的创新发展需要理论的指导，没有思想政治教育理论的新突破，思想政治教育的创新只是经验性的、零散性的。研究思想政治教育理论的创新与发展，其重要的理论意义和实践价值是显而易见的。

翻阅中国思想政治教育的历史，可以看出，中国思想政治教育的理论基础较之别国有一个鲜明的特点，那就是古代和现代思想理论继承脉络断裂了，原因是中国古代思想政治教育的理论基础是在中国特定的社会政治、经济和文化环境下产生的本土理论，而中国现代思想政治教育的理论基础，则由于时代的需要而引进了一种先进的外来思想。

一、古代思想政治教育的理论基础

（一）人性论

人性论是古代思想政治教育必要性的主要依据之一，关于人性善恶的问题，是古代至今人们都高度关注的热点问题。以孟子为代表的性善论者认为人性本善，但往往由于现实物质世界的诱惑，人们的"良知""良能"丧失了，因而只有通过教育，实际上主要指今天的思想政治教育才能培养人们的善良本性。以荀子为代表的性恶论者认为人性本恶，如果任其发展，必将发生斗争，故必须实施教育以改变人类的这种自私自利的恶性。而董仲舒则提出"性三品"论，认为人可以分为三种，即"圣人之性"为善、"斗竹之性"为恶、"中民之性"可善可恶。他认为，人的本性是"自然之资"，要使它向善，使人们能够"各居其所，各安其位"，就必须通过教化；王充认为，生来就是善或者恶的人很少，绝大多数是可善可恶的。这就要靠教育来对人们进行趋善的引导，就算是天生性恶的少部分人，也可以通过后天的教育使其变善，这些充分说明了思想政治教育存在的意义。

（二）义利观

道德和物质利益的关系问题，即我国古代所谓的义利之辨，在哲学上是一个永恒的话题。我国古代的诸多思想家各有各的看法，有认为"利"重于"义"的，认为"利"轻于"义"的，也有认为"义利并重"的，但中国传统的主流思想认为，道德比物质利益更重要。孔子就认为，"君子喻于义，小人喻于利"；孟子发展了这一思想，认为"王何必曰利，亦有仁义而已矣"；董仲舒也认为，"正其谊不谋其利，明其道不记其功"；宋明理学的"存天理，灭人欲"，将中国这种传统的重义轻利思想推向了巅峰。这是古代思想政治教育在道德和物质利益关系上的理论出发点。

二、近现代思想政治教育的理论基础

新中国成立以来，思想政治教育的理论基础和我国古代思想政治教育的理论基础迥然不同。由于新中国的教育都是以马克思主义理论为指导的，因此思想政治教育也必然以其为指导并以其为理论基础。马克思主义哲学是关于自然界、人类社会和思维发展的一般规律的科学，无产阶级及其政党的世界观和方法论，也为思想政治教育提供了科学的世界观和方法论；马克思主义政治经济学论述了人类社会各个发展阶段上支配物质生产的生产、交换、分配和消费以及政治与经济的相互作用；指明了思想政治教育在社会生产发展中的地位和作用；科学社会主义关于无产阶级领导人们群众进行革命斗争、建设社会主义和最终实现共产主义的一般规律的科学，为思想政治教育指明了目标、任务和内容。

（一）马克思主义的教育观彰显"立德树人"

1. 马克思主义教育观

马克思主义教育观是马克思、恩格斯在教育问题上的根本观点和看法，同时又是马克思主义基本原理在教育实践中的运用。马克思主义教育观以人的全面发展为本质内涵，是对教育本质的高度科学概括，揭示了教育要与生产实践相结合和培养人的主体性的重要意义。新时代中国特色社会主义的教育观与马克思主义教育观一脉相承，促进了马克思主义教育观的发展。

马克思主义教育观经历了一个长期发展过程。马克思和恩格斯批判地继承和改造了社会的各种思潮和时代问题，在教育领域和无产阶级革命运动实践相结合，提出了一些根本性的、带有鲜明特色的理论和观点，对中国特色社会主义教育事业的发展有着重要的启示和指导作用。

马克思教育观具有深厚的底蕴和鲜明的时代特色，为无产阶级教育的发展奠定了理论基础，对我国当代教育事业科学的发展和新时期高校立德树人工作有着重要启示。马克思教育观科学地揭示了教育的发展与社会发展、教育与人的发展之间的客观规律。首先，马克思认为教育的发展与社会的发展是辩证统一的关系。为了建立正确的教育制度，需要改变社会条件。另一方面，为了改变社会条件，又需要相应的教育制度；因此我们应该从现实情况出发。在不同性质的社会中，教育的目的、内容和功能是不相同的，这体现了教育的阶级性。社会的发展决定着教育的发展状况，不同的社会关系和条件决定着不同的教育水平。同时，教育本身具有相对的独立性，反作用于社会，影响着社会的发展水平，是社会进步的重要工具。

其次，教育发展与人的发展是辩证统一的关系。马克思深入思考了教育与人的辩证关系，认为教育对人的发展具有积极的、不可替代的作用。教育体现了社会发展和人自身发展的需要，是实现人的全面发展的必要条件。社会生产包括物质生产和精神生产，保证了物质生产的需要，使人的体力和智力获得了充分的发展。而教育属于社会生产中的精神生产范畴，是社会发展和人成长中的一个不可缺少的组成部分。马克思教育观的价值诉求是人的全面发展。马克思从历史唯物主义角度出发研究教育活动，揭示了人是社会价值生成的意义基础，社会价值以人的个体存在才能得以显现。教育价值从根本上说，指教育和主体在相互作用中形成的、符合主体价值发展要求的认知。教育是以人的主体性存在为基础的，教育可以使人的主体性得到进一步加强，超越当前的存在。马克思认为，人要获得解放的根本前提是人的全面发展，教育活动面向的是人的全面发展，教育的根本价值在于满足人的生存和发展需要。因此，只有正确理解人的全面发展内涵才能科学解读教育的核心目的。教育活动使人的全面发展与所处社会的生产力和生产关系相联系在一起，并为发展和提高生产力服务。

综上所述，马克思主义教育观主要内容体现在以下三方面：第一，体现为以人为本，全面发展。社会发展就是人的发展，人是社会发展的前提和目的。人的全面发展是马克思主义教育观的核心，贯穿着整个马克思主义教育思想，它批判了资本主义社会分工使人片面、不正常的发展，指出教育可以培养各种能力，使个人得到全面发展。第二，教育与生产实践相结合可以实现人的全面发展。马克思主义教育观强调教育与生产实践相结合是培养人的全面发展的唯一方法。通过批判资本主义生产关系，指出资本主义生产目的使教育与生产相脱节，而社会主义社会生产资料公有制决定了教育与生产相结合能够实现，为每个劳动者提供了全面发展的机会。第三，消灭教育的阶级属性。在资本主义社会，教育代表着资产阶级的利益，资本家害怕和不愿意劳动人民受到教育。资产者唯恐失去的那种教育，对绝大多数人来说是把人训练成机器。马克思和恩格斯把教育同无产阶级劳动者结合在一起，强调了消灭教育的阶级属性的重要性，为无产阶级教育事业的发展奠定了基础。

马克思主义是科学的世界观和方法论。马克思主义基本原理与中国教育实际相结合过程中产生了中国化的马克思主义教育观。这些教育观阐述了马克思关于教育价值、目的、人的全面发展及社会发展的思考，体现了马克思主义"以人为本"的教育理念，对新时期高等教育内涵式发展和立德树人有着重要的现实意义。

2. 当代中国素质教育理论是马克思教育观中国化的新成果

素质教育是马克思教育观的内核和实质，我国素质教育理论是在深刻把握马克思教育观实质的基础上，结合中国基础教育的实际需要进行的理论创新，是马克思教育观中国化的最新成果。

坚持以人为本、全面实施素质教育是教育改革发展的战略主题。今后的教育改革发展应坚持育人为本，以改革创新为动力，以促进公平为重点，以提高质量为核心，全面实施素质教育。这一阶段实施素质教育的主要特点是抓住素质教育的核心问题——立德树人。马克思教育观对素质教育的理论建构起着不可忽视的作用，马克思关于社会发展与教育发展的关系、教育与人的发展、教育与生产劳动相结合、人的个性自由发展及其实现途径等问题的论断是我国素质教育理论的直接思想来源。

第一，从教育对社会和人发展的重要作用来看。马克思强调教育目标是促进社会的全面进步和人的全面发展。"教育会生产劳动能力"体现了教育对社会发展的重要作用。当代中国素质教育的立足点是，教育必须与改革开放和社会主义现代化建设相适应，这体现了马克思关于教育对社会的作用理论。教育可以改善人的体力，开发智力，是培养高素质、高科技人才的基本途径。素质教育是现代化建设的基础性工程。在现代大生产中，劳动资料、劳动对象、劳动力这三个要素具有了新的特质，这些新特质正是教育成为社会大生产重要前提。生产方式的变革在工场手工业中以劳动力为起点，在大工业中以劳动资料为起点。①从劳动资料来说，随着现代科学技术发展，机器的更新换代，引起整个社会生产过程、生产结构，劳动者素质等方面的变化与流动，这些变化势必要求相关人员实现知识化和技术化及专业化来适应发展，而接受教育是实现这些目标的唯一途径。②从劳动力来说，现代生产中的劳动力不是原来简单的体力劳动，而是要具有现代科学技术知识、科技素养的劳动者，而这些只有依靠教育才能实现。③从劳动对象来说，随着科学技术的进步和社会化大生产的发展，劳动对象范围逐渐扩大了，如新式的人工合成材料、复合材料等大量呈现，而不懂科学技术，缺少教育和文化，是难以更好地改造劳动对象的。改革开放和社会主义现代化建设是当前中国"最大的政治"，所以，当前内涵式发展中素质教育必须与国民经济发展的要求相适应，吸收和运用世界上先进的教育成果，培养为社会主义建设服务的各种专门人才。党先后提出的教育优先发展战略坚持和发展了马克思的素质教育观，突出了教育在改革开放和现代化建设中的重要地位，为培养合格的、德才兼备的社会主义现代化建设者和适应现代社会化大生产奠定了基础。

第二，从培养全面发展的社会主义事业接班人来看。培养全面发展的社会主义事业接班人是当代中国素质教育的目标。马克思创建了人的全面发展学说，在教育内容和教育对象方面强调全面发展。人的全面发展是马克思教育观的一个支撑理论。马克思指出，人的全面发展是自由个性实现的基础。人的全面发展程度越高，个性就会得到越大丰富，"自由个性"实现的也就越彻底。马克思在教育主旨上强调人的自由个性，发展自由个性教育是素质教育最直接有效的途径。马克思把个性、主体性的充分体现作为社会发展的终极目的。马克思在《德意志意识形态》中，具体阐释了"现实的个人"是处于一定社会关系之中的个人，强调人的自由个性的现实性、能动性和创造性，因而素质教育应立足于现实社会，在兼顾个体实际情况的基础上充分调动个体的能动性和创造性。马克思说，全部社会生活在本质上是实践的。凡是把理论引向神秘主义的东西，都能在人的实践中以及对这个实践的理解中得到合理的解决。实践是个体的存在方式，是自由个性教育实现的前提。人的自由个性也是以实践的方式存在和体现的，自由个性也是实践主体的个性，需要在实践中塑造，所以如何强化素质教育的实践性也是一个重要课题。中国特色社会主义教育事业继承和发展了马克思关于人的全面发展学说，根据时代发展的特点，将素质教育与人的全面发展的教育方针相联系，注重提升人的全面素质，在立德树人工作中积极探索人的全面发展的新思路。例如，把"培养什么人、怎样培养人、为谁培养人"作为人才培养和全面实施素质教育的核心。以人为本培养德智体美劳全面发展的接班人，"三个面向"和"四有"新人，等等，这些人才培养目标深化在高等教育内涵式发展中对人的全面发展重要性认识，创造性地发展了马克思主义的人的全面发展理论。

第三，从教育必须与社会实践相结合来看。中国素质教育的手段是教育必须与社会实践相结合。马克思指出，教育同物质生产劳动相结合，才能克服人的片面畸形发展，符合人的身心发展规律，是培养和造就全面发展人的唯一方法。

马克思在教育途径上强调教育与生产劳动相结合、与生活相结合。教育与生产劳动相结合，是马克思教育的基本原理。教育与生产劳动相结合是坚持社会主义教育方向的一项基本措施。生产劳动同智育和体育的结合，它不仅是提高社会生产的一种方法，而且是造就全面发展人的唯一方法。教育与生产劳动相结合是培养和造就全面发展的人的有效方法，也是实现素质教育的基本途径。

在当前新的形势下，结合立德树人的教育理念，将马克思关于教育与生产劳动相结合的原理运用到高等教育内涵式发展中，则表现为教育必须与社会实践相结合。这是当前形势下素质教育的重要手段，是对马克思关于教育与劳动相结合理论的丰富和发展，会克服应试教育的弊端，是全面贯彻党的教育方针、深化教育改革、实施素质教育和立德树人工作的实际需要。

我国素质教育理论与马克思教育观是一脉相承的，从本质上坚持了马克思教育观的精髓，是根据中国教育发展的需要进行的新的教育理论的概括，并不断地丰富和发展马克思教育观。新时期进行的素质教育是全面提高教育质量的必要条件，能有效地促进内涵式发展和教育体制改革，培养创新人才和迎接国际挑战，提高民族素质，促进人的和谐发展。

（二）"四个全面"战略布局彰显"立德树人"

"四个全面"是全面建成小康社会、全面深化改革、全面依法治国、全面从严治党。这与邓小平理论、"三个代表"重要思想和科学发展观是一脉相承的，是新时代中国特色社会主义思想的重要内容，也是具有中国特色社会主义理论与时俱进的新成果，确定了在新形势下党和国家各项工作的战略方向。

"四个全面"是新时代中国特色社会主义思想的重要内容，是实现两个一百年、中国梦战略目标的战略布局。"五位一体"则是新时代的总体布局。新时代中国特色社会主义思想把"以人民为中心"作为价值追求，"四个全面"是统筹促进社会主义经济、政治、文化、社会、生态文明建设发展的战略布局，体现了以人民为中心、促进人与社会的全面发展的思想。

"四个全面"与坚持和发展新时代中国特色社会主义经济、文化紧密相联。高等教育改革和发展要适应新时代中国特色社会主义思想要求，积极服务"四个全面"战略布局，同时"四个全面"对高等教育改革和发展提出了新的要求。我国高等教育事业经过多年的改革发展，取得了显著的成就，但还存在着发展不平衡、不充分、不协调等一些问题。目前，国内经济运行处于速度和结构的调整阶段，出现了新的常态化特征，例如，经济结构不断优化升级，经济驱动从原来的投资驱动和要素驱动向创新驱动转变等。在新常态下，社会经济朝着注重质量、效益、创新等方向发展。高等教育作为社会经济发展的智力基础，为了适应和引领新常态，促进经济发展，必须提高人才培养质量，加快变革进程，创新人才培养模式和综合型人才的培养力度，才能适应产业结构的调整和国际知识经济激烈竞争的迫切要求。所以贯彻"四个全面"会促进高校在新形势下的改革和内涵式发展，有助于加快更新教育理念，改进教学内容和方法，提高竞争能力。

全面建成小康社会对高等教育的要求。全面建成小康社会覆盖了经济、政治、文化、社会、生态文明建设各个领域，关系到了 14 亿人民的美好、富裕生活的实现和社会的进步。"优先发展教育事业""实现高等教育内涵式发展"表明了教育是全面建成小康社会的重要因素之一，因此高等教育需要在新形势下进行内涵式发展和特色发展。以人为本，解放思想，凝聚共识，立德树人，并全力培育践行社会主义核心价值观，这样才能把握内涵式教育发展的正确方向，注重体制创新和社会需求向导，才能大力开发人力资源，培养大批有社会主义觉悟、有文化高素质的劳动者，同时还能造就全面小康建设所急需的大批创新人才，奠定小康社会发展的根基。

全面深化改革对新时代高等教育发展的要求。教育改革是全面深化改革的重要领域和关键环节。我国进行改革开放以来，高等教育从最初的入学率不到百分之一的精英教育发展成为惠及全民的大众化教育，成了世界教育大国，建立起了社会主义高等教育体系。人是教育的关键因素和强大动力，所以新时代高等教育要以人民为中心，以内涵式发展为基本途径，推进教育结构的调整和转型。深化人才培养改革，不断创新人才培养机制，坚持全员、全过程、全方位育人，把教育的资源配置集中到提高人才质量上来，为我国经济转型升级提供高质量的人才和科研支撑。

全面依法治国对高等教育的要求。全面依法治国要求新时代高校要树立法治办学思想。教育在国家富强和社会发展中处于特殊的重要地位，以法治办学思想推动高等教育的改革发展是全面推进依法治国的组成部分，起到了引领社会法治建设的作用。新时代高等教育要贯彻落实依法治教，把办学的法规章程作为促进内涵式教育发展的重要因素，充分发挥这些法规章程在教育教学改革中的重要作用，会对教育的内涵式发展起到保驾护航的作用。另外，在教育中还要坚持法治教育。高校实施法治教育会对社会产生积极的影响，它会促进法治精神和法治文化在全社会的形成和普及，创新法治人才的培养机制和途径，丰富法治教育的内涵。在法治教育中要与新时代中国特色社会主义思想相结合、与人生和人文的优秀理念相结合，这样才能培养高素质人才的法治思想和良好的法治办学氛围。

全面从严治党对高等教育的要求。在改革开放和社会主义建设的新形势下，全面从严治党是摆在全国人民面前的一个严峻任务，所以高校在内涵式发展中要全面提高党的建设，加强意识形态建设，坚持立德树人，掌握高校意识领域阵地的主动权，认真发挥党委在意识形态工作中的积极作用，落实责任。明确和加强高校基层党组织的教育功能，发挥先锋模范作用，充分重视社会主义哲学社会科学对高校意识形态的重要作用。还要坚持正确的办学方向，培育和弘扬社会主义核心价值观，加强高校做作风建设，走群众路线，营造良好的育人环境。

"四个全面"战略布局体现了马克思主义联系观和社会主义矛盾观点。马克思主义认为，联系是指事物或现象之间及事物内部各要素的相互作用、相互信赖、相互影响、相互制约。联系具有客观性、普遍性和多样性。根据事物普遍联系的原理，联系观点是我国实行改革和对外开放政策的理论根据，只有把中国特色社会主义建设同全球发展局势联系起来，才能树立全局观念，做到统筹兼顾，加速我国现代化的发展。从马克思联系观点来看，"四个全面"相互影响、相互制约，是不可分割的有机整体。"四个全面"中，核心目标是全面建设小康社会，全面深化改革则是建设小康社会的动力，而目标和动力是相互影响和相互作用的。党的十八届三中全会审议通过了《中共中央关于全面深化改革若干重大问题的决定》，其核心就是深化改革，而要深化改革就必须要求处理好改革、发展和稳定的三者关系。改革是动力，稳定是基础，发展是目的。如果社会状况不稳定、犯罪率高、人民失去保障，社会的发展就是无从谈起，这要求我们必须全面推进依法治国方针，会直接影响到小康社会的建设和改革开放的进行。党的十八届四中全会通过的《中共中央关于全面推进依法治国若干重大问题的决定》对党执政兴国、坚持发展我国特色社会主义、长治久安等方面具有重要现实意义。

"四个全面"体现了社会主义矛盾观点。矛盾存在于一切事物发展过程中，每一事物的发展过程中都存在着矛盾运动。在复杂的矛盾体系发展过程中，有处于支配地位，对事物发展进程起决定性作用的主要矛盾，也有处于从属地位，对事物发展不起决定作用的次要矛盾。

"四个全面"战略布局是解决当前社会主要矛盾的科学方法论。"四个全面"继承了社会主义矛盾学说的精髓，运用马克思主义矛盾观指导处理社会主义矛盾，发展了社会主义矛盾学说。马克思主义矛盾观认为，矛盾是事物的存在方式，矛盾通过问题的形式表现出来。"四个全面"就是为解决社会主义建设过程中突出的现实矛盾和问题而提出的，所以要掌握矛盾运动原理，增强问题意识，积极面对和化解建设中遇到的各种矛盾。我国进行改革开放和中国特色的社会主义建设就是为解决现实的矛盾问题。可以说，"四个全面"战略布局的出发点就是正确认识矛盾和解决矛盾。目前，我国存在着人民日益增长的美好生活需要同不平衡不充分的发展之间的矛盾，经济社会发展中出现的片面性和不协调性等。所以，全面建成小康社会反映了中国当前的主要矛盾，体现了两点论和重点论的统一，只有解决这个主要矛盾，并作为当前工作的重要目标，才能深化改革、依法治国和从严治党。

全面深化改革是加深对基本矛盾认识，解决社会主义基本矛盾的根本途径，这样才能凝聚改革合力，增强整体谋划和各项改革的关联性及系统性。全面依法治国体现了运用法律手段化解人民内部矛盾的思想，是解决人民内部矛盾的科学方法。全面从严治党则要开展党的群众路线、三严三实、"不忘初心、牢记使命"等教育实践活动，解决党群和干群矛盾。

从现实来看，全面建成小康社会在当今社会各种复杂的矛盾中体现了人民的根本利益，影响着经济社会的发展，规定了其他各种矛盾的性质，所以全面建成小康社会在各种矛盾中起了决定性的主要矛盾的作用。只有抓住和解决这个主要矛盾，才能深化改革、依法治国、从严治党。主要矛盾和矛盾主要方面规定和制约着次要矛盾和矛盾的次要方面，但次要矛盾也影响着主要矛盾和矛盾的主要方面，二者在一定条件下相互转化。如果不深化改革，依法治国、从严治党、那么全面建成小康社会的目标就不可能实现。

实践是人能动地改造和探索现实世界的物质活动。实践具有客观物质性，自觉能动性和社会历史性特点，由实践的主体，客体和手段要素构成。当前，实践的主体就是全中国人民，客体就是"四个全面"战略，实践目的就是充分发挥人民力量解决各种矛盾，从而实现"四个全面"。

第三节 立德树人在大学生思想政治教育创新中的现实依据

思想政治教育的理论创新，既是其改革的必然结果，又是时代发展的必然要求，特别是我国社会主义现代化建设事业的必然要求和应对国际形势变化的必然要求。

一、中国特色社会主义建设需要立德树人

现阶段我国高等教育的增长方式与社会主义经济建设是密不可分的。经济社会的发展需求是高等教育增长的直接动力，经济社会发展决定着教育发展规模和增长方式等要素，教育为经济社会的发展进步提供不同的专业技术人才，促进其发展。

我国经过多年的改革开放和社会主义现代化建设，取得了令人瞩目的成就，但也出现了在世界他国发展中共同遇到的难题。粗放型和外延型的发展导致可利用的土地减少、环境污染、劳动力和资源等生产要素和政府的财力支持也日益紧张，使高等教育的规模扩张也受到了制约，"外延式"增长空间已经不大。由于受经济条件制约，高校办学资源的不足也导致高等教育的规模和质量下降，难以顺利进行。产业结构和劳动力资源配置结构的不断演进，推动着高等教育发展水平的不断提高。在诸多社会因子上，劳动人口的比重、第三产业的比重与高等教育的相关性十分显著。现代教育体系的发展与产业结构和劳动力资源配置结构的发展是分不开的，进而影响到高等教育的拓展。现实调查表明，如果不顾实际经济发展状况，盲目发展与经济不适的高等教育，将达不到二者的良性互动，会导致负面效果，使高等教育质量下降。

由于国内外各种复杂因素的影响，加之当前高等教育自身发展在某种程度上面临的矛盾和问题，使人才培养质量与经济社会发展要求之间存在差异。教育质量的不高导致自主创新能力难以符合国际竞争的要求，学科专业结构与产业转型升级存在着不协调现象。同时，教育管理体制的僵化限制了创新和发展空间，例如，教育经费直接投入公办学校，没有引入市场机制；资源产权模糊，在某种程度上束缚了教育资源的开发利用。现在的一些地方教育区域发展不平衡，北京、上海等发达地区进入了高等教育普及化阶段，而经济不发达的地区，如广西、西藏等地高等教育的入学比例却很低。在市场经济的热潮下，高校过分强调择职教育导致了高校的低俗化和人文教育的缺失，使大学生精神失落，造成学生缺少道德修养和人文素质，出现了一些与社会主义精神文明不相符的现象。以上消极因素深深地影响了高等教育的可持续发展。

这些紧迫情况使人们开始从多维角度深刻反思原来的发展理论的局限性，认识到我国高等教育还不完全适应经济社会发展，同国际先进水平相比还有明显差距；进一步认识到教育的发展必须结合中国特色社会主义现代化建设的实际需要，走内涵式发展之路，把提高教育质量、以人为本、立德树人作为教育改革发展的紧迫任务，依靠科技进步和提高劳动者综合素质来促进现代化建设。

教育是民族振兴和社会进步的基石。"高等教育内涵式发展""落实立德树人根本任务"表明高校必须走内涵式发展道路，以改革创新、立德树人来促进高等教育质量的提升，赋予了中国特色社会主义教育理论体系新的发展内涵，对于推动现阶段我国高等教育事业实现跨越式发展、全面提高教育质量具有重要意义。立德树人作为在新的历史时期教育的根本任务，所提出的一些新思想、新要求把人们对高等教育的认识提高到了一个新的层次，对办好人民满意的教育，培养德智体美全面发展的社会主义事业接班人有着积极作用。在当前，高等教育内涵式发展必须坚持"立德树人"这一根本任务，才能为全面建成小康社会储备大批急需的人才资源，推进"四个全面""五位一体"的发展。高校只有坚持立德树人，才能在教育中贯彻以人为本原则，促进和完善思想政治教育的育人功能，从而使大学生树立起崇高的人生观、价值观和世界观，培养出高素质的、全面健康发展的现代化建设者，实现我国经济、文化、教育、环境等诸多方面的协调发展。

立德树人教育还有助于坚持和培养社会主义核心价值观，对大学生的健康成长有着十分重要的作用。价值体系属于社会意识范畴，是社会意识的本质体现。社会主义核心价值观能有效地提升全民的思想道德素质和科学文化素质，提高社会主义觉悟和促进中国特色社会主义的发展。大学生只有在社会主义核心价值观的指导下，才能坚持马克思主义基本原理同中国具体实践相结合，在社会主义建设中创新地发展马克思主义，摆脱以自我为中心的功利主义态度，从而达到自我整体素质和认知水平的提高，主动地破除封建迷信和盲目崇外的现象，热爱祖国，追求共产主义远大理想，推进中国特色社会主义事业的进步。

二、高等教育在新形势下承担的重大使命需要立德树人

新时代高等教育是人民美好生活的一部分。新时代我国社会的主要矛盾是人们日益增长的美好生活需要和不平衡不充分的发展之间的矛盾。经过多年发展，我国已经发展成为教育大国，但与世界的先进水平相比，与人民当前需求的更好教育相比，与国家和社会的要求相比还有一定的差距，所以高校必须以新时代中国特色社会主义思想为指导，大力发展质量和效益，优化资源配置，将党的"八个明确""十四个基本方略"融入立德树人和"双一流"建设全过程，这样才能办好人民满意的教育。

新时代的高等教育是建设社会主义强国的有力支撑。教育强则国强，教育弱则国弱。建设中国特色一流大学的方向就是实现高等教育内涵式发展和立德树人，所以推动高等教育内涵式发展和立德树人是办好社会主义大学最核心和紧迫的任务。我国进行社会主义现代化建设、从教育大国向教育强国转变过程中，对高端素质人才的大量需求在数量上、知识创新和技术创新等方面提出了更高的要求，高等教育是人才和科技的汇聚点，对推动新时期社会经济的发展和中华民族的伟大复兴有着重要作用。

高校工作的中心地位是人才培养，所以要把人作为教育过程中的主体，以人才培养为中心，把促进学生的全面健康成长作为一切工作的出发点和落脚点。立德树人作为教育的根本任务，同时也是高校内涵式发展的最终价值目标，育人为本，德育先行，推进素质教育，提高学生全面素质，进而培育德智体美全面发展的、满足社会主义现代化建设所需的高素质人才。内涵式发展还要深化教育领域的综合改革，加强师资队伍建设。

质量是教育的生命线，是教育改革和发展的核心任务，所以要树立科学的教育质量观，坚持走内涵式发展道路，提高教育和办学质量。人的主体性发展是高校内涵发展的实质，强调人的全面发展是高等教育本质的要求。高校在内涵式发展时要将"以人为本"理念作为价值追求，改革传统思维方式，不要把学生作为单纯的知识接受者，教师也不能单纯地作为教学实施者，要按照发展要求在培养理念上深化对"人"和"人的发展"的理解，将学校内涵发展与学生和教师的知识和价值观等要素结合起来，这样才能提高教育质量，才能满足全面建成小康社会的要求和人民对优质教育的新期盼。

科学合理的指导思想是新时期高校内涵式发展的核心要素，思想政治教育在高校内涵式发展中具有重要作用。提高教育工作者德育意识和育人能力，思想政治教育要先行，不断加强和改进新时代大学师生的思想政治教育工作，牢固树立"立德树人"观念，并且变成自我的职业理想。重新定位思想政治教育在高校内涵式发展中的作用和方向，实现思想政治教育教学改革与创新，把对学生思想品德教育与身心健康教育结合起来，才能进一步提高大学生全面素质，培养出高素质人才。

三、破除传统外延式教育发展模式的局限需要立德树人

以往高等教育发展走的是以数量扩张为主的外延式发展道路，这是为了当时经济社会发展和大力推进高等教育大众化的需要。通过外延式发展，我国高等教育实现了从精英教育向大众化教育的过渡，使广大适龄青年得到了接受教育的机会，在高等教育大众化和教育国民文化进程上取得了可喜的成绩，从我国国情来看，具有一定的进步意义。所以，高等教育外延式增长是我国教育发展的必经阶段，我国高等教育发展的历史现状和客观规律决定着选择外涵式或内涵式的发展模式。

近年来，随着我国教育事业改革发展的进一步深入，传统的外延式发展在给高等教育带来空前规模扩张的同时也出现了诸多的问题和矛盾，严重影响着高等教育的改革发展。主要表现为：其一，高等教育在发展策略上采用的"整合""扩招"等方式来提高效益的外延式方法使教育资源配置跟不上教育规模扩大，存在着经费投入不足、来源单一、基础设施不完备、专任教师短缺、结构安排不合理等现象，引发了质量和效益方面的问题，导致教育质量下降。其二，不考虑社会经济发展的实际需要，片面追求"高、大、全"的现象，导致培养出来的人才不能适应社会需求，严重浪费了教育资源。其三，一些高校定位不清，不顾及自己的属性是教学类型、科研类型，还是综合类型，随便招生培养人才，导致学科专业设置趋于大众化，办学特色未能得到充分体现，使人才培养类型定位不明确，不能适应经济发展的需要，增大了毕业生的就业压力。其四，重智育轻德育。德育教育观念的意识薄弱，

资源开发不够，实效性不强。改革开放以来，由于市场经济的快速发展，带来了人口、资源、就业等方面的矛盾和压力，使人们的价值取向发生了变化，在人才培养中，过多地关注大学生的知识和智力的发展，而轻视德育教育，加之西方腐朽思想的侵入，阻碍了大学生的全面发展。其五，在教育中缺乏创新驱动发展战略。例如，高校之间缺少协同创新机制，教育过程中缺乏创新意识等等，影响了创新人才的培养和教育的可持续发展。另外，外延式发展长期以来强调高等教育是为社会培养和输送劳动力和接班人，这就把高等教育目的片面化和专一化了，把人视为了工具，破坏了高等教育体系的完整性。培养接班人只是高等教育的主要任务之一，而不是全部和根本。因此，必须进行以人为本的高等教育内涵式发展。

要解决外延式教育发展模式局限性，必须改变高等教育外延式的发展观、人才观和教育观，将战略重点由规模扩大的外延式发展转变为以质量提高为核心的内涵式发展上来。落实以人为本、立德树人教育理念，实施内涵式发展战略，在人才培养中突出教育目标的全面性，将知识传递和德育、能力培养等融为一体，注重立德树人教育，在思想政治教育中加强思想道德教育和人文精神、科学精神和大学精神教育，以学生的学习和发展为中心，引导学生树立正确的世界观、人生观、价值观。这样会提高学生的思想觉悟和实践水平，促进其和谐健康成长，才会有利于打破外延式教育发展的局限性。

从外延式发展到内涵式发展是我国高等教育发展的战略转型，会促进教育的可持续发展，所以要深化高等教育领域综合改革，推动内涵式发展和立德树人工作的实施。这样会形成现代大学的科学发展理念，面对高等教育转型期间出现的各种问题和难点，遵循发展的客观规律和自身发展的诸多特点，积极探索发展的新思路、新方法，有效地把知识教育培养与精神理性、思想品德培养等有机地结合起来，进而全面提高教育质量和人才培养质量，促进教育资源共享，强化不同学科、不同高校之间的协同创新，提升高校科学研究的质量水平，为社会培养德才兼备的、全面发展的创新型人才、综合性人才和专业化人才，符合新时代高等教育的历史发展潮流。

现实社会生活中的矛盾和问题无处不在，每一个实际问题的解决需要实际的解决方法的同时也离不开个人的道德水平和修养。所以，我们需要以教育的内涵式发展、立德树人理念来提升教育质量，这样才能做到以人为本，树立德才兼备的培养观念和全面发展的质量观，使学生在学习知识的同时还能接受到人生修养、身心健康等方面的教育，理解和掌握做人应具备的德才观念，进而正确认识个人与社会、国家和集体的关系，促进分析矛盾和解决问题的能力，在德智体美劳等方面全面发展。

第四节 立德树人在大学生思想政治教育创新中的原则

综观古今中外已有的各种思想政治教育理论，各有优点但也各有缺陷，因此，必须对思想政治教育理论进行创新，而思想政治教育理论的创新必须坚持一定的原则，这些原则主要有以下几方面。

一、人的全面发展教育原则

（一）马克思关于人的全面发展理论

马克思关于人的全面发展理论是建立在人在历史发展中的地位和人与社会关系作用的基础上，是马克思整个思想的出发点和归宿。马克思在很多重要著作中都对人的全面发展理论进行了论述，强调了在生产实践过程中德智体美劳多方面自由和协调的发展。马克思、恩格斯通过揭示资本主义社会大工业机器生产发展规律的基础上，建立了人的全面发展理论。马克思结合了无产阶级革命和资本主义社会的固有矛盾及工人运动实际，通过认真反思和批判，对人的全面发展思想进行了深入的剖析，把人的全面发展与社会的发展以及社会生产科学地联系起来，奠定了人的全面发展理论的科学基础，而不是像空想社会主义者那样抽象地论述人的发展，从而使全面发展理论成为一个完整的科学体系。

马克思主义关于人的全面发展学说是我国社会主义教育方针的理论基础和根本内容，是社会主义的本质要求，是新时代中国特色社会主义教育思想的核心所在。重新认识马克思人的全面发展思想还能更新提高共产主义观念和加深对新时代社会主义本质及立德树人工作的认识。马克思认为，人的全面发展是以一种全面的方式；也就是说，作为完整的人占有自己的全面的本质。人之所以要实现全面发展，也是由人的全面本质所决定的，是人摆脱"人的依赖"和"物的依赖"的必然结果。

根据马克思关于人的全面发展理论，人的全面发展是人的全面、自由、和谐地发展。具体内容包括人的需要、人的体力和智力、人的才能、道德水平、社会关系和个性的全面发展。人在本质上体现了自然、社会、精神属性的统一。在当前的改革开放和立德树人工作中，思想政治教育需要以马克思人的全面发展理论来指导，这样能促进立德树人和实现人的全面发展。

（二）思想政治教育需要促进大学生能力的全面发展

思想政治教育是培养、发展创新能力，实现人全面发展的重要途径。思想政治教育的目的和归宿是实现人的全面发展，人的发展是社会发展的重要标志，是高校思想政治教育的根本目的和价值取向，是马克思主义理论的重要组成部分。所以，思想政治教育以人为工作和研究对象，把提高大学生综合素质、促进其德智体美劳全面发展作为神圣职责。

思想政治教育需要促进大学生能力的全面发展。培养大学生的实践能力，通过劳动实践会促进主体性的全面发展。人的主体性全面发展理论的重要内容是指人成为自然界的主体、社会的主体和自我发展的主体。马克思重视以实践为基础的人的主体性。人的个性自由发展是人全面发展的重要内容和根本标志，使人的各种潜能得到充分发挥，对创造物质文明和精神文明有着重要作用。人的生产生活实践还产生和丰富了社会关系，提升了个人的综合素质。人的本质在于其社会性，因此社会关系的全面创立和合理建构是人发展的重要方面内容。社会关系实际上决定一个人能够发展到什么程度。

马克思认为，全面发展包括作为目的本身的人类能力的发展，人的能力全面发展是马克思关于人发展理论的重要阐述部分。任何人的职责、使命、任务都是全面地发展自己的一切能力，其中包括思维能力。思想政治工作培育的能力包括人的本质力量和个人身体的能力，通过实践表现出来。生产劳动就是人的物质活动能力的表现，是个人能力得以全面发展的根源，物质生产发展的历史就是人类历史。劳动是人的本质力量对象化过程，创造了人的生存条件和人本身，是人全面发展的一条基本途径。

思想政治教育为人的全面发展提供了精神动力和价值导向。马克思主义认为，人的精神活动能力是人全面发展的一个重要组成部分。精神活动能力的发展程度是衡量社会文明程度的标尺，精神活动能力包括思维、科学研究、批判创新、文艺创作等活动的发展。精神活动能力的发展使人不断进步完善。精神活动能力以建设和实践为其生命力，不是抽象空洞的说教形式，如果精神活动能力只局限于意识领域，只靠机构或上级的强行安排，那么就只能在形式上存在，是不可能落实到社会心理层次和有效的载体之中的，就做不到以人为中心，无法深入人心。所以，思想政治教育必须创造和利用有利条件，加强道德观和价值观教育，使精神能力内化为人的自觉意识和德行，这才能成为主体的本质力量，促进全面发展。

（三）思政的思想道德教育体现了立德树人的合规律性和合目的性的价值发展取向

道德的发展是立德树人的预期成效，思想道德素质是人全面发展的重要组成部分。培养思想道德是学生人性的成长和人格完善的需要，会优化学生的生存方式和个性化发展。思想政治教育培养学生的思想道德，要根据学生的不同个性特征和生活实际，致力于促进学生自主、自觉的道德行为养成，达到道德的内化，这样才能逐步实现教育的预期效果和学生的道德成长。

立德树人对大学生进行科学知识和专业技能教育的同时，与时俱进地加强思想道德成长，使学生健康全面发展。大学生的道德成长是一个合规律性的循序渐进过程，即要与经济社会一定的发展条件相适应，不能超前也不能落后。超前就成了拔苗助长，欲速而不达。在当前社会中，炒作"金榜题名"等逐利意识现象渗透在社会各个领域，干扰着人们的视线。一些固守精英教育思想的学校和家长们不顾高等教育已经进入大众化、素质化阶段，迷信题海战术和魔鬼训练，采用灌输方式对学生进行实用知识和应用技能的教育，对教育形成了一种急功近利的社会现象，致使校内外各种速成培训班如火如荼，形成培训狂潮。这种实用主义和功利主义对学生采取超前开发的现象如同反季节蔬菜一样，违反了道德成长规律，使本应是道德成长各个阶段依次发生的思想启蒙、养分滋润、人文情怀、健全人格等被这些超前速成的思维所打破。围绕着"赢在起跑线上"的思想开足马力向学生灌输实用技能的同时，自然而然地忽略了学生德育方面的培养，无法完成做"人"的教育，阻挠了学生的全面发展。

近年来发生的一系列重大校园案件、个别大学生中还存在盲目崇拜等现象，忽略了道德是做人的根本，这些都反复为我们敲响了警钟。思想政治教育重视思想道德成长的合规律性及其在每个阶段表现出的自我特征和发展规律，有利于大学生的健康良性发展。合目的性的道德成长在强调个性化发展的同时反对教条主义倾向。人的每一个发展阶段都是目的本身，都有其各自的目的和价值，每个阶段都能得到丰富的发展和道德的成长。思想政治教育是合目的性行为，其本质在于实现学生的德才兼备成长目标，思想政治教育进行的合目的性道德成长教育就是要使学生在每个成长阶段的实践中不断觉悟和升华，自觉地依据德育和发展要求不断建构和完善自我。

思想政治教育要在社会实践中实现大学生的道德成长和升华，让学生产生自主的道德认同。通过丰富多彩的实践活动，把道德教育范围从人生价值观等教育延伸到"五位一体""四个全面"建设中，这样学生思想品德和综合素质的成长会扎根于现实的土壤，从而会汲取丰富的养分，与时代同步，得以健康全面地发展。同时，在道德成长中要面对来自社会、家庭等复杂伦理关系中的各种道德冲突，并进行道德选择。如，"啃老族""老人摔倒该不该扶""是否应该见义勇为""公交车上是否应该让座""拾金不昧""食品安全""制假贩假"等问题，需要大学生做出正确的选择，选择的结果是道德成长的"试金石"，会表明大学生的做人原则和对社会应负责任的态度，从而进一步体现出道德要求的责任、义务和大学生对道德底线的坚守程度。这些形形色色的道德冲突锻炼提高了学生的辨别能力，使学生能够坚定正确的道德选择，促进成长。

社会主义建设实践中要促进人的全面发展，需要提高全民族的思想道德素质和科技文化素质及文化自信。社会主义核心价值观作为社会主流意识，它以马克思主义人的全面发展理论作为思想政治教育的价值目标，对大学生道德成长有着重要的导向作用。社会主义核心价值观的最终目标是人的自由而全面的发展，与马克思所强调的共产主义是"以每个人的全面而自由的发展为基本原则的社会形式"是一致的。所以，社会主义核心价值观能引领大学生实现道德健康成长和促进全面发展。同时，社会主义核心价值观还有利于增强中国文化自信。一个国家文化软实力的强弱在于这个国家的核心价值观，社会主义核心价值观是党和国家在新时代"文化软实力"建设的系统工程，决定了社会主义文化的性质和发展方向，是提升国家"文化软实力"的战略举措。

二、以人为本的教育原则

（一）以人为本是思想政治教育的本质要求

在思想政治教育中坚持以人为本原则是立德树人工作得以顺利进行的条件。思想政治教育是人类社会实践的一个重要方面，它在马克思主义理论的指导下，把现实的人作为社会发展的主体和目的，把促进人的全面、协调和可持续发展作为发展目标。思想政治教育的以人为本思想就是以人为中心，一切为了人和依靠人，坚持人的主体地位，尊重人的价值和尊严，坚持人的自然属性、精神属性和社会属性三者的辩证统一，体现了社会主义的本质要求和新时期党的执政理念，继承和发展了马克思主义以人为本思想。思想政治教育建立在马克思历史唯物主义基础之上，马克思的唯物史观就是"关于现实的人及其历史发展的科学。"从人的需要出发，重视现实中人的利益和满足人的合理需求。

高校思想政治教育的基本价值观是以人为本的核心思想，它是高校思想政治教育的灯塔，指引着教育目标向培养德智体美劳全面发展的方向前进，为思想政治教育指明了方向。思想政治教育是促进人的发展，实现广大人民群众的根本价值和利益之所在。人是教育的出发点和归宿，教育的价值就是实现主体的自由全面发展，因而思想政治教育的价值和归宿就在于促进主体的丰富和全面发展。以人为本的思想政治教育要调动和激发人的主观能动性，使人自觉树立科学的世界观、人生观、价值观，促进其全面发展，培养四有新人。

高校思想政治教育以人为本的核心理念在发挥了主体的社会功能及价值的同时也彰显了个体的功能和价值，充分发挥了实践主体在实践活动中的能动作用，在个体与社会互动过程中促进了个体社会化。在个体的成长发展中知识技能教育和精神方面教育是同样重要的。在实践中教育对象主观能动性的发挥要通过人的发展，而人的发展促进了思想政治教育社会功能的实现。

坚持以人为本是党的工作重心和建设中国特色社会主义现代化的需要。党的奋斗目标是实现人类的解放事业。"三个有利于""三个代表""以人为本""以人民为中心"都是把人放在首位，以广大人民群众根本利益作为出发点，认识到人民群众是执政力量之源。党对教育提出明确要求，就是提高全民族的思想道德素质、科学文化素质和健康素质，所以在社会主义建设的新的历史时期，思想政治教育工作必须以人为本，才能提高全民族的思想道德素质和实现人民的根本利益，促进社会精神文明和物质文明的发展。

（二）思想政治教育需要促进大学生自我发展

思想政治教育的核心任务是教育大学生形成科学的世界观、人生观、价值观，正确认识自然、社会和人生的发展规律，这样才能遵守客观规律，达到与自然、社会和谐共存，从而实现自己的人生目标。与动物的本能行为不同，人是能动的社会存在，在实践中成为创造性的主体性存在。作为社会关系的客观存在，人的物质需求和自然需求不是像动物那样自发形成的，而是来自社会关系，从社会关系中获得。因此，人获得社会的认同是很重要的，会促进人的自我发展。通过思想政治教育能够让学生正确处理人与自然，社会和他人之间的关系，采取有利于三方共同促进的方式，使自我发展的需要获得满足，并自觉地通过自己的积极实践活动，践行社会发展中对个体的客观要求。思想政治教育使学生以积极进取的精神风貌认识人生和社会，形成健全的人格品质，从而在学习和生活实践中勇于竞争、自强不息，努力探索实现自身和社会发展需要之路。

思想政治教育的基本任务是提高和完善大学生的思想觉悟和道德品质，形成高尚的精神世界，这样会促使大学生形成认识世界的新角度，即不仅从政治、社会和人生角度，还要从道德、审美的角度来认识和把握世界，从而加强和丰富学生道德领域的辨别力，提升精神境界，以审美愉悦的心态看待人生和世界，在健康的身心成长中超越自我，为自我的成功创造有利条件。通过以人为本的教育，学生能感受到世界的美好，同时还有利于教育大学生正确区分真善美和假恶丑。

（三）思想政治教育需要坚持大学生的主体性原则

人是思想政治教育的对象，以人为本是思想政治教育的本质要求。思想政治教育的最终目的是实现人的价值和利益，满足人在物质和精神方面的需要，进而促进人的全面发展。人的社会属性是非常重要的，决定着人的其它属性。人之所以为人就在于人的社会性，所以要充分发挥思想政治教育对人社会性的提升作用，重视现实的人的复杂的社会关系和各式各样的社会性需要。在实践中要采取尊重人、理解人的思想政治指导原则，以人为本充分发挥思想政治的育人功能，丰富人的社会性以提高其社会化程度。思想政治教育为促进立德树人工作和人的全面发展提供了精神动力和思想保障，激发着人们在提高精神素质，塑造高尚人格的自我精神境界中实现崇高的理想和价值。这种精神内驱力是思想政治教育核心的人性基础，可以塑造人的本性和品德，解决精神信仰问题。思想政治教育坚持以人为本才能转变传统的教育观念，改变传统思想政治教育中的"缺人"状态，围绕着培养什么人，如何培养人的原则性问题，用崇高的理想和科学的理论来塑造人和发展人，关注大学生的思想实际，尊重其合理的要求，发挥其主观能动性和创造性，这样才能突出人在社会发展中的主体地位和作用，才能充分调动学生的自主性，认清社会发展规律，从而增强思想政治教育的实效性，为学生的全面自由发展和人生价值目标的实现奠定科学基础。

三、德育优先教育原则

德育指有组织、有计划地对人实施思想道德等方面的教育，具有鲜明的政治性和阶级性，主要包括政治教育、思想教育、道德和法律等教育。德育工作历来是党和国家重视的基本教育问题。党和国家一直把德育工作作为教育的根本任务和总体要求，新时期的立德树人工作再一次把德育放在了优先发展的位置。

（一）德育优先教育原则的积极作用

新时代中国特色社会主义思想是我党在新的历史时期提出的重要战略思想。思想政治教育落实德育优先的教育原则有利于新时代中国特色社会主义思想在教育领域的贯彻实践，落实德育为先理念能真正促进和体现人才的全面发展，推进立德树人工作的有效性，对大学生综合素质的提高有着重要作用。落实德育优先理念还有助于提高高校人才培养质量，解决在当今世界多元经济文化观念的影响下出现的一些拜金主义、享乐主义、不讲信用等消极因素。在影响着学生的成长和导致道德水平不断下降等问题，增强高素质人才服务国家和社会的意识。社会主义教育事业和人才强国战略都强调人才的为人民服务精神，但由于受国际环境的复杂化、西方敌对势力的和平演变和市场经济大潮的影响，导致人才流失严重。德育教育可以提高大学生的思想政治水平和爱国精神，从而使大学生对新时期的社会主义建设形成责任感和使命感，具备较高的道德素质和全局的观念，能够将眼前利益和长远利益、个人利益和国家利益结合起来，所以，加强德育工作是促进大学生健康成长的重要手段。

德育优先教育原则是加强和改进高校思想政治教育工作的需要。高校肩负着培养德智体美劳全面发展的人才重任，所以要遵循时代的要求把德育工作放在重要地位，不断提高学生的综合素质。思想政治工作坚持育人为本，把德育工作放在首位，贯穿教育教学全过程。由于受历史原因影响，在高校德育工作开展中存在一些问题，对学生的思想道德教育的重要性认识不足、师资薄弱，缺乏实践和监督考核机制，导致德育工作效果不好，影响立德树人工作的开展。所以，要把"育人为本，德育优先"精神理念落实到工作实践中，把德育工作作为高校教育的一项重要内容，强化责任意识，通过教育向学生渗透道德思想和道德认知，树立和塑造思想道德意志和信念，将立德树人教育理念作为教育的根本任务和改进大学生思想政治教育工作的重要举措，不断创新和改进德育工作方法，促进大学生在德智体美劳全面发展的同时也使自身不断得到完善和发展。

（二）树立"育人为本，德育优先"的科学理念

"育人为本，德育优先"的理念关系到国家现代化建设的进程和长治久安，会促进新时期高等教育的改革和发展。我们党在制定教育方针和策略时一再强调德育优先的立德树人教育原则，所以，德育优先也是党关于教育事业长期发展的科学论断。树立这个科学理念，要求高等教育首先要落实新时代中国特色社会主义思想的基本要求，以德育为核心，践行全员育人、全方位育人、全过程育人的教育思想，推动思想政治育人工作的有效开展。

德育优先继承了中华文明的优良传统。孔孟之道就是倡导德、才、学、识，以德为先，认为德是区分君子和小人的标准。德育在孔子的教育理论中一直处于重要位置，把立德修身作为君子之本，突出了道德的教化力量和在社会中的重要地位。德育优先的优秀传统在当今世界也是大有教益的，产生了广泛的影响。由于传统观念的局限性和社会不度风气的侵袭，目前社会教育中还存在重科技轻人文、重智育轻德育的观念。一些学校在升学率和就业率的引导下，以学知识为唯一目标，把重心全部放在学生的学业成绩上，忽略了教育的德育功能，使德育流于形式。为了改变这一旧的教育观念，适应世界的潮流，必须把德育放在优先位置，充分发挥德育在塑造健全人格，培育德才兼备人才方面的作用。坚持以人为本，将德育工作置于各项工作之首，

突出德育对智育、体育和美育等的指导作用，才能提高大学生的思想素质，促进其人格的完善与发展。

时代的发展和科技的进步致使一些传统的德育方法和途径不适应当前新形势下的育人需要，要求我们不断地创新和拓展德育的新载体和新途径。当前互联网已经成为人们接受和交流知识信息的重要途径，对大学生的世界观、人生观、价值观的形成有着重要的影响，所以我们要发挥网络德育的潜在功能，用立德树人的教育思想占领网络德育阵地，加速网络德育资源的优化整合，利用网络有效推进大学生德育工作的落实。

坚持德育对象的主体性原则，促进德育与社会实践相结合。在德育过程中，学生作为有感情、有思想的人，不是被动地接受德育的教育和影响，而是在与教育者的互动中接受。所以，只有学生的主体性得到充分发挥，才能激发道德自觉性，提高自我教育和参与意识，发挥对德育的主体能动性，从而主动建构自身的道德机制。德育与社会实践相结合可以使学生的道德认知内化为道德意识，提高觉悟。通过社会实践，还可以加强大学生的认识和服务社会的能力。所以，德育工作在育人的同时还要创造与社会实践相对接的途径，加强马克思主义理论课和思想品德课教育的深度和广度，深入挖掘各种优势的德育教学资源，并对教学内容和方法要与时俱进地调整和创新，引导学生对知和行二者的辩证统一关系的认识，这样会培养和锻炼学生的社会实践能力，加快道德内化过程。

（三）在德育教育中要重视人文素质、科学素质对德育的促进作用

高校的人文素质教育和德育都是"做人"的教育，人文素质对德育工作有着重要的促进作用。在科学技术日新月异的今天，"人文"是与"自然科学"相对应的一个概念，指社会优秀精神文明与文化的总和。人文素质是指人之为人的特质，人文素质主要包括人文知识、人文技能和人文精神三个层面，其中，人文知识与方法是基础，人文精神是人文素质的本质和核心。人的哲学素质、政治素质、人生观、价值观、心理素质、思想道德素质，审美素质和行为素质等都属于人文素质范畴。

人文素质的教育范围比德育更宽广，内容更丰富，蕴含着巨大的德育功能。它通过建立在优秀精神文明与文化基础上的个人情感、道德和基本素养、哲学、文化和艺术，教育和熏陶大学生树立崇高的理想，形成健全的人

格和高尚的道德情操。

人文素质教育和德育的共同目标都是以人为本，将人文素质教育渗透到德育中，以立德树人为中心环节，会拓宽德育范围和丰富德育内容，促进德育工作的发展。市场经济带来的拜金主义和享乐主义冲击和扭曲了大学生的人生观和价值观，科学技术的高度发展也引发诸多问题，如，环境污染、重视工具理性而忽略价值理性、道德下降等。人文素质教育的内容丰富多彩，其中爱国主义、集体主义和社会主义会丰富德育教育的内容，因此在德育中渗透人文素质教育会有效促进人文精神在德育中的回归和重建，拓宽德育范围，会培养学生爱国主义热情和社会主义主人翁意识，使德育能够与时俱进。

促使人文素质在德育中发挥更好的作用还需要提升教师的人文素养。在教育中要改变过去那种"填鸭式"教学，运用人文素质教育的感染力渗透人文素质教育，将德育课程与人文素质教育课程有机衔接，用历史上的爱国英雄事迹、仁爱、天下为公、孝道、发明创造等感染学生，用人文知识来具体化一些思想政治教育理论以加深学生对社会主义道德的认同，将人文教育渗透到德育中可以使学生在学习中感受到新时期人文精神的愉悦和美好，从而更加热爱祖国、热爱生活，树立起积极的人生价值观。

科学素质是素质教育的重要内容，包括科学知识和方法的学习和应用，还包括道德伦理、人生价值观等内容，也可以理解为科学理性在人格上的内化。科学素质能够培养科学世界观，促进科学精神的发展，所以要发挥科学素质对德育的促进作用，把科学素质贯穿到高校德育教育实践中，注重科学素质和德育教育二者的有机结合，互相取长补短，增加德育教育的实效。由于历史因素，教育以智育为主导的方式使学生在教育过程中接触到的大多是工具性知识内容，很少涉及科学精神和科学伦理，使所学的知识显示出局限性，忽略了科学的人文教化意义和精神价值。大学生是国家建设和社会发展的后备力量，他们综合素质的高低影响着社会的可持续发展，因而在德育教育中要营造科学素质教育的环境和条件，将科学和德育相融合，宣传大科学家爱因斯坦、居里夫人等杰出人物的科学精神和为人类做贡献的高尚品德，让学生领悟科学知识的发展进步与高尚道德是分不开的。在德育中还要开展一些丰富多样的实践活动，展示最新科技成果，例如，量子传送、人工智能等，丰富和发展学生的想象力、创新精神和科学理性思维，这样会充分发展大学生的个性和思想品质，培养科学精神。

德育工作关系到学生的全面健康发展，所以需要将德育工作贯穿于教育工作的始终。以马克思列宁主义、毛泽东思想和中国特色社会主义理论教育为重点，开展社会主义核心价值观教育，会使学生感受到民族自豪感，增强爱国精神，还会进一步深化其职业道德和荣辱观，促进心理健康发展，有助于树立远大的理想和抱负，形成正确的人生观和价值观。增加德育实践教学环节，以理论联系实际的方式引导学生在社会实践中培养社会责任感，树立正确价值观。完善德育工作机制，为德育工作提供良好的内外部条件，根据学科特色和学生特点对学生进行思想政治教育和健全德育指导团队，这样会提高德育工作的整体实力和德育工作的实效。

第五章 高校思想政治教育规划与建设

第一节 高校思想政治教育战略规划

一、高校思想政治教育创新发展的战略目标

高校思想政治教育创新发展的战略目标是建立一套涵盖外部制度、环境规划、内部目标管理的高效目标体系。通过这一套目标体系的有序展开和实现，坚定高校思想政治教育的政治导向，促进大学生德智体美劳的全面发展，培养一代又一代拥护中国共产党领导和我国社会主义制度、立志为中国特色社会主义奋斗终身的有用人才。

（一）进一步推进高校思想政治教育体制机制建设

高校思想政治教育体制机制是加强和改进大学生思想政治教育的重要保障，同时也是高校思想政治教育工作的重要建设目标。高校思想政治教育工作的战略目标首先要从建立完整、高效的思想政治教育体制机制开始，为高校思想政治教育建立教育育人、管理育人、服务育人的主渠道。

其一，凸显高校广大教师的主体性。高等学校各门课程都具有育人功能，所有教师都肩负有育人职责。新时代高校思想政治教育工作要求广大高校教师要以高度负责的态度，率先垂范、言传身教，以良好的思想、道德、品质和人格给大学生以潜移默化的影响。要实现这一要求，单靠以前片面强调思想政治理论课教师地位和作用的工作理念是很难实现的。高校思想政治教育创新发展的目标之一就是充分凸显广大教师的主体性，使其成为高校思想政治教育的主体。鼓励广大教师包括思想政治教育理论课教师和其他专业课程尤其是哲学社会科学课程教师发挥自己的主观能动性和创造性，联系改革开放和社会主义现代化建设的实际，联系大学生的思想实际，开拓大学生思

想政治教育的新视野，发掘大学生思想政治教育的新方法；鼓励广大教师在传授专业知识过程中加强思想政治教育，使大学生在学习科学文化知识过程中，自觉加强思想道德修养，提高政治觉悟；鼓励广大教师在言传的同时坚持身教，用良好的师德师风影响和教育学生，和大学生之间形成良好的互动，弥补课堂讲授时间有限等问题。

其二，推动高校辅导员队伍建设制度化。高校辅导员和班主任制度是在我国高校思想政治教育工作多年实践经验基础上的总结和创新。党中央、国务院反复强调加强高校辅导员和班主任建设，重视其在思想政治教育工作中的地位和作用。针对高校辅导员和班主任制度中出现的各种问题，为使高校辅导员和班主任在大学生思想政治教育中发挥更大的作用，未来的战略目标是继续加强和完善高校辅导员队伍制度专业化建设，培养一批坚持以马克思主义为指导，理论功底扎实，勇于开拓创新，善于联系实际，老中青相结合的高校辅导员和班主任队伍。完善大学生辅导员和班主任工作队伍的选拔、培养和管理机制，确保所有从事大学生思想政治教育的辅导员和班主任都能坚持正确的政治方向，具备良好的思想道德修养、高度的社会责任感，成为大学生健康成长的指导者和引路人。

其三，加强高校党团组织建设功能化。高校党团组织一直是思想政治教育的重要渠道。新时期一定要进一步发挥高校党团组织的政治优势和组织优势，并将这些优势切实转化为高校思想政治教育创新发展中的实际教育力量，增强高校党团组织的思想政治教育功能化特征。高校党团组织要把加强大学生思想政治教育工作摆在突出位置，有效利用党团组织的现有资源和优势，高度重视大学生党员发展工作，把优秀大学生吸纳到党的队伍中来，充分发挥党员大学生在大学生思想政治教育中的骨干带头作用和先锋模范作用；要坚持把党支部建在班上，努力实现本科学生班级"低年级有党员、高年级有党支部"的目标；学生会、研究生会以及各班级都要自觉接受党的领导。在校团委指导下，开展生动有效的思想政治教育活动，把广大学生紧密团结在党团组织的周围，更好地发挥桥梁和纽带作用。同时，还要加强对大学生社团的领导和管理，发挥大学生自身的积极性和主动性，增强高校思想政治教育的实际效果。

（二）创造积极向上的高校思想政治教育环境

党中央、国务院反复强调全社会都要关心大学生的健康成长，支持大学生思想政治教育工作。我们需要为高校思想政治教育创造积极向上的外部环境，确保高校思想政治教育工作顺利开展，实现党和国家培养时代新人的要求。积极向上的外部环境目标包括以下几个方面：

其一，良好的育人环境。要把优化校园周边环境作为推进高校思想政治教育工作的重要任务和目标，结合各高校实际发展情况搞好规划，加强综合治理。要依法加强对学校周边的文化、娱乐、商业经营活动的管理，坚决取缔干扰学校正常教学、生活秩序的经营性娱乐活动场所。严厉打击各种刑事犯罪活动，及时处理侵害大学生合法权益、身心健康的事件和影响学校、社会稳定的事端，维护高校的安全稳定。全社会的其他单位如街道、社区、村镇等要主动配合高校做好大学生思想政治教育工作。

其二，弘扬主旋律的文化氛围。良好的大学校园文化氛围在培养大学生分辨是非能力、陶冶大学生高尚情操等方面发挥着重要作用。高校思想政治教育不是一种课堂的简单知识教育，而是一场知识与实践相结合的综合性教育。宣传、理论、新闻、文艺、出版等方面要坚持弘扬主旋律，为大学生思想政治教育营造良好的社会舆论氛围，为大学生提供丰富的精神食粮和正能量。在新形势下要坚决抵制、消除各种不良文化对大学校园文化的渗透和影响，尤其网络文化可能给校园文化带来的负面影响，用社会主义的主流文化和科学精神牢牢占领高校校园文化阵地，积极营造品位高雅的高校校园文化氛围。

其三，紧密联系学生实际的工作模式。改变过去高校思想政治教育更多的是局限于课堂教育的模式，将高校思想政治教育工作与切实解决学生实际困难结合起来，将高校思想政治教育工作与大学生的现实实践能力培养结合起来。认真组织大学生参加军政训练、社会调查、志愿服务、公益活动、勤工助学等实践活动，使大学生在社会实践活动中受教育、长才干、做贡献，增强社会责任感；加强对经济困难大学生的资助工作，不断完善资助政策和措施，形成以国家助学贷款为主体的助学体系，帮助经济困难大学生完成学业；帮助大学生树立正确的就业观念，进一步建立健全大学生就业指导机构和就业信息服务系统，提供高效优质的就业创业服务。培养大学生对思想政治教育工作的需求感和亲密感，探索建立全新的高校思想政治教育氛围。

（三）构建系统的高校思想政治教育工作目标管理体系

为切实、有效、可控地实现高校思想政治教育立德树人的根本目标，我们需要建立健全高校思想政治教育工作目标层次和体系。通过构建完善的目标体系，切实管理、评价高校思想政治教育工作的实际效果。高校思想政治教育目标体系应该包括以下几个方面的具体目标：

其一，思想政治素质目标。提高和增强大学生的政治觉悟和政治意识，使大学生具有坚定正确的政治立场和政治方向，形成正确的政治价值认同和爱国主义情操；培养大学生团结统一、爱好和平、勤劳勇敢、自强不息的精神，树立民族自尊心、自信心和自豪感；培养大学生正确认识社会发展规律的能力，认清国家的前途命运，确立在中国共产党领导下走中国特色社会主义道路、实现中华民族伟大复兴的共同理想和坚定信念，抵御各种外界不良社会思潮的侵袭与腐蚀。当前，要特别注重积极引导当代大学生作为时代新人，献身于中国特色社会主义事业发展和中华民族伟大复兴的坚定政治方向。提高大学生的马克思主义理论素养，树立正确世界观、人生观和价值观；培养大学生乐于服务人民、锐意进取的思想和适应新时代发展要求的创新意识。

其二，道德素质目标。提高大学生道德认知能力和道德实践能力，培养大学生责任意识和担当精神。以基本道德规范为基础，深入进行大学生公民道德教育。要认真贯彻《公民道德建设实施纲要》，以为人民服务为核心、以集体主义为原则、以诚实守信为重点，广泛开展社会公德、职业道德和家庭美德教育，引导大学生自觉遵守爱国守法、明礼诚信、团结友善、勤俭自强、敬业奉献的基本道德规范。坚持知行统一，积极开展道德实践活动，把道德实践活动融入大学生学习生活之中。修订完善大学生日常行为准则，引导大学生从身边的事情做起，从具体的事情做起，着力培养良好的道德品质和文明行为。

其三，法治素养目标。在提高大学生道德素质的同时，也要加强大学生法治素养、推进依法治国的实施。提高大学生的法治意识和法治思维，使其自觉维护和遵守国家法律法规，正确行使法律所赋予的权利，自觉履行法律所规定的义务，自觉维护和遵守校园秩序和校规校纪。当前，要特别注重通过法治素养教育提高大学生维护自身和他人正当权益，维护社会公平正义、安定团结的自觉性。

其四，心理素质目标。重视大学生心理调适能力培养和个性心理品质的教育，重视大学生心理危机的预防和应对机制的建设。培养大学生健康的心理素质和人格特征，使其具有健全的人格、坚强的意志、鲜明的个性、丰富的情感和高雅的兴趣，能够对各种社会问题形成正确的心理取向，对心理问题和心理危机具备一定的认识能力及抵御能力。

其五，全面发展目标。以大学生德智体美劳全面发展为目标，深入进行素质教育。在加强民主法制教育、道德教育、人文素养教育、心理素质教育的同时，促进大学生思想道德素质、科学文化素质和健康素质协调发展，引导大学生勤于学习、善于创造、甘于奉献，成为有理想、有道德、有文化、有纪律的社会主义建设者和接班人。

高校思想政治教育的目标是培养社会主义现代化建设需要的合格人才，确保我国在激烈的国际竞争中始终立于不败之地，确保实现全面建设小康社会、加快推进社会主义现代化强国建设的宏伟目标。高校思想政治教育的战略目标和规划必须围绕这一最终目标展开，建设一支专业化的高校思想政治教育工作队伍，以完善的目标体系带动目标管理机制，全面健康可持续地促进高校思想政治教育创新发展。

二、高校思想政治教育创新发展的战略举措

近年来，随着我国改革开放持续发展，国际化程度的不断加深，社会出现了很大变化，这些变化对青年大学生思想政治和价值观念都产生了极大影响。由于互联网和信息技术的迅猛发展，各类社会思潮的表达有着更广泛的载体，各种思潮和价值观念的激荡，使传统的思想意识、价值观在青年大学生心目中发生深刻的变化；人们的社会生活方式、社会组织形式、社会就业方式和分配形式也呈现多样多元发展的态势，这些变化日益深刻影响着高校大学生的思想观念。在高等院校连续几年的扩招、收费改革、后勤社会化改革、学生就业压力连年增加的情况下，大学生的思想、行为、心理、学习及人际关系等方面出现了许多新问题，针对他们的思想政治教育工作方式方法也出现新挑战。针对当前的新形势和新变化，满足知识经济时代发展的需求，为社会培养一流的合格人才，应从"队伍建设、社会环境、校园文化、社会实践、优秀群体评比、困难学生帮扶、心理素质教育、就业辅导、法纪教育、安全教育"十个方面入手，狠抓"十项工程"建设，完成高校思想政治教育创新发展的战略目标体系。

（一）队伍建设工程

高校思想政治教育工作队伍是加强和改进大学生思想政治教育的组织保证。大学生思想政治教育工作队伍主体应包含三支队伍，即党政学工团队伍、思想政治理论课和哲学社会科学课教师队伍以及辅导员队伍。

一是加强党政学工团干部队伍建设。要形成高校思想政治工作共同体并发展成一个有机的整体，把党委、行政、工会、学生处、团委的各自力量有机地凝聚起来形成合力，发挥高校思想政治教育工作的整体效能。党委系统要切实加强思想政治建设，发挥党领导学校思想政治教育工作的核心作用，加强理论学习与创新，并进行经常性研讨，针对加强思想政治教育、师德建设、党建工作等重大问题进行研究。行政部门抓好各级行政领导班子思想作风建设，为开展高校思想政治教育工作提供必要的物质保证。学生处与团委是高校思想政治教育的前沿阵地，要加强与大学生的联系，把握大学生的思想动态；同时，在自身建设上，要加强干部管理，建设高素质干部队伍。

二是加强高校思想政治理论课教师队伍建设。要充分发挥思想政治理论课和哲学社会科学课的主渠道、主阵地作用，负责对学生进行思想政治理论教育、思想品德教育和人文素质教育。要通过各种渠道培养一支信仰与精通马列主义，立志献身思想政治教育的高校思想政治理论课教师队伍，并努力提高他们的思想政治素质和业务素质。要坚持理论联系实际，改革教育内容与改进教学方法，引入案例教学、聘请校外名师讲授、举办形势政策报告等内容丰富、主题吸引的教学活动，引入主题演讲与答辩的考试策略，使高校思想政治理论课教学既具有理论上的坚定性和彻底性，又具有鲜明的时代感和现实性，提高教学效果，让大学生乐学愿学。

三是加强辅导员队伍建设。辅导员是大学生思想政治教育的骨干力量，负有在思想上、学习上和生活等方面指导学生的职责。应建立健全辅导员有效选拔机制，按照"政治强、业务精、纪律严、作风正"的要求，严格辅导员选聘标准和程序，大量起用高素质人才进入辅导员队伍，保证辅导员队伍质量。完善对辅导员的考核制度，重视加强辅导员的培训工作，为更好地服务大学生成长成才打好坚实基础。除加强三支队伍的建设外，还应加强师德建设。要建立与社会主义市场经济相适应、与社会主义法律规范相协调、与中华民族传统美德相承接的社会主义思想道德体系，并强调要加强教师队伍建设，提高教师的师德和业务水平，强化高校教师职业理想和职业道德教育，树立献身教育、敬业爱岗的信念对年轻教师尤其重要。可以通过教师岗前培训制度、在岗制度、专家组督课制度、学生网上测评等方式，大力开展高校教师师德建设活动。

（二）社会环境工程

大学生的健康成长需要良好的舆论环境。媒体作为社会的良知，应恪守媒体的社会职责，避免过多的负面新闻和炒作，为青年学生的成长营造积极健康的社会氛围，为社会的和谐稳定和发展进步承担应有的责任。舆论的泛滥容易让公众对大学生的判断更加片面，再与一些个案联系起来，容易影响大学生整体形象，引发社会的负面议论，不利于形成大学生思想政治教育的良好社会环境。

加强和改进大学生思想政治教育，必须努力营造良好的社会环境。全社会都要关心大学生的健康成长，支持大学生思想政治教育工作。宣传、理论、新闻、文艺、出版等方面要坚持弘扬主旋律，为大学生思想政治教育营造良好的社会舆论氛围，为大学生提供丰富的精神食粮。坚持团结稳定，以正面宣传为主，反映高校思想政治教育工作的先进典型和优秀大学生的先进事迹。大力发展文化事业和文化产业，为大学生提供更多更好的文化产品和文化服务。各类网站要牢牢把握正确导向，主动承担社会责任，积极开发教育资源，开展形式多样的网络思想政治教育活动。充分发挥爱国主义教育基地对大学生的教育作用，各级政府和企事业单位要鼓励与支持面向大学生的公益性文化活动。依法加强对高校周边的文化、娱乐、商业经营活动的管理，坚决取缔干扰学校正常教学、生活秩序的经营性娱乐活动场所，严厉打击各种刑事犯罪活动，及时处理侵害学生合法权益、身心健康的事件和影响学校、社会稳定的事端。

（三）校园文化工程

高校校园文化是先进文化的重要源头。校园文化是社会文化的重要组成部分，始终处在社会文化的前沿，既承担着育人的重要职责，也承担着引领社会文化的重要任务。高校校园文化具有凝聚作用，通过研究和宣传科学理论，可以把人们紧紧地团结在中国特色社会主义的伟大旗帜下；高校校园文化具有引导作用，通过传授人类文明，可以帮助人们培养良好的道德思想品质；高校校园文化具有辐射作用，通过知识传播和人才培养，可以对社会主义经济建设、政治建设、文化建设和社会建设产生积极影响。加强高校校园文化建设是一个系统工程。

一是深入开展校风建设。要在充分挖掘学校历史传统宝贵资源的基础上，大力营造具有时代特征和学校特色的良好校园风气。

二是大力加强人文素质和科学精神教育。要扎实推进大学生全面素质发展，把人文素质和科学精神教育融入人才培养的全过程。开展综合性课程，不断提升大学生的人格、气质、修养等内在品质。

三是精心组织校园文化活动。充分利用"五四"青年节、"七一"建党纪念日、"十一"国庆节、"一二·九"运动纪念日等重大节庆日和纪念日，开展主题教育活动，唱响爱国主义、集体主义、社会主义主旋律。因事制宜，针对某一时段的新闻事件或历史事件，在全校范围内组织主题鲜明、有的放矢的大型活动，举办与时事热点相关的讲座或论坛。大力加强形势政策教育和主旋律教育，加强高校思想政治课的力量，采取灵活多样的政治理论学习方式，如知识竞赛、报告、座谈会等。邀请名人名家做主题讲演，用他们的人生经历和感悟、创业历程和成就，激励大学生立志成才，报效祖国。

四是积极开拓校园文化建设的新载体。要充分发挥网络等新型媒体在校园文化建设中的重要作用，建设好融思想性、知识性、趣味性、服务性于一体的校园网站。要充分发挥大学生社团在校园文化建设中的重要作用，大力扶持理论学习型社团，鼓励学术科技型社团，正确引导兴趣爱好型社团，积极倡导社会公益型社团。充分发挥马克思主义理论研究会等社团的作用，形成学习中实践、实践中学习的主动局面，进一步加强大学生思想政治教育。

（四）社会实践工程

社会实践是高校思想政治教育的重要环节。要坚持政治理论教育与社会实践相结合，既搞好课堂教育，又注重引导大学生深入社会、了解社会、服务社会。社会实践活动有助于帮助大学生树立正确的世界观、人生观和价值观，有助于大学生增强社会责任感，有助于大学生巩固专业思想，提高综合素质。

一是要进一步完善社会实践活动的长效机制，为大学生参与社会实践活动创造有利条件，形成"领导关心重视、学生踊跃参与、形式丰富多彩、推动德育发展"的良性机制，组织开展更多的实践活动让广大同学参与其中。

二是要将社会实践活动纳入高校思想政治理论课的教学环节或学生德育学分，作为重要指标纳入考评体系，与学生评奖评优、入党和班级综合考评等挂钩，不断提高大学生的思想道德素质和综合能力。

三是要积极创建高校社会实践活动基地，加强项目建设。做到细分专业，一个院系一个基地，一个专业一个项目，将实践基地拓展为高校思想政治教育基地，最大限度地发挥社会实践活动基地的实践教育和德育两大功能。

四是要引导大学生开展自主性的社会实践活动，从制度上和经费上给予支持，把社会实践建设成大学生自我教育、自我管理、自我服务的主渠道。

五是要不断创新内容、形式和载体，除了开展以教学实践、专业实习为主要内容的实践教学以及军政训练等社会实践活动，还要广辟渠道，引导大学生深入开展社会调查、生产劳动、志愿服务、科技发明、勤工助学、"红色之旅"学习参观等内涵丰富的社会实践活动。同时，针对不同层次的大学生设计不同的社会实践内容，如开展博士生挂职锻炼、研究生"三助"工作等，推陈出新，使更多大学生通过社会实践受益。

（五）优秀群体评比工程

在深入开展高校思想政治教育工作过程中，评优评奖工作既是一项必不可少的任务，也是一项十分有意义的激励机制，能够鼓励先进、带动后进，达到共同进步、实现双赢的良好效果，对于高校总结思想政治教育工作经验、教师不断完善工作作风与内容、大学生自我评价都起着重要作用。所以，建立一个全面而良好的评优评先机制对于形成良好的教学秩序，营造一种朝气蓬勃、不甘落后的思想风貌起着举足轻重的作用。

一是针对高校，由上级部门根据各高校思想政治教育工作的实践情况，评出先进学校，推动高校之间教育经验交流，建立"高校思想政治教育工作"联盟，相互借鉴，进一步深入开展大学生思想政治教育工作。同时，应开展"高等学校思想政治工作优秀科研成果"评比活动，实现大学生思想政治教育工作的科研创新与实践创新。

二是针对教职员工，应建立专项评先选优奖励制度，定期评比、表彰思想政治教育工作的先进集体和优秀个人，树立标杆，宣传、推广先进典型。为进一步加强思想政治教育队伍建设，评选出"优秀思想政治教师"，可以开展"优秀辅导员""优秀政工干部""师德标兵"评选活动，开展优秀高校思想政治理论课教师评选和高校思想政治理论课教学比赛活动。同时，为进一步融洽师生关系，加大教风学风建设的激励力度和广度，工会和团学组织还可以广泛发动学生开展"我心目中的好教师"等群众性评教活动。

三是针对大学生，要建立健全优秀学生的评选与表彰制度。首先，确立评优层面的包容性与代表性，如评选"优秀学生""优秀学生干部""优秀班集体""优秀学生党支部""优秀社团""优秀网站"等先进典型，公开表彰、大力奖励、深入宣传，使优秀的典型人物、群体成为大家学习的榜样，促进学生个人与集体全面发展，促进学生党支部的深入发展，促进学生社团的蓬勃发展，促进校园网络的健康发展；其次，以促进大学生综合素质发展为目标，坚持以德和智为评价轴心，配套考虑其他单项奖；最后，在制度实施上，强调由大学生自定个人目标计划、自主申报，对照目标计划考核评定。

（六）困难学生帮扶工程

应把解决大学生的实际困难作为大学生思想政治教育的重要内容，认真做好以国家助学贷款为主，奖学金、助学金、勤工助学与减免学费并举的贫困生资助工作，对贫困生实施"经济解困"，为多渠道解决贫困生问题，建立好困难学生帮扶工程。

抓好困难学生帮扶工程，要从以下几项工作展开：一是积极做好国家助学贷款借贷工作。二是认真做好贫困生助学金的评定和发放工作。三是加大勤工助学工作力度，积极拓展校内勤工助学岗位。通过拓展勤工助学渠道，联系校内行政管理部门和各系部，增设勤工助学岗位等途径来帮助贫困学生解决实际问题在校内党政机关部门、图书馆、院系、膳食管理中心、教学楼等部门设置固定岗位。四是积极争取社会力量的援助。五是坚持精神扶助和经济补助相结合的原则，加强贫困生思想教育，帮助引导学生树立不怕困难、顽强拼搏、自强自立、艰苦奋斗的精神。通过了解贫困生生活状况，找贫困生单独谈话，教育他们正确对待暂时困难，在生活中自强自立。六是完善困难学生确认机制，要让资助落实到真正有困难的学生身上。针对贫困生身份确认难现象，可以避免自主申请、张榜公示等硬性手段，采取多元化柔性措施，解决困难学生出于自卑心理不愿当贫困生、不困难学生争当贫困生难题。

在重视对学生的"心理资助"的工作中，重点要帮助困难学生从"受助"向"助人"转变，消除他们因贫困而产生的自卑情绪，做到自强自立。比如，为新入学的贫困生开通"绿色通道"，设立心理健康服务站，解除新生因家庭经济等问题产生的心理负担和失落感，以优秀毕业生的事例鼓励他们，并帮助他们制定"绿色成长方案"，了解学校的特殊政策和规章制度，规划大学生活，帮助他们依靠减免学费、国家助学金解决经济问题。针对大学二年级以上的学生则鼓励他们自立，主要依靠勤工助学完成学业，促进学生思想和能力素质的提高。另外，各高校还应充分发挥学生社团的作用，吸收家庭经济困难学生参加义务志愿活动。引导由家庭经济困难学生组成"自强社"或"互助社"，培养他们自强自立、自助助人，让他们在精神上逐渐富有，不再自卑。

（七）心理素质教育工程

当代大学生年龄一般处于18—24岁，他们生理上已经成熟，正处于一生中心理发展变化最为激烈的阶段。他们的心理活动正逐渐走向成熟，是世界观、人生观、价值观形成的重要时期。面对较重的学习压力、竞争压力和就业压力，面对复杂的社会环境，心理承受能力相对较弱的大学生不但需要耐心的思想政治工作，同时需要正确的心理指导和心理健康教育。探索新途径和新方法，开展大学生心理素质教育工程是新时期思想政治教育工作面临的一项亟待解决的重要课题和紧迫任务。应全面启动大学生心理素质教育工程。

一是广泛开展各种形式的心理健康教育活动，不仅要把学生心理素质的培养教育渗透于课堂学科教学的全过程，也要体现在课外各项教育活动中。健全学生党团组织生活，严格组织纪律，增强学生凝聚力，始终保持学生积极向上的心理态势；组织学生积极参加内容丰富的社团活动，更好地培养学生的现代意识、竞争意识；通过军训磨炼大学生的意志，培养他们的艰苦奋斗意识和承受挫折能力；通过开展社会实践活动和精神文明创建活动，让他们更好地认识社会、了解国情，并在参加这些活动中通过展示自我，从而树立起自信心和意志力。

二是建立由辅导员、院系、学生处、校医院、专业卫生机构组成的心理健康"快速反应通道"，做好大学生心理疾病的安全防范工作并及时处理因心理障碍引发的各种意外事件。

三是设立心理咨询室，坚持定期接待，帮助学生缓解、疏导、调适在学习、人际交往、就业压力等方面存在的心理问题。

四是做好心理健康状况普测工作，利用暑假进行数据分析统计，建立大学生心理档案库。

要通过大学生心理素质教育工程有效地缓解大学生的学习压力、经济压力和就业压力，有效地帮助大学生适应环境和调适考前心理、毕业生就业心理、贫困生心态、青春期心理，有效地指导他们正确面对挫折、进行人际交往等问题，帮助他们建立健康积极的心理。

（八）就业辅导工程

就业压力是当今时代的一个重要特征，尤其在择业比较集中的地区。作为大学生、研究生择业集中的党政机关、科研单位、三资企业、大专院校等，已经逐渐出现"千军万马过独木桥"的严峻局面。针对大学生的就业辅导工程，将是大学生思想政治教育中十分重要的一环。在具体抓好就业辅导工程时，可从以下四个方面入手。

一是高校要对大学生进行职业发展教育，从新生入校就开展职业发展指导课，以此作为学生人生指导的一个重要组成部分，贯穿于大学教育的全过程，使他们树立健康人才观的同时，尽早确定个人的择业观。设立专门的职业发展教育协调和指导机构，发展一批具有专业化水平的职业发展专业教师。通过开展"就业指导讲座""职业生涯设计""求职模拟面试""就业心理咨询"等活动为大学生提供辅导，制订学生生涯发展计划和培训方案，提高毕业生就业竞争力。

二是要开展对大学生职业发展和就业状况的调研，把握社会的人才需求、企业的发展动态其至科学技术前沿的发展趋势。及时反馈这些信息，有助于学校教育培养模式和教学内容的改进，有助于学校招生计划的合理安排，为学校的专业和学科结构的调整提供一定依据。

三是建立人才就业基地，开设网上就业平台，有效地整合社会资源，是搞好大学生生涯发展辅导的重要突破口。学校有关职能部门通过为毕业生搭建多方参与的就业服务平台、举办校园专场招聘会、动员专业教师推荐毕业生就业、充分倡导毕业生在就业过程中的互助作用等形式帮助学生就业。

四是学校开展优秀毕业生评选和毕业生毕业鉴定工作时，注意向品学兼优的家庭经济困难学生倾斜，树立毕业生先进典型，发挥榜样同化育人功能，积极做好对经济困难毕业生就业的推荐工作，可以通过积极采取路费补助、提供招聘会免费入场券等有效措施，给予就业困难大学生群体更多的注意和关爱。

第二节　把握思想政治理论课立德树人的主渠道

思想政治理论课是大学生了解思想道德知识的重要方式，对于高校开展立德树人教育有着重要意义。高校思想政治教育工作者应正确认识和把握思想政治理论课的内涵、地位与作用，不断提升思想政治理论课的教学实效，充分满足学生需求，促进学生发展。

一、思想政治理论课的内涵

思想政治理论课是高校大学生必修的公共课程之一，其主要任务在于引导大学生了解思想政治教育知识并将其运用于思想政治教育实践之中，从而提高大学生的思想道德水平。思想政治理论课承担着对大学生进行系统的马克思主义理论教育的任务，是巩固马克思主义在高校意识形态领域指导地位、坚持社会主义办学方向的重要阵地，是全面贯彻党的教育方针、落实立德树人根本任务的主干渠道和核心课程，是加强和改进高校思想政治工作、实现高等教育内涵式发展的灵魂课程。

（一）思想政治理论课是学科课程

学科课程是指以某一学科的知识为主要内容而展开教学活动的课程。思想政治理论课以思想政治学科的知识为主要内容展开教学活动，因此，可将思想政治理论课视为一门学科课程。

学科课程的内容选择以学术发展需求为标准，因此在思想政治理论课的设计过程中，教育工作者应首先明确当前大学生的思想政治素质发展情况及其对思想政治知识的掌握情况，然后有针对性地调整课程内容，使学生能够接受优质的教育服务。此外，学科课程对于知识的完整性、科学性要求较高，这要求教育工作者向学生传授系统、完善的思想政治知识，使学生能够建立完善的思想政治知识体系，并能够将其运用于具体实践之中。对于高等院校而言，要建设好思想政治理论课，就必须重视马克思主义一级学科的建设，以此有针对性地开展思想政治教育研究，进一步明确思想政治教育理论课的地位。

（二）思想政治理论课程是德育课程

德育课程是指以传授思想道德知识、理论等为主要内容的，以提高学生思想道德认识、改善学生行为习惯为主要目标的课程。为更好地理解思想政治理论课是一种德育课程这一内涵，在此对思想政治理论课程的性质、教学目标和教学过程进行分析。

1.思想政治理论课程的性质

我国的思想政治理论课是能够反映社会主义意识形态要求的课程，对于新时代大学生的政治素质和道德素养培养具有重要影响。思想政治理论课除了传授思想道德知识，同时还引导学生了解社会主义意识形态，坚定社会主义意识形态，使大学生自觉成为社会主义事业的建设者和接班人。从性质上而言，我国的思想政治理论课在于培养社会主义事业的接班人，而其他国家的思想政治理论课程在于培养资本主义事业的接班人，二者存在本质区别。

2.思想政治理论课程的教学目标

思想政治理论课要求高校思想政治教育工作者对大学生进行马克思主义理论教育，即引导大学生了解马克思主义理论知识，引导大学生树立正确的价值观、道德观、人生观，将大学生培养成为中国特色社会主义的建设者和接班人。由此可见，思想政治理论课与德育课程的教学目标是基本一致的，因此我们可以将思想政治理论课看作是德育课程。

3.思想政治理论课程的教学过程

从高校课程的教学过程来看，思想政治理论课与其他专业课程大致相同。但不同的是，思想政治理论课以思想政治为主要学科，集思想政治教育和思想政治实践于一体。思想政治理论课的教学过程具体表现为高校思想政治教育工作者将自身对于思想政治理论的理解传授给学生，然后学生在学习后形成自身的观点，并将其运用于自身的具体实践的过程。可以说，思想政治理论课是对学生思想和精神的正确引导，对于提高学生的思想道德素质和改善学生的言谈举止有着重要作用。

（三）思想政治理论课程是公共必修课程

公共必修课程是指根据国家人才培育计划和目标，每个大学生必须学习的课程。思想政治理论课并不是某个学生或某个学校的专属课程，而是当代大学生必须学习的课程。高等院校不能任意增减思想政治理论课，必须遵守国家相关规定，严格按照国家要求设置。

（四）大学生思想政治理论课程是显性课程

显性课程是指纳入学校教学计划，有助于实现学校教学目标的课程。思想政治理论课是按国家规定开设的课程，不仅有专业的思想政治教师，有明确的教学目标和教学计划，还有固定的课程时间。此外，思想政治理论课教学是大学生了解思想政治知识、提高自身思想道德水平的主要方式，对于学生的未来发展具有重要意义。由此可以看出，思想政治理论课是一门显性课程。

（五）思想政治理论课是促进学生发展的中心课程

中心课程是指以促进学生身心发展为主要目标的课程。思想政治理论课对于提高学生的文化知识水平和思想道德水平具有重要意义，是促进学生德、智、体、美、劳全面发展的重要课程。大学阶段是人生发展的关键时期，大学生的世界观、人生观、价值观在此阶段仍处于培育发展期，而思想政治理论课有助于引导大学生树立正确的世界观、人生观、价值观，从而促进学生身心的健康发展。由此可以看出，思想政治理论课是以促进学生身心发展为主要目标的课程，对于学生成长成才具有重要意义，因此思想政治理论课是一门中心课程。

二、思想政治理论课在大学生思想政治教育中有重要地位和作用

（一）思想政治理论课的地位

1.思想政治教育是中国特色社会主义建设事业中的根本性工作

思想政治理论课的主要任务在于为大学生提供思想政治教育，引导大学生学习中国特色社会主义理论成果和践行中国特色社会主义理论，推动大学生成长成才。回顾改革开放的历史，我们可以明确的是，若没有科学的理论为人们提供正确的方向和精神的指引，我们将无法凝聚党和人民的集体力量，将难以取得今天的伟大成就。新时代我们必须继续坚持中国特色社会主义理论指导，用中国特色社会主义理论为大学生发展提供正确的方向，为大学生提供强有力的精神支撑。只有这样，才能有序开展高校人才培育工作，才能将高校大学生培育成为德才兼备的高素质人才，满足当前社会对于人才的需求，进一步推进中国特色社会主义建设。

2.思想政治理论课教学是培养中国特色社会主义的建设者和接班人的重要途径

大学生是我国重要的人才资源，在中国特色社会主义建设中发挥重要作用。思想政治理论课是高校人才培育工作的重要内容，开展思想政治理论教学有助于引导大学生树立正确的价值观念和理想信念，提高大学生思想道德水平和政治素质，使大学生自觉地参与社会主义建设之中，自觉承担起发展中国特色社会主义事业的重任。因此，思想政治理论课教学是培养中国特色社会主义的建设者和接班人的重要途径。

（二）思想政治理论课的作用

1.引导大学生思想政治教育发展

思想政治理论课能够引导大学生学习相关理论，逐步树立正确的价值观念和理想信念，促进大学生的社会实践参与，使理论辅助实践，促进实践发展。开展思想政治理论课教学，将理论知识传授于学生，学生以理论为指导开展社会实践，广泛的教学成果能够反馈于大学生思想政治教育本身，推动思想政治教育的发展。

2.促进大学生美育工作开展

大学生思维活跃，对新事物的接受能力较强，开展大学生思想政治理论教育有利于在多样、丰富的社会文化环境下适时地对学生进行科学的、正确的引导，确保大学生能够健康地成长成才。美育是培养学生发现美、创造美的能力的教育，对于大学生的未来发展有着重要意义。表面上看，美育与思想政治教育之间并没有直接性的关联，但事实上，美育与思想政治教育之间有着的密切联系。思想政治教育能够引导大学生正确地认识世界，密切关注身边的人或事物，这有助于大学生更好地发现身边美的人或事物，从而更好地创造美，进而实现一定的美育效果，促进大学生发展。

3.提高大学生政治素质

在思想政治理论课教学中，高校思想政治教育工作者致力于通过一定的教学手段提高学生的思想道德水平，并通过分析与讨论国际形势的方式培养大学生的政治素质，使大学生能够自觉地关注我国政治发展，为推动我国政治发展贡献自己的力量，提高大学生政治素质。

4.稳定社会经济发展

思想政治理论课的主要任务是为大学生提供思想政治教育。从表面上看，思想政治教育并不能直接作用于经济建设。但实际上，思想政治教育通过引导大学生树立正确的价值观念和理想信念，将大学生培养成德才兼备的高素质人才，从而满足社会对于人才的需求，间接作用于社会经济发展。

第三节 思想政治理论课建设途径

思想政治理论课教学对引导学生了解并践行社会主义核心价值观具有重要意义，高校必须自觉承担起思想政治理论课程建设工作的重任，尽可能地满足高校大学生的发展需求。

一、加强课程目标建设

课程目标是指课程在一定阶段上应达到的教学效果，它与整体教学课程内容、教学目标、教学方法的制定直接相关。思想政治理论课目标是指思想政治理论课对提高大学生思想道德水平应达到的预期效果。在思想政治理论课教学中，应以社会发展情况、学科建设情况、大学生的发展需求为依据，综合多方面因素开展思想政治理论课目标的建设工作。

"立德树人"对大学生的道德标准进行了多方面的要求，这就构成了高校思想政治教育理论课目标的一部分。因此，以"立德树人"引领高校思想政治教育课程的教学目标就是把"立德树人"的内容融入到高校思想政治理论课的目标建设中去。我国高校思想政治理论课的目标应从过去的"知识中心课程观"向"社会中心课程观"转变，并在其中注意个人的重要地位。对此，"立德树人"要求思想政治理论课应以以人为本为指导，关注当代中国大学生核心价值观方面的目标；设定人与自然关系核心价值观方面的课程目标，引导大学生正确处理人与自然之间的关系；设定审美价值观方面的课程目标，引导大学生提高审美素质；设定人与世界关系核心价值观方面的课程目标，引导大学生关爱全人类的共同利益，自觉维护世界和平。

二、以社会主义核心价值观培育为中心加强课程内容建设

课程内容是指某一课程要求学生学习的知识。而思想政治理论课内容是指思想政治理论课要求大学生学习的思想政治理论知识，是综合了直接经验与间接经验的知识体系。其中，直接经验是指大学生在具体实践过程中获取的思想政治理论方面的知识，而间接经验是指大学生通过教材获取的思想政治理论知识。应当明确的是，直接经验与间接经验都是思想政治理论课内容的重要组成部分，二者缺一不可。

对于高校思想政治教育工作者而言，思想政治理论课内容与教师的教学活动密切相关，因此高校思想政治教育工作者应当加大对思想政治理论课内容的重视，通过对思想政治理论课的深入研究来选择相应的教学方法、教学手段以及其他辅助工具。

思想政治理论课对于提高大学生的思想道德水平和政治素养意义重大，国内各高校的思想政治理论课教学内容主要由国家进行统一设定，这充分展现我国对于思想政治理论课和大学生成长成才的重视。在大学生思想政治理论课教学过程中，高校思想政治教育工作者应遵循立德树人的育人要求，尊重不同学生的个体差异，适当调整课程内容，以充分满足不同学生的发展需求，促进学生全面发展。

按照立德树人的要求，思想政治理论课的核心内容至少应包括以下四个方面。

其一，马克思主义的基本原理。高校立德树人工作要求教师引导学生学习马克思主义理论和思想，引导学生用具体行动践行马克思主义理论和思想，将马克思主义的基本原理作为思想政治理论课的重要内容。在思想政治理论课教学过程中，高校思想政治教育工作者应对马克思主义的基本原理进行深入解读，使得马克思主义的基本原理能够引导学生更好地认识社会和改造社会，充分发挥大学生的创造能力和创新思维。

其二，中国特色社会主义共同理想。中国特色社会主义共同理想是社会主义核心价值体系的基本内容，对于培养大学生的使命感和责任感具有重要意义，应将中国特色社会主义共同理想作为思想政治理论课的重要内容。在思想政治理论课教学中，高校思想政治教育工作者应对中国特色社会主义共同理想进行深入解读，使学生明确中国特色社会主义共同理想的重要性，

从而自觉地承担起实现中国特色社会主义共同理想的责任，用自身力量推动中国特色社会主义共同理想的实现。

其三，以爱国主义为核心的民族精神和以改革创新为核心的时代精神。以爱国主义为核心的民族精神对团结人民群众力量具有重要意义，以改革创新为核心的时代精神对于鼓舞人民群众持续奋斗具有重要意义。新时代应当将民族精神和时代精神作为思想政治理论课的重要内容，结合不同民族相关的内容以及时代发展事迹，将其统一于中华民族大团结的主体精神之下。

其四，社会主义核心价值观。社会主义核心价值观是社会主义核心价值体系的集中体现和高度凝练，对于实现人的全面发展和促进社会文明进步具有重要意义。因此，我们应当将社会主义核心价值观作为思想政治理论课的重要内容。在思想政治理论课的教学过程中，高校思想政治教育工作者应分别从国家层面、社会层面和公民层面对社会主义核心价值观加以详细阐述，引导学生以正确、科学的方式开展社会实践活动，促进学生全面发展。

三、以"立德树人"为引领，提升思想政治理论课建设的实效性

（一）树立以人为本的思想政治理论课教学观念

观念驱动行动，要提高思想政治理论课教学的实效性，首先必须调整高校领导和高校思想政治教育工作者的教学观念。在具体实施过程中，应做好以下两方面工作。

首先，转变高校领导对于思想政治理论课的固有观念。在国内大多数高校中，高校领导在观念上都侧重于主要专业学科的建设，而忽视对思想政治理论课的建设。事实上，目前社会各行业对人才思想道德水平的要求越来越高，没有职业道德和信用的人再有才能也无法受到行业的认同。因此，高校领导必须转变自身对于思想政治理论课的固有观念，逐步加大对思想政治理论课程的重视，投入更多的教育资源于思想政治理论课的建设之中，提高大学生文化知识水平和思想道德水平，将大学生培养成为德才兼备的人才。

其次，转变高校思想政治教育工作者在教学过程中的固有观念。在过去，高校思想政治教育工作者将更多的精力投入教学内容和教学方法研究中，忽视学生的个人感受，导致学生的学习积极性不高。事实上，高校思想政治教育工作者应当充分考虑学生的发展需求，树立以学生为主的观念，针对学生的实际情况来设计教学内容，这样才能真正地促进学生成长。

（二）培养学生良好的学习兴趣和心理状态

开展思想政治理论课教学的主要目的在于提高学生思想道德水平和政治素质，促进学生成长，因此高校思想政治教育工作者应当以学生为中心来开展教学活动，这客观上要求高校思想政治教育工作者必须培养学生的学习兴趣，如果学生对思想政治理论课程不感兴趣，那么将无法针对学生来制定教学内容，也无法正常开展思想政治理论课的教学。

要培养大学生的学习兴趣，首先必须明确大学生对什么感兴趣，用学生感兴趣的事物来吸引学生的注意力，使其逐渐适应思想政治理论课的内容，然后循序渐进地进行引导，使学生形成对思想政治理论课的兴趣。与此同时，高校思想政治教育工作者还应满足学生的发展需求，使学生明确在思想政治理论课能够学到有用的知识，这些知识能够运用到具体实践之中，并促进自身全面发展。久而久之，学生将会认识到思想政治理论课的重要价值并积极地学习。

（三）提升高校思想政治教育工作者的素质

高校思想政治教育工作者是思想政治理论课教学内容的制定者、教学方法的实施者，其对于思想政治理论课教学活动的正常开展具有重要意义。因此，必须加大对高校思想政治教育工作者的重视，提高高校思想政治教育工作者的综合素质。

作为一名高校思想政治教育工作者，首先应当具有较高的文化知识水平、思想道德水平和政治素养，能够对学生起到示范作用。但是具备这些条件还不够，还应掌握科学有效的教学方法，这客观上要求高校思想政治教育工作者应当坚持与时俱进的原则，不断改进自身的教学方法以顺应时代的发展。只有这样，高校思想政治教育工作者才能更好地处理教学过程中的问题，更好地满足学生的发展需求。

在具体实施过程中，高校思想政治教育工作者应当密切关注学生的实际情况，深入学生内部，了解学生对于思想政治理论课的需求，从而有针对性地制定相应的教学内容，并选择合适的教学方法进行教学。当学生的需求得到满足时，他们对于思想政治理论课的态度会向更好的方向发展，积极主动地参与到思想政治理论课的教学活动中，为高校思想政治教育工作者提供有效的建议，从而进一步改善思想政治理论课的教学内容。另外，高校思想政治教育工作者还要积极进行创新和实践，通过创新和实践的方式来改善学生对于思想政治理论课的固有观念，使学生明确思想政治理论知识具有实践意义，从而将思想政治理论知识运用到具体实践之中。

（四）进一步提高思想政治理论课教材质量

思想政治理论课教材是指能够反映思想政治理论内容的教学用书，为教师和学生提供了重要的教学资源。一般认为，教材质量与教学质量密切相关，即教材质量越高越有助于保证教学质量，而教材质量越低越无法保证教学质量。从我国高校的实际情况来看，思想政治理论课教材的质量仍有待提高，这客观上要求高校加强与教育部门、思想政治理论课管理部门之间的沟通，引导高校学者参与到思想政治理论课教材的编写之中，从而更好地提高思想政治理论课教材的质量。

在当前的思想政治理论课教学过程中，一些高校思想政治教育工作者认为固定的思想政治理论课教材不利于吸引学生的学习兴趣，无法充分满足不同学科学生的发展需求。换言之，在思想政治理论课教材建设的过程中，不仅要坚持马克思主义理论和思想，还要充分考虑学生的实际需求，重视提高学生思想道德水平和政治素质，以便于更好地推动学生实现全面发展。

（五）加强思想政治理论课教学实践环节

社会实践是思想政治理论课的重要内容，有助于提高大学生的动手实践能力，加深大学生对于思想政治理论知识的理解与运用，从而更好地提高大学生的思想道德水平和政治素质。因此，高校必须加大对教学实践的重视，进而增强思想政治理论课教学的实效性。目前来看，高校思想政治教育工作者可以通过多种不同的方式来开展教学实践活动，例如，社会调查、社会实践、志愿服务等。这些教学实践活动都有助于引导大学生将所学的理论知识运用于具体实践之中，从而加深对马克思主义理论、马克思主义中国化的理论成果的理解。

在具体实施过程中，高校思想政治教育工作者必须充分结合课程目标和学生的需求，避免因盲目开展社会实践活动而影响思想政治理论课的教学效果。与此同时，教学实践活动有助于补充和完善课堂教学，高校思想政治教育工作者应尽可能地使教学实践活动与课程教学无缝衔接，保证大学生能够及时地检验和运用自身所学知识。

（六）建立科学的思想政治理论课考核评价体系

在思想政治理论课的教学过程中，考核评价是必不可少的环节，它不仅有助于检验教师的教学质量，还可以检查学生的学习情况，对于提高思想政治理论课教学质量具有重要意义。在制定和完善思想政治理论课教学评价体系的过程中，高校思想政治教育工作者必须坚持以教学目标为中心，综合考查学生对于知识的理解程度、学生的考试成绩、学生对于教师的评价和教师的自我评价，从而有针对性地调整思想政治理论课的教学内容，进一步提高思想政治理论课的教学质量，提高学生的思想道德水平和政治素质。

应当明确的是，考核评价的对象应同时包括教师和学生，不仅仅是教师评价学生，还要引导学生去评价教师，充分发挥学生的主观能动性。只有这样，才能更好地发现当前思想政治理论课教学的不足之处，并及时加以改进，为学生提供优质的思想政治教育，从而促进学生身心的健康发展。

第四节 拓宽大学生思想政治教育的渠道

一、营造良好的高校校园文化氛围

校园文化是大学生思想政治教育的重要途径之一，良好的校园文化氛围不仅有利于培养学生的思想道德修养与意志品格，还能够引导学生树立远大理想，提升其思想政治素质。

（一）校园文化的科学内涵及价值

1. 校园文化的科学内涵

校园文化以学生为主体，以课外文化活动为主要内容，是课堂以外的所有与教师和学生相关的教育活动。校园文化是社会整体文化的一部分，充分反映了校园的精神文化内涵，对师生教学与发展产生极大影响。

校园文化以校园为主要空间，以院校领导、教职工为建设者，以育人为主要导向。校园文化的内容形式丰富，具体包括了以青年学生为代表的文化观念及有所规范的学生特有的思维特征、行为特征和方式。学生课余生活中一切以群体形式出现的文化活动，如诗社、棋牌俱乐部、书社、文学社等社团活动，是一种群体文化。从形式上看，大学校园文化主要分为物质文化、制度文化、精神文化、环境文化、行为文化。

（1）校园物质文化

校园物质文化也称为"实体文化"，即学校的各种物质设施，如校园的整体布局、楼栋建设、建筑风格、标志景点等。物质设施是学校师资力量和生命力的具体表现。

（2）校园制度文化

校园制度是指以学校教学工作体系科学运转为目标而构建的一套管理制度和规范措施，涵盖院校的如管理体制、组织机构、行为规范、规章制度、传统习惯、领导风格、师生关系等内容，是校园文化形态的集中展示。

（3）校园精神文化

精神文化是校园文化的核心和灵魂，它积累、形成于学校及师生群体长期依赖的教学实践活动，是学校办学思想、理念的集中体现，也是师生追求的价值目标。具体来说，校园精神文化涵盖道德观念、价值观念、审美观念、心理情感、思维方式、学术风气、治学风格、校园传统作风等。

2. 校园文化的价值

（1）促使教育者反思教育生活，形成文化自觉

校园文化是学校发展的灵魂，是师生面貌、学校形象、学校文明程度的重要体现。校园文化源自实践且服务于教育实践，其对教育活动起到潜在引导作用，能够不断地促使教育者反思自己的教育生活和教育理念，自觉思考教育的文化意蕴。

校园文化的价值在于促进思想良性转变，可以将文化看成是一个动词，即文化具有推动转变的功能。教育和文化具有相同的性质，学校既是学生接受教育的场所，也是教师传递文化和创造文化的场所。实践发现，许多学校的教育意义并不深刻，其校园文化的氛围非常淡薄，整体表现为教师为了工资而教，学生为了升学和工作（金钱）而学，功利性强，没有体现深刻的文化自觉，未能深层挖掘和反省教与学的内在含义与价值功能，学校失去了"文化"传承的意义。

学校是文化的集中地，校园文化不应当只是一句空洞的口号、僵硬的文字，教师和学生都应当思考"什么是学校""什么是教育""我在学校中的位置""我能够使学生获得什么""我能培养出什么样的人才"，等等，只有在教育过程中不断反思，才能感悟出教育的真谛。

（2）维护学校成员的成就感和归属感

校园文化在大学教育中发挥重要作用，它能够激发青年学生内心的激情以及对人格和高尚道德的追求。校园文化是使学校文化成为一个具有理论地位的专业术语，能够使学校文化从实践中的自发状态上升为具有理论高度的应然状态，进而在实践中变为自觉状态。

从实际意义上看，校园文化就是学校理想与追求的表达，是学校全体职工和学生的核心意愿，当这种意愿成为学校全体职工和学生的一种自觉认识后，就会形成一种强大的精神力量维系学校所有成员，使所有人能够集中力量为理想而工作和学习，进而实现自我价值，这种积极效应呈现辐射效果，在校园中形成一种无形的"网"，维护着学校成员的成就感与归属感。

（二）校园文化在大学生思想政治教育中有重要的作用

1.校园文化是大学生思想政治教育的"催化剂"

校园文化是校园范围内积极向上的正能量文化，是社会主义先进文化的重要组成部分。我国拥有丰富的文化瑰宝，高校应积极吸纳我国优秀传统文化中"和谐"思想的内核，为社会主义先进文化的建设承担起跨时代的责任，对大学生的学习、生活、人际交往起到重要引导和协调作用，如同学之间竞争、合作关系的协调，个人心理压力的调整，个人消费差异带来的贫富现象等，都需要有一个引导性的精神理念——校园文化，来指引人们应对和解决这些问题和困境，由此促进思想政治教育的影响和渗透。

2.校园文化有利于引导大学生发挥主体作用

对于正处于青年阶段的大学生来说，虽然其世界观、人生观、价值观都已经有了一个基本的形态，但是由于没有丰富的社会经历和经验，其价值观方面的取向和判断还不能算是真正的成熟，一切外界因素都有可能对他们造成干扰，由此导致认知和行为上的偏差。但是如果能够在校园内受到良好的校园文化的熏陶，大学生将会更加坚定自己的人生追求，做出正确的人生抉择，自信乐观，以饱满的热情投入学习和生活实践，正确认知思想政治教育的意义和功能。在思想政治教育中积极参与、主动投入，充分发挥自己的主体作用，提高学习效率，不断完善和发展自我。

3.校园文化提升思想政治教育的创造力

大学校园是人才培养的重要聚集地，是新旧知识、新旧思想、新旧文化的碰撞地、策源地，是一个思想活跃且极富创造力的地方。校园文化中的一切教育活动，诸如，社团活动、科研活动、文化节、思想政治教育主题作文比赛等实践活动都能碰撞出更多的文化内容，凝结成更加丰富多元的思想政治教育元素，提升思想政治教育的创造力，推动思想政治教育的发展与改革。

（三）校园文化建设的主要路径

1.坚持校园文化主旋律建设

校园文化以积极向上、健康的正能量文化为主旋律，使校园师生能够获得知识、陶冶情操、健康成长，重视校园文化建设是新时代大学生思想道德素质和科学文化素质培养的必然要求，是社会建设和精神文明建设的重要组成部分。校园文化对校园的整体发展、教师的职业发展、学生的人生发展具有重要引导作用，关系到国家发展未来。因此，校园文化建设必须有坚实的精神基础、高端的思想起点、聚力的发展导向，必须坚定校园文化建设的风向标，坚持校园文化的主旋律建设。校园文化的主旋律建设必须坚持科学理念的指导，应确保校园范围内及相关性校外活动在思想主题上保持积极向上且富有正能量，能够使校园文化的主体思想观念得到提升，对学生形成正确的舆论引导作用，弘扬时代精神，以优秀的文化塑造人、激励人，充实校园文化内涵。

2.开展多样性的校园文化活动

校园文化内容具有高度的知识性、学术性和科学性，它使校园充满生机与活力，对学生成长发展起到正面影响。校园文化活动内容丰富，其活动形式主要体现在以下三个层面。

（1）在理论认知层面

校园文化活动始终坚持马克思主义的指导地位，始终牢记中国特色社会主义共同理想的主题，以实践社会主义荣辱观为基础，以爱国、创新精神为内容，在校园内开展丰富多样的知识竞赛活动，包括辩论、学习报告会等。校园文化始终坚持从理论认知层面改造学生的精神文化面貌，扩大社会主义意识形态的吸引力、感染力、影响力，坚持引导广大师生坚定马克思主义的指导地位，始终坚定中国特色社会主义道路的理想信念，致力于社会主义核心价值体系建设。

（2）在情感认同层面

校园文化从情感认同层面渗透，开展以红色或革命内容为主题的"五月红歌会""红色歌曲大赛""经典喜剧展映""党在我心中演讲比赛"等活文化活动，致力于将社会主义核心价值体系的精神内涵融入校园文体活动中，实现对学生身心发展的正面影响。

（3）在实践践行层面

校园文化活动以社会公德、职业道德、家庭美德、个人品德培养为导向，通过开展志愿服务、参观学习、社会调查、咨询服务、社会劳动等社会实践，引导学生的思想道德发展，引导广大师生爱国守法、明礼诚信、团结友爱、勤俭自强、敬业奉献，树立正确的社会荣辱观，构建立足校园、服务社会的校园文化辐射体系。

3. 加强环境建设

校园文化环境建设主要是指自然环境建设与人文环境建设。

（1）重视校园自然环境建设

校园自然环境具体表现为学校教学楼的建筑风格、校内绿植的美化程度、自然风景特色、环境整洁水平、设备的现代化层次等，是学校校容校貌的整体建设。学校应通过良好的校容校貌激励学生快乐学习、主动学习，另一方面培养大学生的审美情趣，增强大学生的辨别美的能力。

（2）注重校园人文环境建设

校园人文环境建设是一种精神文明建设，学校应强调通过学校校史、板报、宣传窗、校训标志、电子标语等方面的建设向师生传播正面文化，引导优秀文化发展，实现对学生思想政治教育的正面影响。

二、构建"课程思政"协同教育体系

（一）高校"课程思政"的基本内涵

"课程思政"是一种区别于一般思想政治教育活动的教育理念，它并不是在原有的课程体系中增添新的课程，而是要求调动大学各专业课程力量，使专业课教师加强对现有学科的研究，并从中挖掘有关思想政治教育的内容，在遵循学生身心发展规律的基础上将思想政治教育融入专业课程教学之中，实现专业课教师与思想政治教师的教育协同，从而提高高校立德树人的实效性。

（二）高校"课程思政"建设的原则

1. 德育为先原则

高等院校是培育高素质人才的重要场所，这客观上要求高校必须重视大学生的德育工作，提高大学生的思想道德水平，以使其更好地适应社会发展的需求，实现自我价值和社会价值。以立德树人为教育的根本任务，这要求各大高校加强大学生的思想政治教育，做好立德树人工作，进而为社会培育出具有高文化知识水平和高思想道德水平的人才。因此，在高校"课程思政"的建设过程中，必须坚持德育为先的原则，引导高校教师将德育工作作为教育工作中的重点，通过专业课程的教学活动开展思想政治教育，高标准达成立德树人的任务。在贯彻德育为先原则的过程中，高校教师不能人为地将德育与智育割裂开来，而要将德育与智育结合起来，促进学生文化知识水平和思想道德水平的同步提升。

高校在大学生培育过程中着重加强学生的思想政治教育，即不仅要在高校思想政治理论课上开展思想政治教育，还要将思想政治教育融入其他专业课中。因此，在高校"课程思政"建设的过程中，高校教师应当坚持德育工作的首要地位，从专业课程中挖掘与思想政治相关的内容，保证学生在接受专业课程教学的同时，也能够接受思想政治教育。大学生主要通过课程教学、教材等载体和途径学习相关的内容，因此教师在课程教学中的引导极为重要。而坚持德育为先原则，高校教师能够自觉地将德育工作作为课程教学的首位，充分运用课程教学对学生进行思想政治教育。如果长期坚持德育为先原则，学生的思想观念和价值取向就会朝着正确的方向发展，这对于学生今后步入社会和生存发展具有重要意义。

要注意，坚持德育为先原则并不等同于只对学生进行德育，而是用德育工作统领其他方面教育，以促进学生智育、体育、美育、劳育共同发展。在新时代，高校的人才培育目标是培育德智体美劳全面发展的高素质人才，因此必须要在"课程思政"建设过程中坚持德育为先的原则，扎实推进立德树人工作。

2. 以人为本原则

以人为主原则是指坚持以学生为主体，根据学生的实际情况开展教育工作，以促进学生发展。学生的发展需求与教学活动的内容密切相关，如果忽视学生的发展需求，那么教学活动就是无意义的活动。高校开展"课程思政"的目的在于推进立德树人工作，为国家培育具有高文化知识水平和高思想道德水平的高素质人才，因此必须要坚持以人为本的原则，从学生现阶段的发展需求出发，开展德育工作和其他方面的教育工作，从而促进学生全面发展。以人为本的原则要求高校教师以学生为主体制定相应的课程教学和德育工作计划，围绕学生开展教学活动，这样做有助于调动学生的学习积极性，使其自觉地参与到教学活动和德育工作之中，从而树立并践行正确的价值观念，实现身心健康发展。高校教师必须以学生为主体，关注学生在精神、身体、个性等方面的发展需求，为学生提供良好的发展环境。高校应为学生制定最符合学生发展需求的教育内容，尽可能地满足学生的多方面发展需求，从而有针对性地提高学生的文化知识水平和思想道德水平，促进学生全面发展。

3. 特色发展原则

我国高校数量众多，不同高校有着不同的办学特色、文化特色、校园氛围，这意味着各高校不能盲目照搬其他高校的"课程思政"建设成果，而应当根据自身实际情况选择适宜的"课程思政"建设方案，即遵循特色发展原则，在"课程思政"中充分展现本校特色。院校的所在地与当地特色文化息息相关，可以运用各自不同的文化开展思想政治教育。尤其在革命根据地，高校教师可以通过组织学生参观革命纪念馆、学习革命先烈精神等方式加深学生对思想政治教育内容的理解；开展社会实践、讲座学习等活动，挖掘地方特色文化中的思想政治教育内容，深化对思想政治教育内容的认识。

特色发展原则要求各高校根据自身办学特色具体开展"课程思政"建设，而不是模仿其他高校的"课程思政"，最大程度地体现自身特色，满足本校学生的身心发展需求。如华东政法大学的"法治中国"课程、中医大"人体解剖学"课程，这些专业课程都充分展现本校特色且融入了一定的思想政治教育内容，充分发挥了思想政治教育作用，实现了思想政治教育功能。

在"课程课程"中，高校各学院应当首先对本学院的课程进行深入分析，了解不同课程的内容及其教学方式，明确本学院课程的特色，然后再探究思想政治教育如何与课程教学相结合，并为各个教师提供相应的范例，从而有效引导教师将思想政治教育内容融入课程教学之中，使思想政治教育内容能够自然地渗透到课程教学中，实现思想政治教育目标。

（三）构建"课程思政"的路径

1. 顶层设计，多措并举

（1）校党委重视

开展"课程思政"建设必须制定具体的行动方案，而校党委作为党的路线的宣传者与执行者，应当负担起"课程思政"建设重责，全面引导高校教师的"课程思政"工作。对此，校党委要发挥好领导作用，为高校教师提供正确的方向引导，使高校思想政治教育工作发展方向与党所制定的教育方向保持一致，以实际行动具体落实党的教育目标，提升人才培育质量，为中国特色社会主义建设培育出优秀的建设者和接班人。

在"课程思政"建设过程中，校党委应引导高校教师认识到在专业课程中融入思想政治教育内容的重要性，使高校教师能够有意识地建设"课程思政"的课程，并配合思想政治课程的开展，形成教育协同，践行立德树人的育人目标。此外，校党委还应与其他高校的党委进行深入交流，了解和发现自身"课程思政"建设过程中的不足之处，汲取优秀经验，提高高校思想政治教育工作的实效性。

（2）宣传部引领

高校宣传部是高校意识形态领域的主管部门，在校党委的领导下开展思想政治教育工作。高校宣传部与党中央的思想保持高度一致，致力于向高校全体师生宣传党中央思想，并引导高校教师将党中央的思想落到实处。因此，高校在开展"课程思政"建设的过程中，宣传部必须要充分发挥自身的引领作用，引导高校教师做好"课程思政"的建设工作。

高校宣传部门应向师生群体正确宣传和普及"课程思政"知识，使其了解功能价值和教育理念，提升师生群体对"课程思政"的认同感。要推动高校"课程思政"建设，就应当重视高校宣传部门的引领作用，以便于使高校教师更好地了解并践行"课程思政"教育理念，使高校大学生更好地接受"课程思政"教育理念。在具体的宣传过程中，高校宣传部要多角度、多途径地对"课程思政"教育理念进行宣传，营造良好的校园文化环境，进一步引导高校教师将"课程思政"教育理念落到实处。

（3）教务处落实

高校教务处应根据"课程思政"教育理念进行相关课题研究，用课题引导教师的"课程思政"建设工作。不同学科相对应的教学内容、教学方式等不同，因此教务处应根据不同学科的育人目标和特点进行"课程思政"的具体课题研究，了解在教学过程中可能会出现的情况，并对这些情况进行分析与研究。与此同时，教务处在课题研究中还要积极吸纳专业教师意见，在提升课题研究科学性、指导性的同时，积极调动教师积极性，进一步增强教师对"课程思政"的认同感，共同努力将课题研究成果具体落实到"课程思政"教学实践活动中去。

在课题研究的过程中，高校各教研室以学科为分类进行团体合作，各教研室根据自身的研究条件和研究能力进行合理分工，共同推进课题研究工作开展。在开展"课程思政"的课题研究时，高校应以马克思主义学院的教研室为中心，其他学院的教研室在马克思主义学院的引导下开展"课程思政"教育理念的研究工作。例如，马克思主义学院的教研室主要负责对"课程思政"教育理念进行理论层面的课题研究，而其他学院的教研室主要负责对"课程思政"教育理念的践行方式进行课题研究，从而促进课题研究整体工作的有序进行和最终落实。另外，高校教务处还可以根据课程的不同类型来进行课题研究工作。例如，教务处将"课程思政"课题分为思想政治理论课程、综合素养课程、专业教育课程两种不同的课程类型，然后根据不同的课程功能确定课程建设的具体内容以及教学实践方式，并且引导不同学科和不同专业的教师进行"课程思政"的课题研究工作。

2.思政教师和专业教师协同发力

（1）明确"课程思政"定位

"课程思政"具体工作开展之前，首先必须明确"课程思政"的定位。"课程思政"主要包括以下三方面的内容，即做人做事的基本道理、社会主义核心价值观的要求、实现民族复兴的理想和责任。高校教师应将"课程思政"的内容融入专业课程的教学之中，使学生既能够学到专业知识，又能够学到"课程思政"三个方面的内容，从而提高学生的思想道德水平，并推进高校立德树人教育工作。

从"课程思政"的内容来看，德育要优先于智育，如果只重视智育而忽视德育，那么所培育出来的学生将无法满足社会的需求。因此，高校教师在专业课教学中不能只传授专业知识，还要对学生进行思想政治教育，使学生通过学习专业知识明白做人做事的基本道理、社会主义核心价值的要求、中华民族伟大复兴的理想和责任，成为德才兼备的高素质人才。对此，高校教师应以身作则，在学生面前树立良好榜样，用自身言谈举止影响学生言行，使学生不断提高自身对于思想政治教育内容的认识，提高思想道德水平。

高校"课程思政"建设要求教师将"课程思政"内容融入于专业课程之中，这意味着教师必须要先对专业课程教学内容进行研究与分析，然后再将"课程思政"的内容与专业课程教学内容相结合，以学生能够接受的方式表现出来，从而使学生更好地理解"课程思政"的内容。除此之外，高校教师还可以通过学习示范课程等方式来加强自身对"课程思政"内容的理解，然后在课堂之外引导学生了解"课程思政"的内容。无论是采取课堂教学还是非课堂教学的方式，高校教师都应当注意一点，即通过学生最能够接受的内容来表现"课程思政"的内容，使学生不知不觉地接受"课程思政"的内容，这样才能更好地区别于一般的思想政治课程教学，从而起到更好的教学效果，提高高校德育工作的成效。

（2）挖掘"课程思政"元素

在明确"课程思政"的定位后，高校专业课教师应当着重对专业课的课程资源进行分析与研究，从专业课的课程资源中挖掘出有关思想政治教育的内容，并加强与思想政治理论课之间的联系，通过专业课的教学活动对学生进行思想政治教育。在专业课的教学过程中，高校教师要有意识地将专业知识与时政联系在一起，引导学生深入学习专业知识和思想政治教育内容，借此来强化学生积极参与中国特色社会主义建设的意识，不断提高学生的思想道德水平。与此同时，高校教师还要引导学生了解先进模范人物的事迹，以先进模范人物为榜样，积极学习先进模范人物的精神品质，从而更好地提高学生的思想道德素养。

要做好这一工作，高校教师不仅要加强自身对于专业知识和思想政治教育内容的了解，熟练地将思想政治教育内容融入专业课教学活动之中，还应当加强与其他教师之间的沟通，对各专业课程中的思想政治教育内容有一个大致的了解，以便于有序地开展教学活动。如果一些专业课教师对于"课程思政"建设了解较少，那么应当多旁听其他优秀教师的教学，从其他优秀教师的教学过程中汲取一定的经验并合理地运用到自身的教学活动之中，使各专业教师的教学方向保持一致，共同提高学生的文化知识水平和思想道德水平。例如，在××大学中，专业课教师之间有着密切的联系，经常性地开展"课程思政"相关的经验交流活动，即以学校教学经验较为丰富的专业课教师为主导，积极向新的专业课教师阐述"课程思政"的内容，传授"课程思政"相关的教学方法，使新的专业课教师能够尽快地适应"课程思政"建设。这样一来，专业课教师不仅可以通过交流的方式来发现自身的不足之处，还可以加强与其他教师之间的经验交流，从而更好地推进高校"课程思政"的建设。有的高校专业课教师热衷于通过本专业的知名学者来开展思想政治教育，即以知名学者的优秀品质和精神来培养学生的精神品质，使学生自觉地以知名学者为榜样，积极地提高自身文化知识水平和思想道德水平；也有的高校专业课教师热衷于通过西方思想文化与社会主义核心价值观的对比来开展思想政治教育，即简要讲述西方思想文化中不利于大学生身心健康发展的部分，突出社会主义核心价值观的先进性，从而使学生理性地看待西方思想文化，更加积极地学习社会主义核心价值观。因此，高校专业课教师在开展课程教学的过程中，应当根据自身专业的实际情况来挖掘思想政治教育内容，以学生最能够接受的方式来进行思想政治教育。

3. 思政课程和其他课程同向同行

（1）思政课引领改革

"课程思政"并不是简单地在原有的大学课程体系中增添一门新的课程，而是将思想政治教育内容融入各个专业课程之中，在提高学生文化知识水平的同时，也提高学生的思想道德水平。在高校开展"课程思政"建设的过程中，专业课教师应当从专业课程中挖掘思想政治教育内容，使学生能够通过专业课程加深对思想政治教育内容的认识，而不是将专业课程教学等同于思想政治理论课教学。只有这样，才能更好地将"课程思政"和思想政治理论课区别开来，更好地推进高校立德树人教育工作。

对于高校大学生而言，思想政治理论课是学习思想政治理论知识的主要途径，通过思想政治理论课能够直接学习相关的思想政治理论，因此思想政治理论课在"课程思政"建设的过程中具有重要的引领作用；而"课程思政"是通过其他专业课程来对学生进行思想政治教育，即学生主要是间接地学习相关的思想政治教育知识。因此，"课程思政"更多的是对思想政治理论课中的内容进行补充或加深学生对所学思想政治理论知识的印象。当前，我们虽然积极推进高校"课程思政"建设工作，但并不意味着"课程思政"能够取代思想政治理论课，学生仍然要通过思想政治理论课来学习相关的思想政治内容。因此，在开展"课程思政"建设时，高校思想政治教师必须要正确认识"课程思政"的内涵，对思想政治理论课进行改革。在具体实施过程中，高校思想政治教师应从以下四个方面着手。

其一，教学方式的改革。在过去，高校思想政治专业教师主要通过灌输式的教学方式对学生进行思想政治教育，但是相当一部分学生对于思想政治理论的内容并不理解，不能完全接受教师所传授的思想政治理论知识。因此，在当前的思想政治理论课教学过程中，教师必须要转变教学方式，从提高学生思想政治能力着手，引导学生积极主动地参与到思想政治理论课教学之中。例如，通过课堂讨论国内时政的方式来吸引学生的注意力，使学生能够积极地思考其中蕴含的思想政治理论知识。这样一来，学生就会逐渐关注国内时政，与教师讨论相关的思想政治教育内容，从而更好地提高自身的思想政治素养。

其二，课堂形式的改革。在过去，高校思想政治专业教师主要是在室内开展思想政治教育活动，但是有相当一部分学生在课上做与思想政治理论课无关的事，这极大地影响思想政治教育活动的成效。因此，在当前的思想政治理论课教学过程中，教师必须要进行课堂形式的改革，将思想政治理论课从室内逐渐转移到室外，即通过社会实践的方式来开展思想政治理论课程教学，加深学生对于思想政治理论知识的认识。

其三，教学手段的改革。在过去，高校思想政治专业教师的教学手段较为单一，导致学生的学习积极性不高，无法全身心地投入到思想政治理论课的学习过程中。因此，在当前的思想政治理论课教学过程中，教师必须要进行教学手段的改革，充分运用多种不同的教学手段来引导学生学习思想政治理论知识。例如，借助新媒体来对学生进行思想政治教育。新媒体具有传递速度快、较为便捷的优点，大多数学生都能够接受新媒体，因此教师可以将思想政治理论课的内容上传到新媒体平台，与学生进行互动，使学生能够更好地理解与接受思想政治教育内容，从而提高思想政治理论课的实效性。

其四，教学内容的改革。在过去，高校思想政治理论课的教学内容与现实生活的联系并不密切，学生难以通过思想政治理论课所学的内容来解决实际问题，从而挫伤了学生的学习积极性。因此，在当前的思想政治理论课教学的过程中，教师必须要加强教学内容的改革，从学生所面临的实际问题着手，积极运用思想政治理论课的内容来解决学生生活中的实际问题。例如，一些学生在人际交往过程中存在一定的问题，那么教师可以针对这一实际问题来开展思想政治教学活动，将思想政治理论知识运用于解决人际交往问题的过程之中，改变学生对于思想政治理论课的错误认识，从而使学生更加积极地学习思想政治理论知识，不断提高自身的思想道德素养。

（2）专业课融入立德树人理念

在高等院校中，学生大部分时间主要用于学习专业课程，因此高校在开展"课程思政"建设工作的过程中应当加大对专业课程的关注，将思想政治教育内容和立德树人理念融入专业课程之中，通过专业课程对学生进行思想政治教育。在具体实施过程中，高校专业课教师必须先要根据专业课程的实际情况和学科的特点来开展相关的研究工作，从中挖掘有关思想政治教育的内容。

不同学科中所蕴含的思想政治教育内容有所不同，因此对不同学科专业课程的要求也有所不同。其中，理工科学生所学的专业课知识主要运用于国家建设实践，因此高校专业课教师应当以培养理工科学生的爱国意识为主，使学生自觉地形成报效国家的意识。在开展专业课的课程教学过程中，专业课教师可以引导学生了解一些优秀科学家在国家建设中所做出的贡献，学习科学家爱国主义精神，坚定不移地投身于中国特色社会主义建设实践之中，用自身所学的专业知识来推动社会进步。而文科学生所学的专业课知识主要用于改善人们思想观念、价值取向，因此高校专业课教师应当以引导文科学生坚定社会主义核心价值观念，使学生能够更好地将所学知识运用到改善他人思想观念和价值取向的过程之中。以外语专业学生为例，这类学生在学习专业课程的过程难免会接触到西方的思想文化和价值观，因此高校专业教师应当加强对学生价值观念的正确引导，充分展现社会主义核心价值观的先进性，以避免学生被西方错误的思想文化和价值观念所误导。这样一来，文科专业学生才能更好地将社会主义核心价值观念传播出去，从而对他人形成积极的影响。

在高校开展"课程思政"建设的过程中，专业课教师要自觉地承担起育人的责任，通过对专业课程资源的研究，将思想政治教育内容融入专业课程教学过程之中，从而更好地提高学生的思想道德素养。例如，在××大学中，该校教师将学生的人文精神培养工作与专业课程教学工作相结合，借助思想政治教育内容来对专业知识进行讲解，使学生通过学习专业知识来加强自身的人文情怀，从而更好地将其运用到社会实践过程之中。对于大学生而言，学习专业知识固然重要，但是培养正确的价值观念更为重要，因此高校专业课教师必须要对"课程思政"建设加以重视。

（3）选修课加强人文素养元素

对于高校大学生而言，人文素养指的是大学生所应当具备的人文知识和人文精神，而在课程中加强人文素养教育能够丰富大学生的精神世界，更好地学习文化知识和思想政治内容，从而提高大学生的文化知识水平和思想道德水平。从目前的情况来看，一些高校对于大学生人文素养的重视程度并不高，没有额外开设有关人文素养的课程，这并不利于大学生的身心健康成长，因此高校应当引起足够的重视。另外，我国长期坚持以应试教育为主要的人才选拔方式，使得一些学生过度重视学业成绩，忽视了自身的人文素养，这并不利于学生德智体美劳全面发展，因此高校除了在思想政治理论课中对学生进行人文素养教育之外，还应当在选修课中加强人文素养元素，使学生能够在学习专业知识的同时，也能够丰富自身的精神世界。在具体实施过程中，高校应当通过以下四个方面来加强选修课中的人文素养教育。

其一，增设以人文素养为主的选修课程，使学生能够自行选择感兴趣的选修课程。

其二，不断更新选修课中的人文素养内容，使学生能够从中学习新的人文素养内容。一般的选修课对于学生的吸引力是有限的，因此高校教师必须要将"课程思政"的内容融入选修课程之中，使学生能够了解更多新的有关人文素养的内容，丰富自身的精神世界。

其三，加强理论课堂与实践课堂之间的联系。在理论课堂中，高校大学生主要学习的是理论知识，而在实践课堂中，高校大学生主要学习的是如何将所学的理论知识运用到具体的实践过程之中，二者缺一不可。因此，在开展以人文素养为主的选修课程时，高校教师不仅仅要向学生传授与人文素养相关的理论知识，还要引导学生开展实践活动，这样才能更好地促进学生全面发展。

其四，加大对选修课的资金投入。一直以来，高校教师和学生对于选修课的重视程度都不高，因此高校必须要加大对选修课的资金投入。一方面是为了完善选修课的教学设施，使教师和学生能够认真对待选修课，另一方面是为了鼓励在选修课中取得显著教学成效的教师和在选修课中表现优异的学生，这样才能更好地引导其他教师和学生参与到选修课教学过程之中。

第六章 高校思想政治理论课队伍建设

第一节 加强高校思政理论课师资队伍建设

一、高校思想政治理论课教师的政治素质是加强教师队伍建设的政治基础

首先，高校思想政治理论课教师是高校中一支特殊的教师队伍，与其他专业课老师的主要区别是其肩负着如何塑造当代大学生成为有坚定的社会主义、共产主义理想信念，正确领会并宣传党的基本路线方针政策，培养当代大学生成为坚定的马克思主义者的指导者和引路人的重要职责。这就要求高校思想政治理论课教师首先必须坚持以新时代中国特色社会主义思想为指导，对马克思主义理论要真学、真懂、真信和真教；努力学习、刻苦钻研，不断增强马克思主义理论素养和人文社会科学知识基础，不断用马克思主义理论武装自己；在思想上树立坚定的理想信念，不断增强为党的教育事业服务的责任感和使命感。其次，思想政治理论课教师在讲授思想政治理论课时，由于是与学生面对面交流，教师讲授具体内容时的态度、言谈举止以及对某一个观点的看法，都有可能对学生产生潜移默化的影响。最后，在与学生课后交流，探讨当前学生认识中的具体模糊问题时，也要保持与课堂教学观点和个人的主观认识的一致性。因此，一名合格的思想政治理论课教师除了要做到身正示范、恪守教师职业道德和学术道德、言行一致外，还必须依靠坚定的政治信念所形成的政治人格魅力去影响当代的大学生。也只有具备这些素质，才能通过相应教学手段，灵活运用教学方法，使大学生能够把所学知识内化为坚定的理想信念，并指导具体实践，在重大历史关头成为建设有中国特色社会主义的坚定支持者和拥护者，成为建设有中国特色的社会主义的有用人才。因此，教师队伍整体素质如何，对于全面实施科教兴国战略和人才强国战略，确保实现全面建设小康社会、加快推进社会主义现代化的宏伟目标，确保中国特色社会主义事业兴旺发达、后继有人，具有十分重大而深远的意义。

二、提高思想政治理论课的教学地位，是凝练思想政治理论课教师队伍的关键环节

长期以来，许多高校由于对思想政治理论课缺乏足够的认识，导致思想政治理论课的课时被压缩，不能完成规定课时；课表安排时间大都集中在晚上，思想政治理论课教师被称为"地下工作者"；教师的待遇和专业课教师相比，只能相当于专业课课时的0.8或者更少，思想政治理论课教师的教学地位被矮化；学生在上课时，特别是一些理科学生，由于中学阶段思想政治理论课教学缺乏一贯性，再加上高中阶段的文理科分科，导致这些学生在上思想政治理论课时，缺乏一些基本知识积累，有的学生连一些基本概念、基本数据都没有掌握，对思想政治理论课缺乏必要的兴趣，有的甚至错误认为上思想政治理论课就是被洗脑等。上述种种因素的存在，以及部分思想政治理论课教师本身不注重知识的讲解，不注重课堂教学的知识性、趣味性、生动性、实效性的运用与发挥，将最终导致不能很好地发挥高校思想政治理论课本身的主阵地、主渠道作用。因此，加强教学各环节的管理，严把教学质量关，以提高思想政治理论课教学地位，不断加强思想政治理论课教师队伍建设，具体要处理好以下五个环节：

（一）努力提高思想政治理论课教师教学水平

思想政治理论课教师要以教材为教学基本依据，在教材体系向教学体系转化上下功夫，对教材内容真正做到融会贯通、熟练驾驭、精辟讲解。要紧密联系当前经济社会发展的实际，了解和掌握大学生思想政治状况和成长成才需求，探索符合高等教育教学规律和大学生特点的教学方法，在启发式、参与式、互动式、案例式、课堂讨论式教学等传统教学模式的基础上，提倡案例教学、情境教学、户外教学等教学新模式，用喜闻乐见的语言、生动鲜活的事例、新颖活泼的形式活跃课堂气氛，启发学生思考，把科学理论讲清楚、说明白。定期举办教师课堂评优赛，优秀教案、优秀课件评选，选用好的案例整合，做到资源共享，优势互补，不断推广先进教学方法，努力实现教学手段的现代化，同时充分开发网络教育资源，形成线上线下教学互动，校内外教学资源共享。

（二）不断提高教师的教学地位，充分调动广大教师的积极性和主动性，形成爱岗敬业，乐于从事思想政治理论课教学的良好局面

通过量化考核和质量考核确定相应的激励制度，把教学质量考核结果与津贴分配、评优评奖挂钩，确保教学水平和质量的稳步提高。如，通过合理的课时津贴分配制度，使思想政治理论课教师课时系数等同于专业课系数，甚至在一定程度上高于专业课系数，不断完善教学分配制度；应优化课程安排与开设，进一步提高思想政治理论课教师的积极性、主动性，课程开设时，以自然班为主；教学排课时，应优先安排思想政治理论课，而不是安排在下午甚至更多的是在晚上上课；等等。把思想政治理论课教师的地位提高到一个新的高度，使思想政治理论课教师在同行中有优越感和荣誉感，进一步提高思想政治理论课教师的责任感和归宿感。

（三）要及时掌握和正确分析当代大学生的心理特点和认知特点

当代大学生由于受年龄以及相应家庭环境、社会因素等影响和熏陶，在认知方面发生了很大变化，他们对建设有中国特色社会主义，拥护中国共产党的领导，有着非常明确和积极健康向上的态度，但是同时由于国际、国内，社会的、历史的一些因素的影响，当代大学生有表现为价值取向多元化，认知不确定性，缺乏正确判断的能力，表现为政治上的迷茫、思想上的困惑等，所有这些也需要思想政治理论课教师必须在实际教学中要善于抓住学生的困惑并及时解决，使思想政治理论课的主渠道作用得到进一步发挥。

（四）严格教材征订，规范教材管理

要进一步抓好教材建设、教学方法改革、教师队伍建设，加强宏观指导，努力实现思想政治理论课教学状况明显改善的目标。在征订思想政治理论课各门教材及教师用书时，思想政治理论课教学部要根据教育部统一要求，征订高等教育出版社的教材。因为思想政治理论课教材的统一性是保证学生在统一认识方面的关键，是学生学习思想政治理论课教学内容的第一手资料。统一教材管理，不仅便于教师教学和中共中央宣传部及时进行教材修订，也便于高校思想政治理论课教师的相互交流与学习。

（五）不断完善思想政治理论课教师社会实践和学习考察制度

教师是教学的主体，只有不断丰富一线教师的知识，拓宽视野，加强爱国主义教育，才能更好地领会思想政治理论课课程之间的内在联系，相关课程的要旨所在。通过社会实践和学习考察或者是有目的地进行学习考察和学术交流活动，帮助思想政治理论课教师了解国情、世情、民情，开阔视野，增加感性认识，掌握第一手资料丰富课堂教学内容，提高思想政治理论课的教学质量。

三、把加强马克思主义理论学科建设作为加强思想政治理论课教师队伍建设的重大举措

随着学科建设的发展和理论研究的客观需要，我国在2005年底正式把马克思主义理论设置为一级学科，下设6个二级学科。目前，马克思主义理论下设立马克思主义基本原理研究、马克思主义发展史研究、马克思主义中国化研究、国外马克思主义研究、思想政治教育、中国近现代史基本问题研究等6个二级学科。全国已设立马克思主义理论一级学科的博士点21个、硕士点73个，6个二级学科设立博士点103个、硕士点453个，其中，少量在社会科学院和党校系统，绝大多数在高校。这是党和国家加强和改进思想政治理论课的重大举措，是中央马克思主义理论研究和建设工程的重要成果。的确，在高校马克思主义理论作为一级学科，6个二级支撑学科后，使高校思想政治理论课教师找到了学科归宿，使学科和科研发展有了平台和发展研究方向，从而为从根本上提高思想政治理论课的教学质量和教学水平奠定人才基础和学科基础。但是，从目前许多高校思想政治理论课学科发展来看，很多思想政治理论课教师还没有真正解决学科归属问题，在人才引进、学科发展、科研实力方面来看还存在较为盲目、较为分散，凝聚力不强、认识不足并缺乏整合意识等问题。加强教师队伍建设，使每一位老师尽快找到自己在学科建设中的位置，明确自己在学科建设中的任务，力争成为马克思主义理论学科建设的骨干力量，通过马克思主义理论学科建设的带动作用，努力提高思想政治理论课教师队伍的整体素质和学科地位。特别是大量的兼职教师，不能仅局限于增加课时量、单纯的为评职称而要求上课的不正确认识，增强他们的学科归属感和紧迫感，增强主人翁意识，明确高校思想政治理论课教师不是以某一门课程论教学，而应该以某一课程论学科归宿，进而明确自己的研究方向，通过学科建设的成果进一步提高思想政治理论课教学效果。逐步形成以学科为基础，以课程为单位，以民主推荐评选的形式，采取授予荣誉、配备导师、科研立项、学习考察等形式，加强思想政治理论课学科带头人和课程带头人的培养。要逐步形成以学科带头人为龙头，凝练学科队伍，建设优秀教学团队，使思想政治理论课教师工作有条件、干事有平台、发展有空间，增强从事思想政治理论课教师责任感和归属感。如果学科建设薄弱，思想政治理论课教师队伍建设便因缺少凝练因子而无从谈起，所以加强马克思主义理论一级学科及其二级学科建设，是加强教师队伍建设的关键所在。

四、把培养高校思想政治理论课教师的科研能力作为加强教师队伍建设的主要环节

作为一名合格的高校思想政治理论课教师，不但要讲好思想政治理论课，还必须把科研搞好，努力提高相关学科的科研水平，从而以科研推动课堂教学的深度和广度，以教学的实际需求促进科研能力的提高。

高校思想政治理论课教师，不仅仅是一个教学型的教师，还应该是一个科研工作者、教研工作者。凝练教师队伍，科研工作是主要环节。首先，高校思想政治理论课教师必须面对的是部分思想政治理论课教学内容大学生在中学阶段就曾经学过，如何通过高校课堂进行更深层次和系统讲解，将对高校思想政治理论课教师提出更高的要求。其次，大学生通过各种形式的大众传媒和高校的党团学等组织活动也接受了很多思想政治理论方面的教育，这些方面的教育各有优势，思想政治理论课没有党团组织活动那样严格的纪律要求，也没有网络、电影等大众传媒所独具的影响力、渗透力和感染力，这就要求思想政治理论课教师要善于运用课堂教学中能和学生面对面进行有效沟通的有利形势，把思想政治理论课讲活讲透。最后，还要注意扭转思想政治理论课在高校教学计划设置中的不利地位。因为思想政治理论课在大学生心目中就是一门公共课，学生选择逃课的对象一般都是这些大班教学等，这些都对思想政治理论课教师提出更高的要求。不仅如此，专业课程中都具有很强的学术性，这种学术性对于大学生有着天然的吸引力，从事专业课的教师在学生心目中具有天然的优势，如高校思想政治理论课教师在课堂讲授中没有多少科研含量，不能把思想政治理论课的政治性与学术性有机结合，课堂教学效果差，学生厌学，其结果会使自身的形象受损害，甚至会导致学生对马克思主义理论和党的方针政策产生曲解，产生负面影响。

必须处理好教学与科研的关系。由于种种原因，从事思想政治理论课教学的教师的教学任务相对较为繁重，很辛苦，为思想政治理论课教学计划的执行做出了巨大的贡献。但是由于个人的精力是有限的，在承担繁重教学任务的同时，很多老师都成了单纯的教书匠，无暇顾及相关学术论文和具体项目的研究，其结果是教学达到一定程度时由于没有科研支撑，教学效果不甚理想，既耽误了教学，损坏思想政治理论课教师自身形象，又耽误了科研。所以高校思想政治理论课教师要正确处理教学与科研的关系，利用思想政治理论课科研项目单列、单独申报、单独评审的有利条件，努力实现教学与科研双丰收，努力使自己成为马克思主义理论素养高、基础功底深厚、师德修养好、科研能力强的思想政治理论课领军人物。

综上所述，高校思想政治理论课教师队伍的建设状况会如何，整体素质的高低，直接影响着高校思想政治理论课教学效果，影响着思想政治理论课主渠道、主阵地的作用的发挥，关系着我们培养有中国特色社会主义接班人的整体素质。"要在提高认识上下功夫，在完善制度上下功夫，在督促检查上下功夫，在改革创新上下功夫，在改进作风上下功夫，不断推进高校思想政治理论课教师队伍建设取得新成效"。所以，新时期进一步加强教师队伍建设，通过学科建设、科研建设、制度建设和建立健全完善保障机制，建立一支规范的高素质的思想政治理论课教师队伍，对于提高思想政治理论课的教育教学水平、进一步发挥高校思想政治理论课的主阵地主渠道的作用，进而使高校思想政治理论课成为大学生真心喜爱、终身受益、毕生难忘的优秀课程，有着十分重要的现实意义和理论意义。

第二节 高校思政教师教学能力培养探索

提高思想政治理论课教学质量和水平，关键在教师，这是多年来高校思想政治理论课程建设的基本经验之一。高校思想政治理论课课程方案（简称"05方案"）实施以来，高校思想政治理论课教学发生了可喜的变化，思想政治理论课的亲和力、吸引力和感染力明显增强，课堂秩序和教学效果明显改善，大学生对思想政治理论课的满意度不断提高。我们在看到成绩的同时，也要清醒地认识到，高校思想政治理论课教学的现状仍存在一些问题：部分教师教学方法不够生动丰富，传统的"满堂灌"教学模式仍大行其道，教学质量低，学生被动接受，教学效果差等现实问题。解决这些问题的关键是不断提高思想政治理论课教师教学能力。

一、关于思想政治理论课教师教学能力的构成

"教学是一件非常复杂和困难的事情，它需要独特的能力和结构。"思想政治理论课教师究竟需要什么样的教学能力呢？这种教学能力大体上可以分为五个方面：教学选择能力、教学整合能力、教学沟通能力、教学评价能力和教学创新能力。

（一）教学选择能力

在思想政治理论课教学中，教师不是一个被动的被选择的对象，应是一个引领学生进行积极选择的向导。教师本人必须学会选择，学会选择教育的内容、教育的时机，选择教育的途径和方法。在教学活动中选择能力是教师能力的一个重要组成部分，也是判定一个教师教学能力高低的一个重要指标。因此，思想政治理论课教师要能根据特定的教学目标、教学内容和教学对象来灵活选择教学方法，使所选定的方法能够符合教学目的的要求，能够针对教学内容的特点和青年大学生的特点，恰到好处地获得教学效果。

（二）教学整合能力

目前，正在实施的"05方案"不只是四门课，而是一个完整的课程体系，具有综合性和整体性的特点，这就要求思想政治理论课教师从整体上去认识和把握这一方案的性质和特点。思想政治理论课教师在教学活动过程中，要根据事先选择的资源，整合教学目标和内容，整合教学技术，创设有效的教学环境，制定教学策略和方案，使融合成的教学目标、教学内容、教学策略等适合于大学生的学习、成长和发展的需要。

（三）教学沟通能力

思想政治理论课教学过程不仅是知识的传授与素质的培养过程，也是人际交往的过程。在这一过程中教学沟通能力尤为重要。研究资料表明，交流沟通技能被认为是教师在教学实践中应具备的最重要的能力。传统的思想政治理论课是一种以教师为本位的教学，是一种"传授——接受"的灌输式教学模式，是一种单向度的活动，师生之间的交流沟通甚少。而实际上教学不单是教师把知识传授给学生，也是教师与学生之间的互动。

思想政治理论课教学需要师生之间的沟通，教学过程就是协调课堂内外各种因素，指导学生学习的过程，是教师与学生之间平等交流对话的互动过程。

（四）教学评价能力

评价是教学的一部分，好的教学需要好的评价。而有效教学评价，其关键则在于教师的教学评价能力。思想政治理论课教师的教学评价影响着思想政治理论课教学的有效性。思想政治理论课教师在教学过程中针对自己的教学行为和教学效果进行检讨与评估，了解自己教学的优势与劣势，并根据自我评价结果来改进教学，不断提高教学能力和水平。

（五）教学创新能力

多年的实践证明，教师是思想政治理论课教学创新的主体。教学创新能力主要是针对思想政治理论课传统教学的单调、刻板、冰冷与缺乏情感而提出的。当前，教学创新已成为思想政治理论课教师将严肃而抽象的思想政治理论内容。以"鲜活而不苍白、生动而不呆板、亲切而不生硬"形式内化于大学生内心，使其成为学生真心喜爱、终身受益的课程的自觉要求。这种创新能力贯穿于思政理论课教学过程的始终，并且已成为实施思想政治理论课教学改革，提高思想政治理论课教学质量的必要条件。正如学者罗树华教授认为，教学创新能力是教师教学能力的"最高境界"。

二、思想政治理论课教学改革对教师教学能力的挑战

教学改革实际是人的改革，没有人自身的主动适应和变化发展，教学变革是不可能实施和成功的。思想政治理论课教学改革的实施，对教师是一种严峻的挑战，为了应对这种挑战，教师必须进行教学观念的更新、教学知识和技能的提高与教学行为的转变，而这种更新、提高与转变实质上就是教师教学能力的进步和发展。

（一）思想政治理论课教学方法的变革对教师教学能力的挑战

思想政治理论课教学改革对教师教学方法的要求更加强调教师是学生思想的引领者、学习的合作者、方法的启迪者及行为的示范者。在思想政治理论课教学过程中，传统意义上的被动式、灌输式教学模式，将不断让位于师生间的互教互学，彼此形成一个真正的"教学共同体"。思想政治理论课教师不再仅是教学过程的策划者、教学活动的组织者、教学内容的制定者和学习成绩的评判者。思想政治理论课教学方式的变革必然要求教师要具有相应的教学行为能力，教师的教学行为就是要引导学生参与、启发学生思考，采取既能发挥教师的主导作用，又突出学生的主体地位的教学新模式，真正把思想政治理论课教学过程变成培养大学生思维能力、判断能力和创新能力的舞台。

（二）大学生学习方式的变革对教师教学能力的挑战

一方面，传统的思想政治理论课教学过多地注重接受式学习，忽视学生的主体性地位，学生学习思想政治理论课兴趣不高，教学效果差。因此，改变原有单一、被动的学习方式，建立和形成能够发挥学生主体性的多样化的学习方式就显得尤为重要了。学习方式的转变主要表现在两个方面：一是由被动学习转向自主学习；二是培养学生发现问题、提出问题、分析问题和解决问题的能力。

另一方面，在传统的思想政治理论课教学过程中，教师处于一种信息优势的地位。通过这种信息优势，教师在教育过程中比较容易树立威信，得到学生的尊重和爱戴，使学生感到信服的精神感召力量，从而有利于思想政治理论课教育教学的开展。然而，网络时代彻底改变了知识资源的垄断性占有和使用状态，教师不再是求知的唯一源泉，大学生不再被动地接受教师的灌输，而是主动地掌握和控制媒体传递的信息。甚至在某些方面，学生比教师掌握的信息还多、还快。学生对教师的信任和尊重感下降，进而影响思想政治理论课教学效果。这就要求思想政治理论课教师要具有较强的吸收、处理新信息，不断学习新知识的能力。

（三）教学载体的变革对教师教学能力的挑战

教学载体的变革对教师教学能力的挑战主要表现在两个方面。

一方面，教学内容的综合化对教师教学能力提出更高的要求。思想政治理论课是一门综合性学科，要想上好这门课，教师应具有宽广的跨学科知识，必须扩大知识面，拓宽知识视野，把握所教学科和相关学科知识的纵横发展趋势。

另一方面，教学手段日新月异对教师教学能力提出很高的要求。现代教学技术的发展，为思想政治理论课教学改革提供了广阔的发展前景，改变了思想政治理论课"黑板＋粉笔"的教学手段，使教学手段现代化。这种变革以图文并茂、动静皆宜、声像俱佳的表现形式，为思政理论课创设生动的教学场景。然而，现代化教学手段对思想政治理论课教师的教学能力提出了严峻的挑战，即教师在教学中如何驾驭这种先进的教学手段，如何用这种先进的教学手段优化教学内容等等。随着思想政治理论课教学改革的深入，现代教学技术对于教学过程的渗透以及教学活动对现代教学技术的需求更加强烈。因此，思想政治理论课教师必须熟练掌握现代化的教学手段，努力把传统教学的长处和现代教学技术的优势有机结合起来，实现优势互补，进而调动学生的学习兴趣和学习积极性，提高思想政治理论课教育教学实效。

三、提高思想政治理论课教师教学能力发展的途径

（一）创建教师教学能力发展的机制

一是建立专项经费投入机制。优异的教学还意味着教师必须有从事工作的充足的教学用品和教学经费。经费投入在某种程度上是教师发展教学能力的前提性条件。高校必须提供必要的资源来支持教师教学能力培训，要为教师教学能力的发展规划安排充足的时间，提供必需的经费，以支持教师获得新的知识和技能。因此，为了促进思想政治理论教学的改革和发展，提高教育教学质量，高校要严格落实教育部相关文件精神，划拨思想政治理论课专项经费，用于加强教学改革、资源开发、教学实践、学术交流等，进一步明确思想政治理论课教师发展教学能力的意识和动机。

二是严格落实思想政治理论课教师任职资格准入制度，强化对教师教学能力的考核。实行高校思想政治理论课教师任职资格准入制度，从制度上把好思想政治理论课教师队伍的"入口关"，从制度上保证"适合于并乐于"从事思想政治理论课教学的人员进入到队伍中来。同时，还要建立和完善思想政治理论课教师的进修培训制度，以促进思想政治理论课教师教学能力的不断提高。

（二）构建"教学团队"，促进思想政治理论课教师教学能力的共同提高

思想政治理论课教学团队是教师教学能力提高的助推剂。首先，教学团队能够很好地为教师教学能力发展提供机遇，使他们能够从经验中学习，

使他们从众多的资源和优秀教师那里吸取宝贵经验,从而体验到理论和实践的相互作用和影响,加快发展步伐。其次,教学团队能使思想政治理论课教师从被动的听众变为主动平等的交流者。在教学活动的反思分析中,交流机制的建立和舞台的搭建,给思想政治理论课教师以展示和发展的机会,促进教师的共同思考,实现共同发展。特别是通过团队中的优秀教师来教育引导青年教师,促进青年教师教学能力的提高。最后,在思想政治理论课教学团队中,教师通过教学的集体研究活动,通过多向的交流互动、直接观察和体验其成员,尤其团队中的优秀教师的学习和工作,可以从团队中获得大量的隐性教学知识和技能。

(三)思想政治理论课教师自身的发展是提升教学能力的关键

众所周知,教师教学能力的提高受到多方面的共同影响。但是,归根结底,教师教学能力的提高最终还是取决于教师自身的发展。

1. 提升思想政治理论课教师教学能力发展的内在动力

(1)转变教学观念

转变教学观念是真正激发和提高教师发展教学能力的意识和动力的前提。坚持师生互动,发挥教师教学主导和学生学习主体的作用,切实改变"满堂灌"的教学模式。在教学过程中,师生关系是平等的,教与学是民主的,教学氛围是愉快、和谐的。这种理念下的教学,真正实现了师生共同参与、相互影响,从而达到教学相长的目的。因此,教学观念更新了,教学行为转变了,教学能力也就提高了。

(2)明确发展目的

明确目的是真正激发和提高教师发展教学能力的意识和动力的关键。思想政治理论课教师大都承担着繁重的教学任务,离职集体学习的机会很少,能用于发展的时间也有限。因此,思想政治理论课教师要重视自身的发展,意识到自身的工作不只是为了学生的成长,不只是为了完成教学任务,同时也是自身发展的一项内容。明确了这一发展目的,教师就会认真钻研教材,获得各种新知识、掌握各种新技能,不断进取,学会终身学习,从而不断提高教育教学能力。

2. 思想政治理论课教师要积极投身教育教学研究

思想政治理论课教师投身教育教学研究是提升教学能力的关键。教学研究成果对教学活动具有引导性和启发性作用。思想政治理论课教学研究提供教师对教学活动本身认知，指导教师面对各种复杂教学情境中的问题，设法给予解决。思想政治理论课教师应成为批判地、系统地考察自己教育教学实践的研究者，从而更好地理解自己的课堂和改善自己的教学实践。因此，思想政治理论课教师要完美地兼任"职业者"与"研究者"的双重角色。

总之，高校思想政治理论课教师队伍建设是高校面临的一项紧迫而严峻的任务，它不仅是提高高校思想政治理论课教学成效的要求，也是新时期社会主义道德建设的迫切要求。新形势下，高校思想政治理论课教师教学能力建设是一项复杂的系统工程，涉及方方面面，随着社会的进一步发展，对教师队伍的整体素质要求也将越来越高。但是我们有理由相信，只要我们途径正确、目标明晰、措施得当，就一定能将高校思想政治理论课教师队伍建设推向一个新的高度。

第三节 新时期高校辅导员培养模式

在新时期发展社会主义市场经济，必须注重精神文明建设，加强对学生的思想政治教育。学校思想政治教育面对的是高速发展的社会与进步的文化环境，教育对象是处在多元文化荟萃、文化转型期的学生集体，这一特点决定思想政治工作必须富有创造性，从事这一工作的学生政治辅导员必须具有丰富的创造力和完备的综合素质。

一、学生政治辅导员应具备的素质

（一）高度的政治责任感和强烈的革命事业心

高度的政治责任感和强烈的革命事业心是学生政治辅导员做好学生思想政治工作的先决条件。政治责任感和革命事业心是学生政治辅导员认知、情感、意志过程的综合反映，也是其人生观、价值观、世界观、革命理想和信念在实际工作领域中的具体化、现实化，是一种高尚的道德情操。对于学生政治辅导员来说，高度的政治责任感和强烈的革命事业心具体体现在为社会主义建设事业培养合格人才的坚定信念上，表现在对自身所从事的职业的性质、对象，党在新时期对学生思想政治工作的方针、政策，现阶段学生思想状况、存在的问题及其对策，要有一个清醒的认识和准确的把握并能在实际行为中励精图治，鞠躬尽瘁。

（二）良好的情感品质

学生政治辅导员是做思想工作的，他的职业责任和社会责任决定了他应当具有一个积极向上、乐观豁达的情感世界，而这个情感世界还应当是丰富而深刻、执着而稳定的。当这一情感世界体现在政治辅导员对待教育及其科学事业上并把这一事业当作他生命价值的全部寄托时，他的情感在宏观上就融入了祖国教育现代化的进程之中，而在微观上就奉献给了孜孜以求的学生，转化为爱。在热爱学生的前提下，给予学生悉心诱导、善意鞭策和诚挚的帮助。凡是教师缺乏爱的地方，无论品格还是智慧都不能充分或自由发展。热爱学生是学生思想政治工作的前提，是其职业活动的内在要求，也是其责任感和事业心的外在体现。心理学家罗森塔尔在智力测验中发现，通过教师对学生的爱和期望，会对学生心理产生潜移默化的影响，从而促进学生智力和人格发展，也只有在爱与期待中才能使思想政治教育为学生所认同、所接受，实现其明理、解惑、顺气、鼓劲的功能。

（三）坚强的意志品质

意志是学生政治辅导员调节自身行为，克服种种困难，积极完成本职工作的心理过程。思想政治工作复杂而艰巨，这就在客观上需要政治辅导员具备坚强的意志。这一意志品质主要表现在政治辅导员对待工作中所遇到的困难与挫折的态度上，这种态度不是把困难挫折与失败当作前进中的障碍，而是当作前进的阶梯，争取工作成功的希望。经得起困难与失败的考验，并从中汲取经验教训。同时，这一意志品质还表现在他对预期目标的坚定性和行为决策的果断性上。果断性就是处理问题速度快、效率高，能做到令行禁止，扬抑得当。在学生发生打架斗殴等严重违纪事件时，学生政治辅导员能迅速有效地分析这种冲突发生的原因及其产生的后果，并能根据有关规章制度给予恰当的处理。若当断不断，优柔寡断，犹豫不决，则会导致失控的局面，如此就会给他日后的工作造成不利影响。塑造学生灵魂，转变学生旧有观念，真正造就德才兼备的优秀大学生，往往是辅导员与学生意志力较量的过程。一旦遇到不懂礼貌、不讲道理、不遵纪守法，甚至公开顶撞的学生，辅导员应该意志坚定、沉着冷静地处理事端，以情感人、以理服人。依靠"情"与"理"来转变学生思想观念，端正其行为。

学生政治辅导员的坚强意志品质是学生形成良好意志品质的具体榜样和力量所在。正如俄国教育家乌申斯基所说，只有在"以理性影响理性、以道德影响道德、以性格影响性格、以意志影响意志"的情况下，辅导员工作才能取得应有的成效。

（四）良好的人际关系

良好的人际关系有助于提高人们的工作效率。在学校里，学生的思想政治教育是一个复杂的系统工程，要使这一工程有效实施，达到育人成才目的，政治辅导员就要正确处理好个人与他人、个人与群体之间的关系，应当协调好横向的同事之间的关系和纵向的与上级领导和学生之间的关系，缩短相互间的距离。在关系协调中，一方面通过知识经验、情报信息和专业等方面的相互交流发展个人的才能；另一方面通过人的思想、情感、信念、态度、价值观等方面的相互交流，从而提高人的精神境界。良好的人际关系就能保证这种交往顺利进行。辅导员应具有良好的相容心理，善于处理人际关系，严于律己，宽以待人；尊重他人，不自恃清高；平等待人，不厚此薄彼；热情助人，不见利忘义；诚实守信，不贪图虚名；服从领导，不无理抗上。一旦同事之间、师生之间、上下级之间发生矛盾冲突时，便能跻身于其中，架起友谊的桥梁。辅导员在与学生交往中，除了真理的力量外，还必须有坦诚待人、一身正气的人格力量。

（五）创新意识

创新是一个民族进步的灵魂，是一个国家兴旺发达的不竭动力。创新是进步的灵魂，创新也是思想政治工作极富生命力的源泉所在，同时也是思想政治工作取得成功的"灵魂"。政治辅导员应不断探索、改革、开创学生思想政治工作新局面，这是新时期学生政治辅导员正确做好本职工作的核心和主要标志。这一工作要求辅导员既要有实事求是、真抓实干的科学态度，又要有勇于创新、敢担风险的变革气概；既能有效地汲取前人的经验和成果，又不甘于人后，步前人之后尘，对上级主管部门或领导的决策指示不是盲目地服从，机械地照抄照搬，而是结合现实创造性地执行；对常规不是轻信盲从，而是勇于挑战、敢于创新。新的历史条件对思想政治教育工作提出了新的问题，带来了新的任务，解决新问题、实现新任务要求有相应的新思想、新作风、新方法。学生政治辅导员只有具备了创新的心理意识，才能不断改善思想政治教育方法，正确引导学生，激发他们求知、求新、求异的成才积极性。如果缺少创新意识，依旧沿用拘谨、闭锁、思想单一的传统模式教育学生，那么就会严重阻碍学生感受新事物、接受新观点、发展新意识、形成好品质。

二、学生政治辅导员良好素质的培养

（一）加强政治修养

教育必须把坚定正确的政治方向放在首位。教育总是为一定阶级、一定政治路线服务的。教育的阶级性客观上要求教育必须把它的政治属性放在第一位，强调有力的思想工作，强化思想政治工作者的政治修养，这是坚持教育方针、实现教育目标的根本保证。学生政治辅导员是社会主义教育事业忠诚的执行者，必须要有坚定正确的政治方向，"讲学习、讲政治、讲正气"，规范自己的言行，在日常的教育与管理中潜心学习，不断提高自己的马克思主义理论水平，坚持从实际出发，正确地宣传、贯彻党的路线、方针和政策，正确地回答和解决实际工作中出现的思想理论问题，在一些重大问题上旗帜鲜明地坚持党的基本路线永不动摇。要通过政治方向和教育方针的教育，提高辅导员对学生思想政治工作重要性的认识，并采取措施增强其对思想政治教育和管理工作的荣誉感和责任感。

（二）强化角色意识

学生政治辅导员的崇高职责就是培养和塑造适应新世纪社会经济发展要求的具有创新精神和实践能力的合格人才，即"德"与"才"兼备的社会主义建设者和接班人。思想政治工作这一特殊的职业，决定了学生政治辅导员角色具有特殊性，政治辅导员必须具备且不断强化自身的特殊角色意识。就学生政治辅导员而言，这一角色意识不仅包括对自身职业的性质、意义及价值的认识，对职业要求的行为规范的认识，还包括对职业活动中的荣与辱、苦与乐、褒与贬的情感体验，以及由认识、情感激起的动机和行为的认识。然而，对思想政治工作真正价值的认识，只有通过思想政治工作实践，通过与学生的交往及其他教育情境的人际交往才能获得。辅导员在工作实践中，在与学生的日常教育与管理中得到的信息反馈，可以使他们产生积极或消极的情绪体验，从而增强或削弱其角色意识。这种反馈可能来自上级领导，也可能来自同事、学生甚至自身。因此，辅导员要善于运用这种反馈作用，正确处理来自领导的表扬或批评、同事的支持或冷漠、学生的赞誉或反对等反馈信息，及时处理协调好自己的心理承受能力，强化自己的角色意识。这种强化了的角色意识既利于改变那种不论时间与地点一本正经、不苟言笑、仿佛不食人间烟火的思想政治教育现象，又利于提高思想政治工作者优越感。

（三）培养有益兴趣

兴趣是人们积极探索某种事物或从事某种活动的心理倾向，它总是伴随着良好的情感体验。当一个人对某种事物或活动发生了兴趣，他就会对该事物或活动表现出特别地关注，大胆地探索，乐意去从事与此相关的一切活动，当兴趣进一步发展。当积极地去从事该活动的体验时，便会形成对事业稳定而持久的热爱。一个人一旦对自己所从事的事业和工作发生了兴趣而且达到"入迷"甚至"痴迷"的程度，他就会忘我地去钻研，去追求成功。政治辅导员的工作兴趣对学生有极大的感染力，尤其当他们的兴趣、爱好和专长更广泛时，更会受到学生的敬重和赞扬，也只有当辅导员的兴趣、爱好和专长与学生产生同步共鸣时，良好的思想政治工作效果才能成为现实。因此，政治辅导员应当积极培养自己对追求新事物、新成果、新知识的巨大热情和兴趣爱好，针对学生心理特点适时改进工作方法，不断增添工作的新意，以激发学生的"兴奋点"，争取良好的教育效果。

（四）优化工作环境

这里的工作环境是指学校全体师生员工的精神面貌，是全体师生员工思想道德、行为习惯、法纪观念及其人际关系的综合反映。在一个"讲学习、讲政治、讲正气"的工作环境里，正气就会得到张扬，邪气就会受到遏制。在这样的环境里工作与学习，必然会形成积极的、向上的、进取的群体意识和共同一致的行为，从而成为一种优度的风气和习惯，从而促使学生政治辅导员积极进取，争取工作成绩的不断取得。

工作环境的优化不是一朝一夕、自然而然地形成的，而是靠学校的领导、党员、干部、教职员工树立全员意识，以共同一致的理想、道德情操及其工作、生活作风相互影响与相互作用形成的，同时也是各级领导、教学管理部门、生活服务部门不断满足政治辅导员的需要（短期培训、在职提高、职称评定、生活待遇等）的结果。现代管理学研究表明：人的需要产生动机，动机激发行为。学生政治辅导员需要得到尊重、信任，需要树立思想政治工作的权威，需要有一个大家认可满意的工作环境，一旦这些需要得到满足，便会激发其工作的积极性与创造性，从而使良好的心理素质得到培养。

第四节 构建能力过硬的高水平辅导员队伍

思想政治教育工作队伍是加强和改进大学生思想政治教育的组织保证。而辅导员是大学生思想政治教育工作队伍主体之一。要建设高水平的辅导员队伍，必须不断提高辅导员的素质。素质是一个外延很大的范畴。由于分工不同，不同职业的人们所应具备的素质也是不同的。高校辅导员由于从事宣传、鼓动、组织和教育等工作，因而应该具有较高的思想政治素质和学习能力、科学研究能力及创新能力素质，这些素质构成一个有机的统一整体，它们之间相辅相成，缺一不可。如何提高辅导员的素质呢？可从以下几个方面入手。

一、提高辅导员的思想政治素质

思想政治素质是辅导员素质的核心与灵魂。这是由辅导员工作的性质决定的。从国家来看，加强和改进大学生思想政治教育，提高他们的思想政治素质，把他们培养成中国特色社会主义事业的建设者和接班人，对于全面实施科教兴国和人才强国战略，确保我国在激烈的国际竞争中始终立于不败之地，确保实现全面建设小康社会、加快推进社会主义现代化建设的宏伟目标，确保中国特色社会主义事业兴旺发达、后继有人，具有重大而深远的战略意义。从个人来看，受各种非马克思主义因素的影响，一些大学生的思想政治素质还不太高，他们不同程度地存在政治信仰迷茫、理想信念模糊、价值取向扭曲、诚信意识淡薄、社会责任感缺乏、艰苦奋斗精神淡化等问题。这就告诉我们，辅导员工作必须下大气力解决大学生思想政治方面存在的问题，教育、引导、帮助他们树立正确的世界观、人生观和价值观。

辅导员必须以对学生、对国家负责的态度来关心大学生思想政治的进步。也就是说，培养大学生具有较高的思想政治素质是辅导员义不容辞的职责。而辅导员是大学生思想政治教育的骨干力量，处在大学生思想政治教育的第一线。这就要求辅导员必须具有较高的思想政治素质。否则，就不能胜任大学生思想政治教育工作。对辅导员来说要坚持正确的政治方向，不断加强思想道德修养，增强社会责任感，这样才能成为大学生健康成长的指导者和引路人。在事关政治原则、政治立场和政治方向问题上必须与党中央保持一致。为此，辅导员要增强政治敏锐性和政治鉴别力。在原则问题上要旗帜鲜明，要注意区分一些基本的界限。比如，马克思主义与反马克思主义的界限，社会主义公有制为主体、多种所有制共同发展与私有化的界限，社会主义民主与西方议会民主的界限，辩证唯物主义与唯心主义形而上学的界限，社会主义思想与封建主义、资本主义腐朽思想的界限，学习西方先进东西与崇洋媚外的界限，文明健康生活方式与消极颓废生活方式的界限，等等。在这样一些重大问题上，辅导员不能是非不辨、美丑不分。分清这些界限，保持清醒头脑，才能保证高校思想政治工作健康发展。

二、提高学习能力

学习能力是辅导员应具备的十分重要的素质。之所以提出这个问题，是因为在新的历史条件下，辅导员工作面临新的挑战以及辅导员工作对象的特殊性所决定的。辅导员工作面临的新挑战主要是：全球化趋势对我国当代大学生思想的影响，中国经济转型对大学生思想的影响，当代大学生自身的新特点。这些新挑战给大学生的理想信念、人生观、价值观带来了很大的冲击。而辅导员工作的对象是有思想有感情的充满生机与活力的大学生群体，他们的世界观、人生观、价值观尚在形成中。他们渴望独立而又不能独立，他们思想活跃而又不够成熟。因此，在他们的生活学习过程中会产生各种各样的问题和困惑。为解决这些问题，辅导员必须不断地学习。

辅导员的学习从大的方面来说主要体现在两个方面。一是实践经验的学习。这要通过两个途径来实现，第一是向同行学习，学习其成功的经验，吸取其失败的教训。第二是向书本学习，也就是学习别人撰写的有关辅导员工作的论文和专著，以获得帮助和启迪。二是理论知识的学习。第一，加强理论学习，提高思想政治素质。思想政治素质是高校辅导员的核心素质。高校辅导员思想政治素质的好坏，在一定程度上影响着学生的政治信仰和政治热情。这就要求高校辅导员要认真学习新时代中国特色社会主义思想，用这些理论指引自己前进的方向。辅导员还要坚定政治信仰，提高政治觉悟，关心时事。第二，加强专业知识的学习，提高思想政治工作的实效性。这就要求辅导员要通晓学生所学专业，这样和学生交流就有共同语言，从而师生关系就拉近了，学生也容易接受辅导员的教诲。正如俗话所说，亲其师，才能信其道。同时，还要学习心理学和教育学的知识以及管理学的知识。辅导员工作说到底是做人的思想政治工作，这就必须要掌握人的心理。做人的工作又是一个教育的过程，所以，辅导员还必须懂得教育规律。

三、提高科学研究的能力

提到科学研究人们可能会想到那是专业课老师的事情，其实则不然，对辅导员来说，科学研究能力是其重要素质，科研能力的高低在一定程度上影响辅导员工作的质量和水平。我们认为辅导员工作是一门艺术，同时也是一门科学。作为一门科学它同其他学科一样有自己的研究对象、研究内容、研究方法和内在运行规律。所以，对辅导员来说进行科学研究还十分必要。通过科研可以将实践中的经验和感性认识上升到理论的高度，以利于更好地指导自己的工作，从而提高未来工作的针对性和实效性。如果能将这些经验进行交流亦或发表，那么对其他辅导员也有一定的启迪和借鉴意义。

辅导员要利用与学生接触比较多的有利条件，做生活中的有心人，注意积累第一手资料。这样写出来的东西才有针对性和可操作性。为了及时获得较多的资料，可以通过班委会团支部成员提供有关信息。因为高校的扩招，现在不少高校的辅导员服务的学生高达三四百人，有的甚至更多，再加上没有固定教室等原因，这给全面深入地了解学生带来了一定的困难，这就使得发挥班干部成员和院系学生会成员的作用显得十分必要了。和兄弟院系辅导员进行交流，也是提高科研能力的有效途径之一。不仅如此，平时还应抽时间多读一些学生教育和管理方面的著作和论文，以提高自己的理论素养。同时，还应多练笔，即在占有一定材料的基础上，对这些材料进行分析、归纳、概括，形成文字，否则，有些内容和信息会稍纵即逝的。长此下去，科研能力就能够不断提高，从而进一步推进辅导员工作的开展。

四、创新能力

创新对辅导员工作来说意义重大，只有创新才能不断开拓工作新局面，取得新的成绩。世界在变化，我国改革开放和现代化建设在前进，人民群众的伟大实践在发展。在这不断变化的国际国内环境背景下，作为社会重要组成部分的大学生群体，他们的思想和行为无不发生着深刻的变化。面对这种变化，辅导员工作在思想观念和工作方式方法方面须开拓创新，与时俱进。

首先，思想观念上要创新。实践基础上的理论创新是社会发展和变革的先导。因此，辅导员工作要确立如下观念：

一是树立"教育就是服务"的观念，赢得学生的理解和信任。我国目前的招生制度和就业制度与计划经济条件下的招生制度和就业制度相比，发生了根本性的变化。计划经济条件下，学生上学的费用国家担负，学生的工作国家统一分配。在社会主义市场经济条件下，情况则发生了重大变化，学生上学的费用由家庭担负，学生的工作则是在国家宏观指导下的"双向选择"。这要求高校辅导员牢固树立"教育就是服务"的观念，切实做到"一切为了学生，为了一切学生，为了学生的一切"。从新生入学到学生毕业都要始终树立这种观念。只有这样才能赢得学生的理解和信任，辅导员工作才能顺利开展。从而引导、帮助他们树立正确的人生观、世界观和价值观，达到"受教育、长才干、做贡献"的目的。

二是树立素质教育观念，教学生学会做人。21世纪的大学教育，既要使学生有知识，又要使学生学会做事，更重要的是使学生学会做人。联合国教科文组织提出"学会求知、学会做事、学会共处、学会做人"的21世纪教育的四大支柱，其核心就是做人。如果学生没有学会做人，那么他们知识越多、岗位越重要、地位越显赫，给社会带来的危害就越大。但是，由于长期以来应试教育的影响，致使我们更多地关心学生的文化知识的学习而忽略了或者说轻视了学生的做人方面的教育。这与时代对大学生的要求是不相适应的。

其次，工作方式方法上的创新。辅导员工作既要继承已有的经验和好的做法，又要在新的实践基础上进行创新，不断开创工作新局面。一要利用网络对学生进行思想政治教育。网络具有交互性、即时性、便捷性、开放性和匿名性的特点。因此，大学生同样也钟情于网络。网络正在影响改变着大学生的学习生活和思维方式。它在方便大学生接受信息的同时，也影响着大学生的人生观、世界观和价值观。作为学生的引路人，辅导员应积极引导大学生合理利用网络，使他们认识到网络的双面性。二要加强对大学生的网络法制和网络道德教育，使学生将网络伦理和网络技术置于同等重要的地位，认真学习并加以遵守；要培养学生自我教育、自我管理、自我服务的意识，促使他们成为网络社会中的道德主体，有效地利用网络促进自身健康成长。为此，辅导员要密切关注网上动态，了解大学生思想状况，加强同大学生的沟通和交流，及时回答和解决大学生提出的问题。三要灌输和疏导相结合。灌输是对学生进行思想政治教育的一种方法。在信息化的时代，学生获得信息的途径多种多样，灌输给大学生的思想可能会受到干扰，因而还必须采取疏导的方法，将这两种方法结合起来。疏导本是一种治水的办法，把"因其势而利导之"的方法引用到对大学生的思想政治教育中，就是疏通引导的思想政治教育方法。

第七章 高校思想政治教育与实践育人

第一节 实践育人的基本内容

一、高校实践育人概述

实践是人类改造客观世界的物质活动。实践育人工作中的实践活动与普通的社会实践有着一些基本的共同特征，但是又显著区别于一般的实践活动。实践育人中的实践既有一般实践活动的普遍性，又有育人活动的特殊性。

一方面，实践育人活动作为人类社会活动中的一部分，是人类社会实践活动的基本内容和重要组成部分，因而它具有人类社会实践活动的一些共性。第一，实践的客观现实性。实践的主体、客体以及实践手段和实践开展的过程、取得的成绩等都是客观的，这就决定了实践的客观现实性。第二，实践的主观能动性。实践是人类开展的有目的、有意识地作用于实践客体的活动，与动物简单地为了生存目的而进行的系列低级的、本能的活动不同。实践育人主要以提升大学生的综合素质为目标，具有明显的目的性和能动性。第三，实践的社会历史性。实践主体的实践活动是在一定的社会关系中进行的，个人的实践离不开一定的社会环境和社会成员的支持；同时，一定时期的实践活动还会受到历史条件和经济社会发展条件的制约，与不同社会时期的社会背景、教育发展情况、教育政策等密切相关，具有很强的历史性和现实性。

另一方面，实践育人作为一类比较特殊的实践活动，具有一定的特殊性。第一，实践育人主体的特殊性。实践育人的主体是大学生。大学生是一个处于成长期的社会群体，他们的实践活动以学习知识、掌握技能和提升综合素质为主要任务，这就决定了他们与一般实践活动的实践主体有本质不同。第二，实践育人开展目的的特殊性。实践育人一般都在高校组织下开展，具有明确的导向性。实践的目的主要是大学生在实践活动中学习、获得新的理论知识和实践技能，检验已学的理论知识，努力实现自身理论学习和社会实践相结合，丰富自身的知识体系和能力结构，促进自身的全面可持续发展。第三，实践育人作用的特殊性。大学生正处于世界观、人生观、价值观形成的关键时期，高校开展的实践活动对于自身的教育和锻炼意义非常重要。实践育人是培养大学生实践能力和创新能力的重要途径，也是培养大学生健康个性和健全人格的重要手段，对于大学生的全面发展具有重要的促进作用。第四，实践育人形式和内容的特殊性。实践育人是以大学生为主体的实践活动，大学生作为在校学生，其主要任务是学习，主要活动场所是学校。大学生的这些特点决定了实践育人的相关内容必须与大学生这特殊群体的基本特征相对应。在整体教学计划和安排内，通过教学实践、军事训练、主题教育、志愿服务、社会调查、创新创业、勤工助学等形式开展。

二、高校实践育人的内容

高校实践育人内容丰富、形式多样。实践育人作为一种教育理念，渗透在高等学校人才培养的各个环节。实践育人作为一种育人途径，与其他形式的育人途径相互促进、相得益彰。目前高校实践育人形式包括实践教学、军事训练、主题教育、志愿服务、社会调查、创新创业、勤工助学七个类型。

（一）实践教学

实践教学活动是与高校教学工作和大学生专业知识学习相关的各种实践活动。实践教学活动是强化、巩固大学生专业知识学习的有效手段和基本途径，同时也是教学内容的基本组成部分。实践教学是学校教学工作的重要组成部分，是深化课堂教学的重要环节，是学生获取、掌握知识的重要途径。实践教学活动包括课程实践、课程实习、专业实验以及生产实习、毕业实习、毕业设计等与教学相关的实践内容。尽管不同层次、不同类型的高校实践教学活动的设置不尽相同，理工科类课程、人文社科类课程等各种不同课程对实践教学环节的体现也不尽相同，但都应该根据人才成长规律和教育基本规律，对实践教学活动进行合理的安排。

抓好实践教学活动、强化实践教学环节能更好地实现高等教育人才培养的目标。一方面，大学生通过参加实践教学活动，能加深对理论的理解和体验，有效地巩固所学理论知识，进一步巩固专业知识学习的效果，实现对所学知识的融会贯通和综合运用，培养大学生理论联系实际的学习习惯。同时，大学生在实践活动中能进一步强化专业技能和专业素质，增强自身对所学专业知识和理论知识的实践体会，进一步激发大学生对专业知识的热情，激发大学生的学习兴趣。另一方面，大学生参与生动丰富的实践教学活动，是发现问题、解决问题，锻炼学生解决实际问题的实践能力和抗压抗挫能力，调动大学生进一步学习创造和科学研究的积极性，培养大学生良好的科研习惯和科学精神，实现全面提升大学生综合素质的育人目标。

（二）军事训练

军事训练简称军训，即根据《中华人民共和国兵役法》和《中华人民共和国国防教育法》等法律法规，在一定时期内对大学生集中进行包括国防教育、队列训练、战术训练、内务训练等一系列军事化训练的活动总称。国防建设和国防教育是国家安全和社会团结、稳定的基础。接受国防教育、增强国防意识是每个社会公民应该承担的责任。大学生参加军事训练是大学生接受国防教育、参与国防建设的重要途径和手段。军事训练是对大学生进行国防教育，强化大学生国防意识、民族忧患意识和担当意识的重要途径，是培养国防后备力量、加强国防建设的重要手段。大学生参加军事训练是高等学校人才培养工作的基本内容，是对学生进行国防教育和国家安全教育的基本途径，也是高校实践育人的重要形式，能提升大学生的综合素质。

首先，军事训练能增强大学生的国防意识。和平与发展是当今世界的主题，是世界发展的大势所趋，也是全世界人民的共同需求，我国整体上处于和平稳定，有利于实现快速发展的国内国际环境。但是，影响我国和平稳定环境的复杂因素依然存在，会对我国的国家安全和社会和谐稳定的大局构成威胁。因此，加强国防教育显得十分迫切。大学生是未来国家竞争的主体，是国防力量的后备军，对他们加强国家安全教育、国防意识教育十分必要。军事训练能让大学生进一步认清复杂的国际形势，认清国家安全面临的潜在威胁，增强大学生的忧患意识和进一步明确时代赋予他们的历史使命，帮助大学生树立正确的世界观、人生观、价值观，培养大学生的爱国精神，增强大学生维护国家领土主权完整、国家安全的决心、信心和自觉性，坚定大学生建设社会主义现代化强国、实现中华民族伟大复兴的理想信念。

其次，军事训练能提升大学生的思想道德素质。通过开展军事训练，大学生与人民解放军同生活、同训练，能让大学生进一步感受、了解和学习中国人民解放军"听党指挥、能打胜仗、作风优良"的强军目标，学习不怕吃苦、敢于牺牲的革命英雄主义精神，从而加强对大学生爱国主义和革命英雄主义教育。通过严格标准的军事训练，能帮助大学生学习人民解放军艰苦奋斗、不畏艰难的坚强意志品质，帮助大学生树立"流血、流汗、不流泪，掉皮、掉肉、不掉队"的顽强意志，帮助大学生克服贪图享受、不思进取等懒散情绪和懈怠精神，帮助大学生养成吃苦耐劳、不怕困难、乐于奉献、积极进取的坚强意志。

再次，军事训练能培养大学生的团队意识和纪律观念。在军事训练中，各种训练任务的完成需要全体参训学员的相互配合和通力合作，需要参训学员具备良好的大局观念和服从意识。通过各种高强度的队列训练，举办阅兵式、分列式等训练成果比赛，并以此为导向对大学生的训练过程和训练成果统一的要求、进行标准化管理，提升大学生的团队意识、集体意识和合作意识，培养大学生的团结协作精神。同时，军事训练以军人的标准要求大学生服从命令、令行禁止，坚决服从组织纪律，坚决服从大局安排，能帮助大学生改变以自我为中心的主观倾向，从而强化大学生的纪律意识、自律意识和大局意识。

最后，军事训练能提升大学生的身心素质。在军事训练中，大学生按照军人的标准参与高强度、高体力的训练活动。在军事化的管理方式中接受风吹雨淋、阳光暴晒，能帮助大学生锻炼强健的体魄，增强大学生的忍耐力和承受力，培养大学生吃苦耐劳的优良品德和坚韧不拔的意志品质，从而实现大学生身体素质和心理素质的协调发展。此外，通过为期半个月至一个月的军训，能帮助大学生养成科学合理的作息时间，强化大学生参与体育活动的意识，引导大学生养成积极参与锻炼活动的良好习惯，提高大学生的身心素质。

（三）主题教育

主题教育活动是围绕某一特定的教育主题，通过实践活动的开展，将思想政治教育的目标和要求加以贯彻、强化，进而达到教育效果的实践活动。大学生参加的主题教育活动一般由相关上级组织、团学组织等为主导，根据教育环境和大学生的身心发展和成长特点等，进行设计、策划，形成特定的主题，并围绕这一主题开展一系列相关教育活动。主题教育实践活动已经成为大学生思想政治教育和高校人才培养工作的重要手段和内容。主题教育活动是实践育人的主要形式，通过组织大学生参与系列活动，实现对大学生教育引导和塑造熏陶的目的，在大学生思想政治教育中发挥着不可替代的作用。

主题教育活动具有鲜明的特点，主要体现在以下几个方面：

首先，主题教育活动的针对性强。针对性强是主题教育活动的突出特点和基本特征，是主题教育活动在育人工作中最独特的优势所在。主题教育活动能根据特定的教育任务和特定的教育对象选取特定的教育手段和途径，并进行针对性的情境设计和谋划，最大限度地强化育人活动的效果。一方面，主题教育实践活动的主题具有针对性。活动中，高校主题实践活动的组织者和实施者能在充分把握基本规律的前提下，根据教育形势的基本情况和育人目标的基本要求，结合本单位开展育人工作的实际，选择针对性强、适应教育形势发展并能满足教育目标基本要求的主题活动，达到增强育人活动效果的目的。另一方面，主题教育活动的受教育对象具有很强的针对性。主体实践教育活动的组织者能充分考虑受教育对象的专业知识背景、学习阶段特征、年龄阶段特征、生理心理特点等一系列情况，有针对性地进行活动规划和设计，从而更好地适应受教育对象的基本特征，增强教育实效性。同时，主题教育活动中，教育活动的组织者在确定教育主题和教育对象的基础上，能进一步选择并优化教育活动的实施方案，选择适合活动主题的、受教育对象乐于接受的开展方式，最大限度地实现主题教育的育人功能，从而达到因地制宜、有的放矢的效果，增强大学生思想政治教育工作的针对性和实效性。

其次，主题教育活动的灵活性强。传统的教育活动中，因为教学内容固定化、教学过程程式化，教学形式枯燥、内容单调，不适合大学阶段的学习特点。大学生对这种教育方式的认可度非常有限，因而越来越受到大学生的排斥和反感，教育效果往往较差，而主题教育灵活性强的特点则能很好地弥补传统教育活动的弊端。一方面，主题教育活动的主题选择是灵活多样、丰富多彩的。主题教育活动的组织者可以根据不同阶段教育对象的现实需求和心理特点，灵活自由地选择主题教育开展的内容和时机，并根据实际情况和受教育对象需求状况的变化以及社会的现实需求等，及时调整主题教育活动的内容安排和实施形式，增强主题教育活动的吸引力，激发大学生参加主题教育活动的积极性和主动性。另一方面，主题教育活动的形式和载体是灵活多样的。在活动开展过程中，活动组织者结合不同时间段的具体任务、一定时期内的重大历史事件等，以具体的活动为载体，根据教育目标和教育对象的不同创新主题教育的载体，丰富主题教育的形式，灵活选择座谈会议、专题讲座、团组织生活会、文体活动、参观考察等多种形式中的一种或几种，达到增强教育活动效果的目的。

最后，主题教育活动的实践性强。所有的主题教育活动最终都要通过实践的形式付诸实施，因而实践性也是主题教育活动最主要的特征之一。实践是认识的来源，是理论积累的最终目标和检验手段，是大学生获得全面发展的基本途径。大学生在实践活动中，能掌握、巩固所学理论知识，并运用它们为社会服务，进而更好地发挥自己的聪明才智，实现自身的价值。主题教育活动是实现理论与实践相结合的重要形式。主题教育活动一般都是围绕一定的主题，设定教育目标，设计、提供一定的情景模式，通过参与活动，真正实现受教育者理论学习与实践参与相统一，加强受教育者对各种理论的深刻理解和感悟，引导他们在实践锻炼中实现自我、发展自我，从而达到强化教育效果的目的。

（四）志愿服务

志愿服务活动是志愿者不以获得报酬为目的参加的，服务社会、奉献他人或者为促进经济社会发展进步的社会公益实践活动。志愿服务活动具有社会性、公益性、自愿性和无偿性等特点。它是大学生思想政治教育、道德教育的有效途径，能增强大学生的社会责任感，提升大学生专业素质和实践能力。

我国的志愿服务工作源于20世纪90年代。1993年底，共青团中央开始组织实施中国青年志愿者行动。当年12月，两万余名铁路青年以"青年志愿者"身份走上铁路，开展了以"为京广铁路沿线旅客送温暖"为主题的志愿服务活动，奏响了中国青年志愿者服务行动的序曲。1997年，由中宣部、文明办、团中央、教育部、全国学联统一组织发起的大学生青年志愿者暑期"三下乡"社会实践活动正式开始，我国大学生暑期社会实践活动也由此拉开大幕。作为志愿服务的一个重要实现途径，在此后的20多年里，越来越多的大学生选择加入志愿服务活动，利用暑假时间深入人民群众生产生活一线，结合广大人民群众的实际需求开展形式多样的志愿服务活动，在积极奉献科学文化知识和青春智慧的同时，努力提升自身的综合素质。经过20余年的发展，中国青年志愿者队伍不断壮大，志愿服务活动的活动内容、活动方式、活动范围也不断增多和扩大，社会影响力显著增强，志愿服务活动已成为当代青年大学生的价值追求和时尚潮流，成了大学生成长成才的重要实践平台。

志愿服务活动是高校实践育人的重要载体，在高等学校育人工作中起着非常重要的作用。首先，志愿服务活动是大学生思想政治教育的有效途径。大学生参加丰富多样的志愿服务活动，深入基层了解社情民意，了解改革开放以来经济社会发展的突出成绩，能帮助大学生正确地看待当前经济社会发展中出现的问题，能帮助大学生正确认识社会发展规律，明确自身肩负的社会责任和历史使命，进而坚定地在中国共产党领导下全面建成小康社会、实现中华民族伟大复兴的中国梦的理想信念。其次，志愿服务活动能加强对大学生的思想道德教育。通过志愿服务活动的生动实践，能培养大学生服务他人、奉献社会的精神，加强对大学生以爱国主义为核心的民族精神、以改革开放为核心的时代精神为主要内容的社会主义核心价值观教育。倡导学生践行"爱国、敬业、诚信、友善"的价值准则，并在大学生不断参与志愿服务实践的过程中得到强化，从而内化为大学生的内在品格，提升大学生的思想道德素质。再次，志愿服务活动能提升大学生专业素质和实践能力。大学生在参与志愿服务活动的过程中，将所学知识运用到广大人民群众的生产生活实际中，能进一步加深自身对专业知识的掌握，锻炼大学生运用知识解决实际问题的能力，并激发大学生学习专业知识的主动性和自觉性，以更加饱满的热情和更加负责任的态度投身今后的学习生活中，进一步提升服务他人、奉献社会的本领。最后，志愿服务活动能促进大学生的身心健康发展。大学生走出课堂、走进社会生活现实，接受一线生产劳动的锻炼，接受社会生活的磨炼，能不断提升大学生的身体素质和抗压抗挫能力。同时，大学生在参加志愿服务的过程中，助人为乐、服务他人，能在服务他人的过程中不断实现自身的价值，不断获得良好的情感体验和正面的心理暗示，培养大学生阳光、向上的心态，不断提升大学生的心理素质。此外，志愿服务活动对培养大学生解决问题的实践能力、勇于探索的创新精神，也具有十分重要的正面促进作用。

（五）社会调查

社会调查是一种认识社会的科学方法，是深入社会、了解社会现实的基本途径。所谓社会调查是指人们运用特定的方法和手段，从现实社会收集有关社会事实的信息资料，并对其做出描述和解释的一种自觉的社会认识活动。社会调查的目的是在调查和统计的基础上分析其中的问题，从而揭示事物的本质及其变化发展的规律，进而寻求改造社会的方法和途径。社会调查具有实践性、客观性和综合性的特征。因为参与主体和开展目的的特殊性不同于一般的社会调查，大学生参加的社会调查活动，一般以提高大学生社会观察分析能力等综合素质和加强大学生思想政治教育为目标。他们走出课堂和校园，在相关专业老师的组织引导下，围绕一定的目标而开展社会调查实践活动。

社会调查活动是大学生走出校园、了解社会的重要途径，是实践育人的重要载体。教育部等部门在《关于进一步加强高校实践育人工作的若干意见》中强调了社会调查的育人意义，并对大学生社会调查的开展情况提出了具体的要求：每个学生在学期间要至少参加一次社会调查，撰写一篇调查报告。参与社会调查是大学生了解社会生活、获得正确认知的基本途径，也是实现大学生全面成长成才的重要途径，对于大学生各方面素质的提升有明显的促进作用。

首先，社会调查活动能帮助大学生树立正确的价值观念。大学生在校学习的方式主要以课堂学习为主，接受的思想政治教育也往往以课堂理论知识传授为主要途径。因为缺少对社会生活亲身的体验和感悟，所以思想政治教育的认同度和实效性不够理想。大学生在相关教师的指导下开展社会调查活动，能更加清楚地了解社会现实，更加辩证、客观地了解社会中存在的种种问题，更加清楚地认识人类社会发展的规律和社会主义建设的规律。帮助大学生认识到中国共产党带领中国人民走社会主义道路的历史必然性和现实科学性，从而帮助大学生树立正确的世界观、人生观、价值观，坚定大学生在中国共产党领导下进行社会主义现代化建设和实现中华民族伟大复兴中国梦的理想信念。

其次，社会调查活动能增强大学生的社会责任感。深入广大人民群众生产生活一线，参与经济社会生活，能帮助大学生更清楚地认识社会现实和中国国情，切身感受时代的脉搏，了解当前经济社会中存在的问题和面临的困难，了解广大人民群众的现实需求和迫切愿望，从而帮助大学生明确自身所肩负的时代责任和历史使命，激发大学生的责任意识和担当意识，提升大学生的社会责任感。通过社会调查活动，能引导大学生牢固树立责任意识、成才意识，增强成长成才的紧迫感和使命感，在今后的学习生活中更加刻苦的学习科学文化知识，努力增强自身服务他人、奉献社会的本领，以主人翁的姿态肩负起未来社会主义现代化建设事业的重任。

最后，社会调查活动能培养大学生良好的学习习惯。参与社会调查是大学生了解社会生活、学习知识的基本途径之一。大学生通过参加社会调查，能更好地理解和掌握所学知识，了解和认识社会问题，获得仅靠课堂学习不能获得的知识和能力，认清理论知识无法阐明的社会现实，从而培养大学生理论联系实际的学习习惯，进一步激发大学生深入学习的主动性和积极性。同时，通过参加社会调查能帮助大学生克服主观主义和经验主义的作风，培养大学生树立勤于实践、善于思考的严谨的科学态度，养成良好的学习习惯，提高学习能力。

（六）创新创业

创新是人类特有的认识能力，也是人类特有的实践能力。它是人类主观能动性的高级外在表现，其本质是突破旧的思维定式，实现新发明、新创造和新描述。创新为创业提供了技术支撑和力量之源。大学生创业从本质上来讲是一种实践活动，即大学生根据社会发展和个人就业的需要，运用自身所学的专业知识和技能，创新性、创造性地运用、整合各种生产要素和社会资源，通过为社会提供符合社会需求的产品和服务，获得报酬和社会认可，进而实现个人社会价值的实践行为。

随着高校毕业生规模的不断扩大和大学生群体就业压力的不断增加，大学生创业行为越来越受到党和政府的高度重视与支持。要贯彻劳动者自主就业、市场调节就业、政府促进就业和鼓励创业的方针，实施就业优先战略和更加积极的就业政策。引导劳动者转变就业观念，鼓励多渠道多形式就业，促进创业带动就，加强职业技能培训，提升劳动者就业创业能力，增强就业稳定性，全党都要关注青年、关心青年、关爱青年，倾听青年心声，鼓励青年成长，支持青年创业。健全促进就业创业体制机制。建立经济发展和扩大就业的联动机制，健全政府促进就业责任制度。规范招人用人制度，消除城乡、行业、身份、性别等一切影响平等就业的制度障碍和就业歧视。完善扶持创业的优惠政策，形成政府激励创业、社会支持创业、劳动者勇于创业的新机制。完善城乡均等的公共就业创业服务体系，构建劳动者终身职业培训体系。党和国家的创新创业政策为青年学生的创新创业实践搭建了广阔的平台，提供了坚实的条件保障。

大学生创新创业活动包括研究性学习、创新型实验、创业计划和创业模拟活动以及创业实践等内容。近年来，各类创新创业类活动赛事吸引了数以百万计的大学生不断参与其中，有力地促进了大学生创新能力、实践能力的培养和综合素质的提升，在高等学校人才培养工作中发挥了越来越重要的作用。

首先，创新创业活动能培养大学生的创新精神和实践能力。大学生在创新创业活动和实践中，不断面对新问题、新情况，迎接新挑战，这就需要他们打破传统习惯和思维定式，充分发挥敢想敢做的特点，创造性地运用所学理论知识大胆尝试。这将帮助大学生打破传统思维藩篱的束缚，进一步强化大学生思维的敏捷性、灵活性和创造性，从而提升大学生的创新能力，培养大学生勇于探索、开拓进取的创新精神。同时，大学生在创新创业活动的尝试中，需要不断将理论知识在实践中加以检验和完善，不断地将新的想法、新的思维付诸实践和行动，通过各种途径争取各方帮助。创新创业活动中会遇到各种困难和阻力，解决活动中的问题，能有效地锻炼大学生综合应对各种困难的承受能力和解决实际问题的动手实践能力。

其次，创新创业活动能全面提升大学生的综合素质。大学生在创新创业活动中需要在所学理论知识的指导下开展各项工作，将理论知识应用在实践中加以检验和深化，巩固专业知识和专业技能，提高自身综合运用专业知识解决实际问题的能力。大学生在创新创业活动中，需要同来自不同生活背景、不同学科门类的团队成员相互配合和协作，需要团队成员相互支持、相互鼓励，为实现同一个目标共同努力，能很好地锻炼大学生的人际交往能力、组织协调能力，强化大学生的大局意识、集体意识、团队意识和奉献意识。此外，在创新创业的实践中，大学生抗压能力、思辨能力、社会适应能力、意志品质等各种能力和素质都将得到强化和提升，从而其综合素质得以全面提升。

最后，创新创业活动能有效地缓解大学生的就业压力。随着我国高等教育规模的不断扩大，高等学校毕业生人数剧增。高等学校毕业生人数不断激增，社会对高等学校毕业生的用人需求却相对有限，适合大学生就业的有效就业岗位与大学生就业需求之间的缺口越来越大。大学生的就业问题日益突出，"史上最难就业季"的呼声一年高过一年，毕业即失业成了部分高校大学生面临的残酷现实。通过参加各种创新创业活动和创业实践，能很好地锻炼大学生的创新能力和实践能力，激发大学生的创新思维、创业激情和创造意识。经过创新创业活动和创业实践的锻炼，越来越多的大学生加入创新创业队伍，充分利用自身的年轻热情和智力优势，发挥自身的积极性和创造性，积极投身创业实践。这不仅能有效地解决一部分大学生的就业问题，还能吸纳更多的毕业生就业，为社会提供就业岗位，缓解整个社会的就业压力。

（七）勤工助学

勤工助学是在校大学生利用课余时间参加的以获得经济报酬、积累社会经验、培养自身能力等为目的而进行的各类实践活动的总称。近年来，随着高等教育事业的不断发展，大学生规模不断扩张，参加勤工助学的大学生数量也随之增多，勤工助学活动也从简单地为家庭经济困难学生提供经济支撑，演变成为大学生参加社会实践、全面提升个人素质的重要途径和载体。勤工助学是贯彻教育与生产劳动相结合、推进素质教育全面实施、加强和改进大学生思想政治教育的重要举措。勤工助学活动是大学生社会实践活动的重要内容之一，是高校实践育人的主要形式。

第一，勤工助学活动是大学生思想政治教育的有效手段。大学生通过参加勤工助学活动，走出课堂、走向社会，能进一步了解社情民意，还可以使他们了解经济社会发展的现实，了解中国特色社会主义建设取得的伟大成就，加深对党的纲领路线方针政策的认识、理解和认同，更加清楚地认识社会发展规律和社会主义建设规律，更加坚定自觉地跟中国共产党走中国特色社会主义道路，为实现中华民族伟大复兴的中国梦而勤奋学习、不懈奋斗。

第二，勤工助学活动能有效提升大学生的综合素质。大学生在勤工助学活动的过程中，接触经济社会发展的实际，深入生产劳动一线，将所学知识加以运用，不断加深对所学理论知识的掌握，并通过实践不断深化、内化为自身的知识和能力，从而锻炼自己运用专业知识的能力，实现融会贯通，最终提升大学生解决实际问题的实践能力。大学生在勤工助学的实践活动中，不断接触新事物、面临新状况、解决新问题，能最大限度地激发自身的创造激情和动力，为大学生从事创新创造提供机会和平台，促进创新能力的提升和创新精神的培养。通过参加勤工助学活动，直接从事各种各样的生产活动，接受实践活动的锻炼和磨砺，能强健大学生的体魄，提高大学生的身心素质。参加勤工助学活动需要与不同的社会成员进行交流、沟通，需要和其他同学团结合作，能培养大学生的集体意识和团队精神，锻炼大学生的人际交往能力。同时，参加勤工助学活动，走出课堂和寝室，参与丰富多样的社会实践，能帮助大学生树立阳光、开放的健康心态，提升大学生的心理健康水平。

第三，勤工助学活动能培养大学生良好的道德品质。参加勤工助学活动和各种生产劳动，能增强大学生对广大劳动人民的了解和体悟，强化大学生的劳动观念，培养大学生良好的社会品德和职业道德。大学生通过参加勤工助学活动获得报酬，能深刻理解劳动的艰辛和不易，体悟"没有付出就没有回报"的道理，从而树立正确的价值观念和生活态度，以及劳动光荣的价值观念，自觉抵制不劳而获的错误思想。勤工助学在使大学生获得经济收入的同时，能强化大学生自立自强的意识，改变大学生对助学金、培养大学生对自身负责的担当性、主动承担社会责任的积极性。同时，大学生在课余时间参加勤工助学工作，需要不断地面对并克服学业、生活等各方面的压力和问题，锻炼了大学生的意志品质和毅力，全面提升了大学生的综合素质。

第四，勤工助学活动能提升大学生的社会化程度。在勤工助学活动中，大学生按照相关组织的统一要求，在规定的时间内完成一定的任务安排，获得相应的经济报酬。通过承担具体的工作职责，大学生体验了不同的社会身份、适应不同的社会角色，了解了社会分工和社会运转的基本情况和基本规律，有利于他们做出科学准确地自我定位，摆正自己与他人以及与社会的关系，更加客观地认识和处理个人发展与社会需求的关系，明确今后个人努力的方向，从而提高自己的社会化程度。同时，通过参加勤工助学活动，大学生可以尽早接触社会生活现实，锻炼社会适应能力，积累社会经验和人生阅历，提升心智成熟水平，尽快实现从学生到社会人的转变，为顺利适应未来的社会生活打下良好基础。

第二节 高校实践育人与高校思想政治教育的关系

实践育人可以让青年学生了解国情，培养学生的创新精神及为社会做贡献的精神，提高学生的社会责任感。大学生思想政治教育的实质是改造人的主观世界，提升人的思想境界和道德品质，并帮助人们提高改造客观世界的效果。因此，实践教育与思想政治教育相辅相成，密不可分。

一、实践育人是高校思想政治教育工作的重要环节

加强和改进大学生思想政治教育的基本原则之一，即结合社会实践。实践教育是高校思想政治教育的重要组成部分，对思想政治教育工作起着重要的作用，也是提高高等教育质量的切入点。这主要体现在以下三方面。

（一）凸显思想政治教育的目标

高校思想政治工作的任务，即学校的思想政治工作要围绕培养社会主义合格的建设者和接班人的根本任务来进行。实践育人工作的展开恰恰是高校思想政治工作进一步践行了党的教育方针。我国的思想政治教育不光是简单地向学生们介绍社会意识形态，还包括身体力行去体验，因此实践教学一直以来都受到高度重视。实践育人工作的开展，彰显了我国思想政治教育和人才强国战略的宗旨，对增强综合国力具有重要作用。

（二）拓宽思想政治教育的渠道

之所以说实践育人是高校思想政治教育的重要组成部分，是因为实践育人是 20 世纪 80 年代高校思想政治教育开辟的新渠道，它将教育内容寓于活动之中，使大学生在实践中接受教育、应用所学、提高觉悟。

几十年的经验表明，实践对思想政治教育产生了巨大的影响。在实践开展的过程中，能开发出隐性教育、感受教育、自我教育，同辈群体教育、网络教育和社会教育等子渠道，使思想政治教育向纵深方向延伸，让每一个大学生都能在这片绿地上欢歌载舞。

（三）整合思想政治教育的资源

实践是知识的源泉。生动的实践活动是思想政治教育理论的重要来源。思想政治教育理论作为适用于科学的理论具有与时俱进的特点。而与时俱进、完善更新并不能在闭合空间里完成，"封闭即退化"，应当通过实践育人这个开放的窗口，把握大学生思想发展动态，迎接挑战，放眼世界，更新资源。思想政治教育好比深不可测的"古井"，而实践育人正是源源不断地给它输送了生命的"活水"。灌输教育利用的思想政治教育资源极少，属于"静态思想政治教育"，而实践活动最大限度地调动了思想政治教育资源，使思想政治教育自然资源、社会资源、组织资源、教育资源、文化资源、科技资源、信息资源等得到充分整合和开发，构建"动态思想政治教育"成为可能。

二、思想政治教育是实践育人有效开展的重要保证

思想政治教育是一切工作的生命线。深入开展实践育人工作是新形势下大学生思想政治教育的有效途径。实践育人源自思想政治教育，因此不能摆脱思想政治教育，应当在思想政治教育的指引下，摸索、完善实践育人工作。如今，实践育人越来越多地走出教室，走向社会，甚至走出国门。在这种情况下，更需要加强思想政治教育对学生的指引性，避免西方文化殖民主义歪曲我国青年健康成长的方向。

（一）确保实践育人的正确方向

思想政治教育是实践育人有效开展的重要保证，这首先体现在思想政治教育的主体作用上。它始终把实践活动指向教育者寻求的方向，纠正实践活动中偏离正确方向的做法，确保教育在预期方向上发展，实践活动为教育工作者带来理想的结果。

"方向"和"旗帜"涉及培养什么样的人的根本问题，关系到培养出的人走什么道路、跟谁走的问题。长期以来，全国高校始终把正确的政治方向放在工作首位，始终围绕党的中心工作确定自己的教育任务和教育方针。进入 21 世纪，全国各地高校始终坚持"越是改革开放越是加强高校思想政治教育"，一直坚持用马克思主义中国化最新成果来武装学生，把握住了马克思主义在意识形态领域的主导地位，确保实践育人朝着社会主义方向迈进。把握了大方向，还要关注实践育人开展过程中是否坚持了科学理论，是否走在正确的轨道上。在开展实践育人的过程中，高校主要有以下欠佳表现：

第一，高校教师缺乏科学理论的学习和指导，盲目开展实践，得出个别偏离科学的错误结论；第二，某些大学生参加实践活动态度不端正，不求甚解、半途而废，甚至还出现了一些不好的风气；第三，存在极少数教师和领导不重视实践育人工作、敷衍了事的现象。思想政治教育就像海上的灯塔，引导教育工作者和大学生运用科学的理论和方法来理解和分析问题，并指导师生的主观目的和认识，约束大学生在实践过程中的行为，进而确保实践育人工作朝着既定的目标前进。

（二）为实践育人工作提供理论支持

思想政治教育在实践育人理论指导下的作用取决于实践与知识的关系。马克思主义哲学认为，认识在实践中具有主导作用。人类的实践与动物本能活动不一样，人类的实践需要以科学知识为指导，没有任何理论指导的实践是盲目的实践。在科技快速发展的当今社会，认识实践活动的导向、预测、规避、促进作用变得越来越重要。正确的理论支持会使实践顺利进行，并取得理想的效果；当使用错误的理论支持实践时，会带来负面影响，甚至造成破坏性影响，导致实践失败。实践作为主观之于客观的活动，本身就包含着认识的因素，需要以正确的认识作为理论支撑。

只有以科学的思想政治教育理论来充实实践育人理论，指导实践育人工作，才能使实践育人工作达到较好的效果，否则培养"四有"新人的目标只能束之高阁。思想政治教育通过直接作用于大学生、教师的精神世界，通过对大学生、教师的认识产生影响而作用于实践育人活动。思想政治教育理论、实践育人理论都是大学生实践活动理论基础。因此，思想政治教育作为实践育人中的主线，是开展大学生实践育人活动的重要保障和理论支撑。

（三）确保实践育人获得真实效果

只有掌握了思想政治教育的理论知识和本质，思想政治工作者才能安排和设计出真正帮助学生、关心学生的以学生为本的教育政策。没有对思想政治教育理论知识和党的教育政策的正确认识，就不可能把握教育的本质，从而实现大学生在教育实践中的健康成长。目前，学者们对如何提高实践教育的实效性进行了大量的研究。研究主要集中在内容开发、机制建设、基础设施建设和团队培训等微观行为方面，发挥了不少作用，实践育人也引起了社会各界的广泛关注。但总体来看，从创新层面、根源层面和其他宏观层面、前瞻性方面的讨论较少。因此，外部因素通过内部因素才能真正起作用，而教育者要想取得真正的成果则不是一日之功，需要长期作用于大学生、教师、社会工作者的主观内在，达到潜移默化的效果。而实现了这一伟大工程，便是拥有了创新品质和开放视野的大学生思想政治教育。

三、思想政治理论课实践教学与大学生社会实践的区别与联系

（一）两者的发展背景与进程

思想政治理论课作为一门学科，其理论体系的建设是在20世纪80年代初提上日程的。而思想政治理论课实践教学则是20世纪90年代以来才出现的概念，其初衷是为了改革高校传统的大班理论教学封闭、单一、僵化的旧模式，以适应时代发展的需要。随着思想政治理论课教学改革的深入发展，把思想政治理论课推向社会，增强理论教学的时代感和吸引力成为当务之急。在这种环境下，思想政治理论课实践教学应运而生。

（二）两者在目标与本质上的区别

社会实践的目标是培养大学生分析问题、解决问题、克服困难和应对挑战的能力，这将促进大学生的全面发展。而思想政治理论课实践教学的目的是帮助学生激发兴趣和开阔他们的视野，并认识到思想政治教育理论知识和社会实践的结合，从而优化大学生思想政治认识和强化大学生思想政治修养。两者目标的侧重点是不同的。

大学生的社会实践活动是由共青团委发起的，它是教学计划及大纲之外的活动，也是对课程的补充。在大多数情况下，它被认为是"第二课堂"或"第二渠道"。思想政治理论课实践教学是高校思想政治理论课的重要组成部分，具有很强的方向性、思想性、课程性和研究性，在本质上仍然是一种教学活动。

（三）两者在内容和组织方式上的差异

在形式上，思想政治理论的实践教学包括课堂实践（研究实践和科研实践）和课外实践。而大学生的社会实践活动主要指课外活动。从两者的内容上看，思想政治理论课的实践教学是围绕本课程展开的，相关内容设计是为了提高学生的马克思主义理论素养和社会实践经验，为学生提供尽可能丰富的艺术、娱乐、体育、科学、文化和社会方面的经历，内容十分广泛。

大学生的社会实践活动通常是由院校团委牵头组织的，时间安排在寒

假和暑假，分为团队和个人两种形式。组织部署的实践基本上是临时性的，学生具有高度的自由度。思想政治理论实践教学主要是由课程教师组织的，课程结构和实施标准相对固定。因此，思想政治理论课的实践教学在教师指导、具体安排、后勤管理等方面采用的体系与大学生的社会实践是不同的。

（四）两者的共性和联系

思想政治理论课实践教学与大学生社会实践虽然有许多不同，但两者都是实践活动，有着密切的联系。

第一，两者共存于高校思想政治工作中。在高校思想政治工作中，思想政治理论课实践教学和大学生社会实践是大学生思想政治和道德素质教育的重要手段和主要途径，要提高高校思想政治教育的实效性，两者缺一不可。思想政治理论教育在培养学生正确的世界观、人生观、价值观和高尚的道德素质方面有着强大的作用，是大学生的基础教育，是其他学科所不能替代的。而大学生的社会实践是补充学生课外知识，提高学生各方面素质和能力，加强学生社会化的有效手段。总之，两者都是高校思想政治工作的重要环节，共同存在于高校思想政治工作体系中。

第二，两者作为实践活动有共通之处。在思想政治理论课实践教学中，课外实践活动在实践内容和实践方式上都与大学生的社会实践活动密切相关。例如，株洲大学在皖南革命老区开展的思想政治理论课实践教学活动，其实也是一种社会实践活动，这些活动的准备、部署和反馈非常相似，只是活动的主题和目的略有不同。除此之外，只要遵循大学生成长和受教育的客观规律，以服务社会、了解社会，贴近生活为目的的公益活动，既可以运用于社会实践，也可以运用于实践教学，高校思想政治理论课应认识到这一点，努力把两者结合起来。只有当一项活动达到两种目的时，教学成本才能降低。

第三，在发展趋势上存在着两者相结合的趋势。首先，思想政治理论实践性教学是从大学生的社会实践中拓展和发展起来的。大学生社会实践的成功开展为思想政治理论课的开展提供了有益的参考。此外，随着市场经济和网络时代的不断发展，学生接触社会、了解社会、融入社会的需求也被提上了日程。因此，在课程建设方案中，教育部提出在优化课程内容的同时，积极引入和加强社会实践环节，构建理论与实践相结合的教学模式。两者在产生上有渊源，在发展过程中可以相互学习。其次，两者的结合是提高高校德育效果的需要。随着高等教育的发展完善和人们对素质教育的日益重视，如何提高德育的实效性已成为一个热门话题。由于社会实践在促进大学生身心健康方面发挥着重要作用，社会各界都在积极地推进社会实践的发展。实践教学已被证明是目前最佳的教育改革方式，其必须与大学生的社会实践相结合，与培养优秀人才的需要相结合。

（五）两者的协调与发展

新时期实现社会实践与思想政治教育相结合是提高社会实践有效性的有益尝试。通过对当前大学生社会实践现状的分析，发现大学生在社会实践方面缺乏思想政治教育的引导，思想政治理论实践教学缺乏大学生社会实践的系统性、科学性。两者可以互相借鉴，取长补短。在了解了两者的定义、现状、区别和联系之后，如何实现两者的有机结合成为难题。目前，学术界对此并没有提出具体的、科学的对策，只是重复地罗列了一些提高社会实践实效性的办法。在此，对两者的协调发展有以下一些思考和建议：

1. 要相互借鉴，融合发展

随着大学生社会实践进一步朝着制度化、规范化、科学化方向发展，把大学生社会实践纳入思想政治理论课教学计划，建立受教育、长才干、做贡献的社会实践课程体系越来越有必要。只有这样，才能保证大学生社会实践的有效开展，提高大学生的社会实践效果，更好地落实大学生思想政治理论的社会实践。大学生社会实践体系可以学习思想政治理论课实践教学组织的严密性、系统性，考核的规范性，指导的全面性等特点；加强各个环节的思想政治教育工作，提高参与者（学生和教师）的政治素养和道德水平，端正他们的参与态度；加强对社会实践各个环节的理论指导，使社会实践朝着正确的政治方向发展并有坚实的理论支撑。

思想政治理论课实践教学可以借鉴大学生社会实践灵活、多样、独立、自觉等特点，积极调动学生的参与意识和主人翁意识，借鉴社会实践的有益经验，丰富实践教学形式和内容。在整合社会资源和充分调动学生的积极性的基础上优化组合，使思想政治理论课实践教学形成点和面结合、重点和一般结合、集中和分散结合的多样化教学模式，促进实践活动的有效开展。

2. 要各有侧重，协调开展

尽管对于一些社会实践，思想政治理论课的学生可以参与并能受益，但这并不代表社会实践完全等同于思想政治理论课实践。通过以上分析可知，两者目标的侧重点是不同的，所以应各有侧重地协调发展。思想政治理论课实践教学是课程的重要组成部分，这就要求严格区分大学生的社会实践，重点搞好课堂实践、研究实践及科研实践，以引导和帮助大学生认同马克思主义理论和掌握马克思主义的立场、观点和方法，树立正确的世界观、人生观、价值观，为提高大学生的整体素质奠定坚实的理论基础。大学生的社会实践应立足于人的全面发展，特别是能力的发展，因此在实践中不应弱化目标任务，只重视提高学生的素质，忽视了学生其他方面的发展，长此以往学生会失去热情和自主性，造成不良后果。

3.虚拟实践，结合创新发展

可以尝试构建虚拟实践，实现两者的融合，建立学校实践网站和微博，将大学生社会实践和思想政治理论教学板块进行整合，为学生和教师创造一个共享的实践平台，让他们关注学校社会实践的现状和成果，使社会实践变得生动有趣。设立思想政治理论课实践教学实验室也是良好的尝试。教师和学生的集思广益、良性互动、定量科学分析能摸索出更多有效的实践形式，实验室还能使实践效果看得到、摸得着，不再是走形式、走过场。

思想政治理论课的实践教学与大学生的社会实践相结合，无疑是一项复杂而艰巨的工程，需要各方高度重视共同努力，长期探索研究，艰苦奋斗，才能早日形成高校健全的社会实践体系，确保每个学生健康快乐地成长。

第三节 高校思想政治教育工作中的实践育人

一、育人实践——坚定理想信念

高校必须传承中国革命领导人和中国共产党留下的伟大精神，尤其在大学生党员中间广泛传播。因为大学生党员是中国共产党的重要储备人才，是中国社会主义建设的后备力量，他们在学生中间具有领导模范作用，能够用自己的行为影响身边的人。所以，坚持以社会主义核心价值观为指导，发挥大学生党员的先锋模范作用，是高校对学生进行理念信念育人实践的重要途径。

（一）大学生与中国梦的关系

1. 国家与人民：中国梦内涵主体

中国梦的实现涉及全中国十几亿人口，是一项惠民、为民的伟大决策。同时，中国梦也承载了中华民族伟大复兴的历史责任和光荣任务。中国梦的根本任务是达到国家富强、民族振兴、人民幸福的具体要求。社会和谐、人民幸福是国家持续发展的基本要求。

2. 责任与使命：中国梦思想基础

青年是国家的希望，更是未来的希望，需要培育青少年肩负国家繁荣富强的责任与使命。大学生有着良好的教育背景，是最具活力的一个群体，时代的发展离不开青年大学生，除了给予其优质的教育外，还要培育和锻炼大学生的坚强意志，继承中国共产党的优良传统。青年大学生需要拥有不怕苦、不怕累，勇于创新、实践，胸怀天下、志存高远的坚定理想，把实现中国梦与自己的理想奋斗目标相结合，在学习和实践中创造未来。国家要鼓励青年大学生创新，激励青年大学生为"国家繁荣富强、人民幸福安康"而奋斗。

激励青年大学生肩负实现中国梦的热情，要求青年大学生把中国梦的实现与自己的奋斗目标相结合。中国梦关系到每个中华民族儿女的梦，青年大学生肩负着实现中华民族伟大复兴的历史责任和义务，青年大学生的强大关系着整个中华民族的未来。大学生要把自己的奋斗目标和中国梦的目标相联系。祖国是我们实现美好生活的基石，祖国是我们未来的希望，所以祖国的强大也关系着每个人的幸福。中国的发展离不开青年大学生，青年大学生更要以祖国的强盛为目标。中国梦就承载了中华民族的希望和未来，青年大学生要肩负实现中国梦的历史责任和使命。

激励青年大学生肩负实现中国梦的热情，就要培养大学生正确的世界观和价值观。每个人都有自己的世界观，每个人对世界的看法都不同。世界观就是个人站在什么样的角度和高度，用何种眼光去认识世界和分析世界。大学生不能用以自我为中心的世界观和唯利主义的世界观去认识世界和分析世界，也不能将这两种世界观作为衡量一切事物的标准。凡是以我为中心、唯利主义以及追求个人利益和价值的认知都是狭隘的世界观和价值观。在当今全球化发展的社会背景下，切勿让西方的自由主义、民族主义侵扰大学生的世界观。要坚持社会主义核心价值观，并使其起到引导作用，以爱国、敬业、诚实、友善的行为准则，激励大学生在实现中国梦的道路上不断前行。

激励青年大学生肩负实现中国梦的热情，就要激励大学生继承中国特色社会主义事业发展的坚定理想和信念理想。信念是中国共产党发展中国特色社会主义事业的精神支柱，是国家发展的向导，更是实现中国梦的基石。当今中国正处于社会的转型时期，面临着许多机遇和挑战，同时青年学生也会受到世界多元思潮和多元价值观、世界观的干扰，以至于对祖国和自我的发展缺少认知。若不对青年学生进行爱国主义和社会主义的教育，他们很可能会以他国或者西方资本主义国家的价值观来进行自我发展的判断，所以要加强对青年学生的教育，将老一辈艰苦奋斗、勇于奉献的革命精神传递给未来的接班人，让他们坚信中国特色社会主义的道路是发展自我、强大祖国的有力基础，让青年大学生认识到中国共产党发展到今天所走过的路程是坚定的信念所引导的。所以，中国梦的实现就是要坚定走中国特色社会主义道路和理论体系，坚定中华民族伟大复兴的信念。

3. 大学生中国梦的实践教育

在帮助大学生正确认识中国梦的内涵和意义之后，需要进一步探索实践路径，通过有效的平台和各类载体，激发并引导大学生群体实现中国梦。

（1）发挥主渠道作用，将中国梦教育贯穿于思想政治课堂教学

理论是实践的基础，大学生践行中国梦需要以完备的理论知识为基础，第一课堂专业课教育和政治理论课教育是高校开展中国梦教育的主渠道和主阵地。尤其是在高校的思想政治课堂上，要加强大学生对中国梦基本内涵的学习，使他们了解中国共产党的历史，了解中国共产的发展进程，了解今后中国共产党的发展方向。中国梦涵盖了党未来的发展目标和任务，大学生要把中国梦的理论内涵转化为自我发展的行动指南，把中国梦与我的梦相结合，以中国梦为大的目标和方向，脚踏实地的去奋斗。此外，高校还要邀请专家学者对中国梦进行分析和解读，分析党的政策和发展路线，引导大学生在正确的思想道路上去践行中国梦。

（2）发挥党建平台，把中国梦教育引入大学生入党培训

高校加强大学生的入党培训工作，加强大学生党员的思想教育工作，目的是为国家、为党培养一批优秀的共产党员，使他们能在未来的社会主义事业的建设中担起接班人的责任，并在社会工作中树立榜样。高校要将中国

梦的教育融入大学生入党培训的各个环节中，如刚入学时对大学生开展中国梦的思想教育，让大学生认识到自身的学习关系着国家的建设和发展，使其肩负起推动国家发展的责任和义务。同时，在大学生中间选拔优秀的人才，集中进行积极分子的培养，加强党的教育理论学习。比如，定期开展讲座学习，要求积极分子定期进行思想汇报，定期宣传国家的最新政策。待积极分子考核结束进入预备党员的储备中时更要加强他们的思想教育工作，防止不良思想的产生。在其进入正式党员阶段，要强化他们的党员意识和党员义务，使其在未来的学习和工作中充分发挥党员的模范带头作用，从而引导更多的学生把自我发展融入中国梦的实践当中。

依托高校党建平台对大学生进行中国梦思想教育工作，是中国共产党对党员教育工作的具体实施和执行措施。目的是让党的思想教育工作落实到每个大学生党员身上，使大学生党员积极配合国家的思想建设和党的重要指示，充分发挥他们的先锋模范作用。

（3）加强实践教育，培养大学生中国梦践行观

高校要为大学生提供实践中国梦的平台和机会，鼓励大学生参与社会实践，参加社会志愿服务活动，引导他们用实际行动为实现中国梦而努力奋斗。大学生的主要生活和学习的地方是校园，这往往使得大学生脱离现实的社会生活，造成大学生对国家建设的不了解等情况。高校开展大学生社会实践活动有助于大学生了解国情、民情、社情及国家发展动态，是锤炼大学生意志的重要途径。

社会实践活动能以多种多样的方式进行，如社会调查实践、社区走访实践、爱国教育基地实践等。目的是让大学生走出校园、走入社会，将课堂上了解到的民生问题、国家发展政策与社会中的百姓生活、政府机构相结合，检验他们是否掌握了课堂上所学到知识。社区走访实践是要大学生了解所在社区的区属划分，了解国家基层组织的构成方式，了解作为社区中的一员如何更好地加入社区的建设中，把自己的学习和未来的发展与社区、家乡的建设结合起来。高校可组织大学生去爱国主义教育基地学习，体会革命先烈勇于牺牲和勇于奋斗的伟大精神，激发大学生的爱国热情，使他们将自己的奋斗目标和祖国的复兴相结合，积极投身于国家的建设中。

高校要利用大学生的课余时间，开展一系列的志愿服务活动。这也是

高校开展大学生德育建设的有力途径。它既能够锻炼大学生的动手能力，又能丰富大学生的课余生活。大学生志愿服务活动包括：专项志愿服务计划，即开展大学生参加支援"西部计划"；"三支一扶"，即大学生在完成学业后志愿参加农村的支教、支医、支农和扶贫的计划等。这些都是国家对大学生志愿服务的专门性平台和政策。专业型的志愿服务就是大学生根据自己的专业特点和能力去选择自己所能够进行志愿服务的项目，如"科技、卫生、文化三下乡互动""大学生支教"等。公益型的志愿服务包括国家或者社会举办的国家会议、国际赛事、大型庆典等活动，这是锻炼大学生能力的有力平台，能开阔大学生的眼界。

（4）开展大学生就业指导工作，鼓励大学生将自己的事业与中国梦相结合

开展大学生就业指导工作，让大学生将在学校里学到的知识与国家建设的需要相结合。要求大学生从社会发展、国家建设、实现中国梦的角度出发，在学校期间完善自身的专业理论知识，毕业之后积极投身于祖国的建设，从而在实现中国梦的过程中完成自己的人生理想。

高校必须开设大学生就业指导的课程，指导大学生在未来的人生规划中实现自己的人生抱负和职业理想。那么，高校如何开展就业指导工作呢？一是在完善大学生专业理论知识的基础上，鼓励他们多参加社会实践，将自己学到的知识用到实践过程中，以更好地适应工作岗位；二是鼓励大学生到祖国需要的地方，如到西部边远地区或少数民族贫困地区等，在艰苦的环境中锻炼自己的毅力，把国家的发展融入自己对职业的追求中，用自己的力量为祖国的繁荣富强添砖加瓦；三是要鼓励大学生创业，用丰富的创业知识武装大学生的头脑，并帮助其解决在创业中遇到的困难，使其少走弯路。高校是大学生免受社会不良信息干扰的庇护所，但由于过好的保护，让大学生失去了走入社会谋求职业发展的激情，所以开展就业指导，是激发大学生职业追求热情的有力措施。

（5）利用新媒体，拓展中国梦教育形式

新媒体是一种新的交流环境，即以数字化的形式，将信息的传播方式变得多样化。数字化的形式包括网络媒体、移动终端、数字报刊等，主要通过数字和网络技术的强强联合，改变信息传播的传统模式。网络是新媒体发

展的重要载体，在网络中世界变小了，人与人之间的距离变得更近了，信息的交流也更加便捷了，实现了"秀才不出门，便知天下事"的理想社会。新媒体的发展既是机遇也是挑战，这些皆源于信息交流的便捷和迅速。大学生易于接受新媒体，并且十分擅长运用新媒体进行学习和交流，如微博、微信等工具。高校要教育大学生正确使用和接触新媒体，并将大学生的思想道德建设和爱国主义思想教育与新媒体环境的建设结合起来，给大学生创造一个健康的网络环境。

大学生学会了健康使用网络之后，就要对其进行中国梦的教育。要将中国梦主题的教育活动以专题的形式在网络上展开。比如，在某大学的官网上开设中国梦学习专题，通过问卷、知识竞赛、访问等形式。除了学校外，政府也要加强网络宣传力度，让老百姓都能利用新媒体网络接触到中国共产党的最新政策。具体来说，利用新媒体平台开展中国梦的教育有以下途径：

一是开辟中国梦主题教育专栏。专栏主要以中国共产党的指导思想为行动指南，宣传中国梦的理论内涵和实践意义，把社会主义核心价值观和中国梦的实现相结合，指导大学生树立正确的"三观"。二是拓宽网上教育的形式。高校要建立一套完备的网络教学体系，把有关中国共产党的历史、发展、建设、政策等学习资料上传至网络，形成详细的数据资料库，以供学生学习。三是加强教师与学生的网络交流。教师可通过网络了解学生的思想动态、学习情况，学生也可利用网络随时向老师汇报学习情况。

大学生是社会发展中最具活力的群体，更是实现中国梦的重要践行者，提高大学生对中国梦的认知、认同，激励大学生同心共筑中国梦是当前高校思想政治教育的主题。在激发大学生追逐"中国梦"的过程中，高校应该充分发挥思想政治课堂教学的主渠道作用，扩展网络教育阵地，依托党员创先争优长效机制的建设，以社会实践和志愿服务为载体，用就业引导连接成才梦和报国梦，积极开拓中国梦的育人实践探索。

（二）培养优秀的大学生党员

1. 自我与超我：大学生党员身份特征的二重性

大学生群体是接受高等教育的高素质人才群体，他们接受的是最新的科研文化成果和教育，作为社会新技术、新思想的前沿群体和国家培养的高级专业人才，他们代表着最先进的文化。大学生的年龄普遍在18—22周岁，他们从生理到心理上基本上已经发展完善。在生理上，他们已经具备了成年人的体格和特征，在他们具有强烈的自我意识但还不够成熟，无法分辨和统一自我意识和超我意识，容易陷入自我意识中，对自我情绪无法控制，尤其是意志水平还有待提高。另外，大学生还容易脱离群体环境，追求新颖刺激的体验，而这种种因素都能导致大学生在成长过程中迷失自我。

大学生党员是大学生和党员二重性的统一，是自我个性和集体意识的均衡统一。本我、自我、超我是弗洛伊德提出的三种对自我认识的境界。本我即本能的我，包括能满足自身欲望的内驱力，它是自然发生的无意识的认知；自我带有对自身理性认识的因素，能够根据规则形式，对周围的认知能够进行理性的判断；超我则是对自身人格的高级要求，即能超越本我和自我，追求至善的目标，能用更高一级的准则要求自己。对大学生的要求就是能够在自我的基础上，用超我的意识进行自我监督和控制，并且能够将个人意识与集体意识有机结合与统一起来。高校要以《中国共产党章程》中对党员的要求和标准引导大学生党员，要求其以身作则，发挥模范带头作用。

2. 历史与传承：激发大学生党员使命意识的意义

使命即为重大的责任，每个人生活在世界上都肩负着一定的责任和义务。大学生的责任就是好好学习，报效祖国。大学生党员作为大学生中的代表，更需要起到模范带头作用。大学生党员的行为影响着身边的每一个同学，大学生党员只有具有刻苦学习、勤劳朴实、乐于助人、甘愿奉献的精神，其身边的同学才会潜移默化地深受影响。因此，大学生党员要能够将党员培训的理论知识运用到实处，并和人民群众紧密联系，听取身边同学的建议和意见，以身作则走入同学中间，发挥自己的模范带头作用，更好地服务于同学，服务于学校。

3. 责任与使令：大学生党员使命意识的培养

大学生党员要有自我和超我的意识，在学习中以至高的标准去要求自己，将中国梦与我的梦相结合，肩负起民族伟大复兴的历史责任。大学生党员在学生中间有着标杆的带头作用。不仅如此，大学生善于自我反省，觉悟较高，能够自觉地将组织的思想和自我的思想相统一，能够积极为共产主义事业的发展贡献自己的力量。而党和国家的发展不是一朝一夕即可完成的，它是一个长期且艰巨的历史任务，大学生党员要有坚定不移的理想和信念，坚信中国共产党的共产主义事业能够实现。他们在长期的实践中需要从三个方面严格要求自己。首先，在学习上发扬不怕苦、不怕累、艰苦奋斗、认真钻研的精神，学精、学好专业知识，用自己的专业和特长去实现中国梦的伟大抱负。其次，大学生党员一般在校内都会担任一定的职务，如班长、委员、团支书等，高校要培养大学生党员的管理能力；同时，他们自己也要多阅读相关的书籍，提高自身的管理能力。再次，在社会实践和社会工作上，大学生党员大多也是高校各类学生组织的骨干力量，在积极参与到社会实践的过程中既要通过自己的言行发挥党员的表率作用，又要通过组织和开展富有内涵、形式多样的校园文化活动，对学生群体进行思想政治教育。

（1）以社会实践为服务路径，发挥党员的榜样示范作用

实践是检验真理的唯一标准。大学生党员不能只会纸上谈兵，要把自身的理论和思想运用到实践活动中去，发挥自己的模范带头作用，从而影响身边的普通学生，培养他们为党奉献的精神。可以社会实践为服务路径，从学生党员历史使命的传承和社会责任的培养两方面开展。要想培养大学生党员的服务意识，就要培养大学生党员肩负社会发展的责任感。

首先，要端正党员的态度。在以往的校园实践活动中，大学生党员会出现不积极、不主动参与和随意应付的态度，这是错误的也是不认真的办事态度。拥有如此态度的学生党员只会起到消极的作用。培养大学生党员的责任感就要求他们在实践活动前、活动中、活动后时刻警惕出现思想懈怠、疲于实践的态度，提高思想意识，及时向组织汇报实践心得体会，并且在社会实践活动后开展主题演讲，或者以辩论的形式将互动的参与情况和心得体会进行宣传，这样做的目的是为了更好地发挥大学生党员的模范带头作用。

其次，大学生党员要能够走入社会、走进社区，参与社会实践互动。比如，高校可以在其所在的社区内或者校园内开设"党员服务区""党员责任区""党员服务站"等义务为学生、社区人民提供服务的站点，增强大学生党员的服务意识，为社会建设提供力量。同时，这些活动也使大学生党员的责任意识和自我修养得到了进一步提高。

（2）层层把控高校党员发展入口关

高校在发展学生党员工作中，从一开始就要严格筛选，把握好入关口。大学生党员的培养不是一朝一夕即可完成的事情，需要一个长期的观察和培

养过程。从刚入学的大学生中间要选拔能够积极参加学校活动、学习成绩优异、思想端正、思想觉悟较高的学生进入积极分子的行列中来。其成为积极分子后，还要经过半年或者一年的考察和选拔，若出现考试挂科、破坏组织规定、不听组织教导、不参加组织活动的人员一律取消积极分子的身份，不能让不合格的人员进入预备党员的行列中来。预备党员是在学习、思想、行为上都能与党的准则相符合的学生，他们善于把党的标准作为自身的行为准则，能够将党的发展融入自身的发展中来，能够在学生中时刻起到优秀模范作用，只有具备如此素质的学生，将来才能够为党的发展奉献自己的力量，才能成为中国共产党未来事业的建设者和接班人。

（3）创新发展高校内学生党组织生活

党员在加入党组织后，都会被列入党内的一个支部或者小组内。学生党员在进入党组织后就要时刻接受党组织内和党组织外学生群体及群众的监督。在高校的党组织中，学生党组织是其最基层的党组织，这个组织是对新党员进行思想教育的平台。这一平台与学生党员紧密联系，也是上级党组织与学生沟通的桥梁。学生党组织平台要发挥好学生党员的模范作用，以班级或学院为单位开展一系列丰富学生党员的组织生活，如班级主题会议、学雷锋活动等，并在学期末或者学年末的时候，组织党员开展总结大会，总结自己一年当中的学习和思想成果。此外，党组织还要充分发挥老党员的带头作用，让他们当新党员的介绍人和联系人，肩负起新党员的思想教育工作。

二、育人实践——勇于创新

中华民族是富有创新创造精神的民族。当前，我国要加快建设创新型国家，对创新型人才特别是青年创新人才的需求日益迫切。青年是国家和民族的希望，创新是社会进步的灵魂，创业是推动经济社会发展，改善民生的重要途径。

（一）强化实践教学：搭建创新展示的平台

教育部门和各高校在创新人才培养机制的方向上进行了一些探索，启动实施了基础学科拔尖学生培养试验计划、卓越工程师教育培养计划、科教结合协同育人计划，开展了试点学院综合改革等，取得了积极进展，积累了有益经验。特别是在实践教学促进创新教育方面，各地各高校积极搭建平台，为大学生提供了呈现、展示创新思维、创造能力的良好平台。

1. 加强实践教学，促进创新人才培养

创新人才培养机制，其目的是推进素质教育，着力提升学生的社会责任感、创新精神和实践能力。创新高校人才培养机制的基本思路，就是在科学的人才培养理念的指引下，通过深化教育教学改革激发高校人才培养的潜力和活力，特别是通过创新应用型、复合型、技能型人才的培养机制，着力突破实践能力这个薄弱环节。在教学育人实践上，要在教育教学改革过程中不断积累经验，因地制宜地探索推进素质教育的有效途径和办法，在课程设置、内容选择、教学组织形式、课堂形态和考试评价等方面进行前瞻性探索和试验，不断拓宽人才培养途径，优化人才知识结构，提高人才培养的质量和水平，努力形成各类人才辈出、拔尖创新人才不断涌现的局面。

2. 创新高校实践教学体制的路径探索

面对竞争日趋激烈的市场，高校人才的培养成为当下的重点。我国的教育主管部门与高校非常重视创新人才的培养。高校在教学、实践等方面不断加大人才培养投入，其做法如下：

（1）建设实践教学基地

实践教学基地建设是推进高校实践教学改革的基础工程和基本保障，应将实践基地建设作为重要的基础设施建设来抓，通过理顺体制、加大育人、加强管理，使实践基地在创新人才培养中发挥重要的作用。高校在专业建设过程中，要同时将与该专业相关的实验室建设和实习基地建设等作为重要的专业建设内容，落实建设经费，制订切实可行的建设计划和师资培养、引进计划。实验室建设要统筹规划优化配置，要按功能设置实验室，同一个实验室能承担不同专业、不同课程的实验教学任务，增强学科专业的适应性，提高使用效益。要加大校内实践教学基地建设力度，建设一批直接服务于学生创新实践能力培养，集实践教学、科学研究及技术推广示范为一体的"产学研"创新实践基地。校外实习基地是实习教学的主战场，高校应通过多种渠道建立足够数量的实习基地，以满足创新人才培养的需要。在校外实习基地建设和运行过程中，要吸引和聘请行业企业的专家、工程技术人员和管理干部参与实习教学环节的管理和指导，增强实习教学的指导和管理力量。

（2）对外开放实践基地

高校建设的实践基地主要向学生开放，而对外开放有时间限制。针对目前的培养创新人才目标的计划，高校实践基地要加强对学生开放的力度。实践基地共享、开放有助于教学资源的利用，提升对学生实践能力的培养。高校在开放实践基地方面要有一定的计划，不能盲目地对外开放，要针对实际情况开放实践基地。另外，高校建设的实践基地可以向校外人员开放，如采用建立收费标准、享受补贴等措施促进教学基地的开放共享，这样既锻炼了校内人员，又能满足校外人员的使用。高校要鼓励学生参与实验，将实验加入课堂专业的教学中。例如，在理工类专业教学计划中，为了提高学生的综合能力，开设设计与创新实验的课内讲座，增强学生的实践能力。电子科技大学为了完善学校实践育人机制，在实验室实践过程中按照"科学布局、突出重点、以研助教"的思路来构建教学实验体系。

（3）加强师资队伍建设

教学是学生在学校期间学习知识的主要途径，为了创新实践教学体系的建设，学校必须全面提高教师的理论知识和职业素养，学校要不定期地采取一些措施，鼓励教师参与实践教学工作以及实验室组建工作，让教师从实践中得到教学经验，使教师能更好地为学生授课。要抓好"双师型"实践教学师资培养工作，通过各种培训、培养途径，使他们既具备扎实的基础理论知识、较高的教学水平，又具有很强的专业实践能力。制订并实施青年教师提升计划，通过科研资助、继续教育、出国研修、拔尖人才支持等措施，提高青年教师的科研能力、教育教学及管理水平。鼓励青年教师到企事业单位挂职锻炼，到国内外高水平大学、科研院所访学，担任本科生导师、兼职班主任等，促进青年教师在教学科研、社会实践中增长能力。华中师范大学全力打造"百名学生访百村、百名学生访百校（企）、百名教师访百家"实践工程，将参与、指导实践育人工作与教师的工作量、职务（称）晋升挂钩，让广大教师强化实践育人责任意识、提升实践育人水平，收到了很好的效果。

（4）加强学习指导

培养学生创新实践能力的关键是积极主动地参与实践，制订实践目标计划，参与实践、分析实践、总结报告等。在这一系列的过程中，教师作为学生的引导者参与指导，将实践理念贯穿于学生的实践环节。教师针对学生的不同情况提出要求，有针对性地指导学生，并给予一定的帮助。

（二）深化创业教育：提供创新实践的支撑

近年来，大学生创业成为院校宣传的重点，也是高校培养人才的目标。我国许多高校将大学生自主创业当成实践育人工作的重点，积极响应国家政府或地方机关的号召，努力培养大学生的自主创新精神，开展一系列的引导大学生创业的计划，加强创业教育与实践，提高学生的综合素养和综合水平，为大学生自主创业提供保障。

1.创业实践：多方参与，促进大学生自主创业

国家号召转变就业观念，鼓励选择多种渠道多形式就业，促进创业带动就业。作为国家的栋梁，大学生更是培养的重点，应多方参与来促进大学生自主创业。

2.高校创业教育的创新思路

根据多年的探索，高校创新教育的培养可从以下几个方面着手。

（1）加快创业教育师资队伍建设

我国众多高校将师资建设作为当时教学体系的重点，制定教师培养计划，对教师提出评价标准。许多大学通过建立职业教师小组，使职业教师在实践技术当中可以充分发挥专业的特长，更好地给学生授课。首先，大学要引导教师树立良好的风气与创业教育的理念，例如，华东理工大学分别从课程内容、授课方法、企业实践方面培训教师。其次，学校从内外两方面加强教师队伍建设。一方面，学校利用校内教师资源的便利性进行系统培训；另一方面，教育部每年会组织全国创业教育骨干教师培训班，学校应积极推荐校内的优秀教师参与培训班，提升自己的教育素养和专业知识。再次，教师在课堂上要向学生灌输创业教育的思想理念，通过课程教学、竞技比赛、案例讲座、课题讨论等多种形式，使学生参与其中，扩展学生的视野和创新精神。最后，学校可以力邀企业管理人员入校讲座，使创新教育实践化，如组织学生参观地方创业园区以及产业孵化园区，让学生亲身感受到创业过程。

（2）完善创新创业教育课程体系

学校要向学生宣传创新教育的重要性，全面推进创新教育课程。通过创业课程教育，学生能够初步了解创业活动的理论知识，认识创业的基本要求和注意事项，并从中学会分辨创业项目的选择、创业时机、创业资源。学生通过创业教育课程，掌握创业资源整合和创业计划书的编写，熟悉企业的

管理与运作，同时在学习过程中，学生要树立正确的创业人生观，学会控制自己的心理，适应社会的变化。

（3）强化创业教育实践实战环节

学校可以通过在校内组织创业项目设计、开展创业设计比赛，在校外组织学生参观优秀的创业企业，鼓励学生将理论与实践结合起来，从而锻炼学生发现问题、分析问题、解决问题的能力。例如，某所高校从三个方面进行创业实践。第一，在校内成立创业组织，在专业教师的指导下完成设定项目。通过创业活动，学生进入市场调查，走访企业，得到分析结果。第二，学校搭建实践平台。学校根据自身的实力，搭建应用型人才实践平台，培养学生社会交际能力、专业技术能力。第三，学校可以跨省跨区域寻找合作企业，与其建立合作基地。例如，海尔、联想等众多企业均与学校签订了校企合作战略，为学生提供了创业实习机会。

（4）拓展创业教育受益面

学校开展创业教育是为所有学生提供培训服务，要纠正只为少数创业学生培训的错误态度。因此，学校开展创业教育的主要目的是扩展创业教育受益面，面向全体学生开展教育活动，培养学生的创新创业精神和意识，培养高素质、高技术、高要求、高品质的社会尖端人才。例如，北京科技大学实行"五个给"政策，吸引学生参与创业活动。学校通过"给学分、给资源、给教材、给网站、给平台"为学生提供创业服务政策，调动学生的兴趣和积极性。当学生在创业过程中取得优异的成绩时，学校给予学分奖励。另外，学校还为学生争取企业资源，使学生获得企业资金方面的支持，解决了学生没有创业启动资金的难题。同时，北京科技大学专门制作了创业教育网站，学生可以通过网站建立创业联系，从网站中学习创业知识。创业已经初见规模的人员可以在网站上编写心路历程，如创业过程中遇到的问题以及是如何解决困难的等，然后通过分享让其他想创业或正在创业的学生从中学到书本上学不到的知识，为自己的创业梦想添砖加瓦。

（5）加大自主创业帮助扶持力度

我国众多企业在政府的帮助下，在经济开发区建立了科技园产业基地。这一方面可促进企业的发展；另一方面也可促进当地的经济发展。学校可以看准时机与这些科技园产业基地建立合作关系，鼓励学生加入产业基地，并落户于此。校企合作为大学生创业提供资金支持，国家也为大学生创业提供创业资金支持，帮助学生创业。因此，学校要为大学生创业提供法律、工商、税务、项目融资等方面的咨询和服务。例如，浙江大学科技园响应国家号召，在园区内规划出数千平方米作为大学生创业用地，为学生提供低廉的租金、创业优惠政策以及全方位的优质性创业服务。

（三）鼓励科研创新：激发创新思维的活力

1.作为创新教育平台的科研实践

21世纪，现代化大学教育模式全面爆发，传统的、守旧的教育方式远远不能满足当代大学生教育的需求。因此，现代化高校的功能目标是：人才培养、科学研究、社会服务和文化传承创新。其中，人才培训是重中之重，其他三点都是在人才培养的基础上发展起来的，这四个功能相互作用、相互依赖，为创新教育提升提供了更广泛的空间。科学研究有助于提升学生的专业知识水平，为学生创新创业能力提供前提条件。可以说，每一个人才培养都是从科学研究中形成的，人才培养、科研创新两者应同步进行，缺一不可。高校要科教结合，使教学与研究形成互动机制，鼓励学生参与实验课题研究，加入创新团队，从而提高学生的动手能力和实践能力。目前，我国众多高校为了加快科研创新采取了一系列的做法。

（1）鼓励科研实践

高校教师不能只接收研究生以上学历的学生参与科研项目，要多支持本科学历的学生参与科研项目。学校的重点实验室、各学科的科研机构应融入创新教育，并编写科研论文、课题报告，比如，鼓励师生一起发表论文、申请专利等。

（2）推动产学研合作

产学研合作是培养创新人才的机制，也是引进创新人才的动力。产学研合作的形式有：校企合作共同培养人才、共同建设研究中心或实验室，为创建科技园做好前期准备。

（3）加大教学科研互动

高校现在不断与国家级、省级等科研项目合作，并将科研项目转化为教材以供学生使用。高校教学工作者将研究理论、研究方法、研究成果引入课程，把理论与实践结合起来，将实践应用于教学当中编写成教材，使教学内容与现实状况紧密结合，从而使学生能够得到最有效的知识。

（4）搭建学术交流平台

学生愿意参加高水平的讲座活动，这是因为学生能够在这样的活动中开拓学术视野，把握学术的前沿性，从而有助于提高个人的综合素质。有实力的高校可以积极建立学术讲座，通过校企合作不断加强品牌论坛平台搭建，开设不同形式的学术活动，丰富校园文化，提高学生的人文素养和科研素养。例如，清华大学、北京大学等众多高校经过多年的打磨，已经形成了具有严谨学术风气的论坛品牌。

科学研究与创新人才培养强强结合，高校从人力、物力、财力各方面投入进行内部管理机制改革。高校在培养人才中依然存在着各种问题，如政策单一化，政策与教学系统联系不够紧密；学生只停留于表面的学习并没有深入性地学习，科研利用率较低。科学研究是一个系统的工程项目，包括项目、平台、团队、产学研合作等多个元素，每个元素又有不同的层次。科学研究有助于培养全面发展的高素质创新人才，但是目前的科学研究和创新人才培养主要以科学研究为主，学生只能参与初级的项目。科学研究项目中的平台、团队、产学研关系复杂、运行复杂，高校在这些重要的环节中依然会选用经验丰富的人员参与其中，学生很少能够参与，这样就不利于高校内部创新人才的培养。

2. 大学生科研实践的创新思路

第一，让学生参与科研项目。学校积极鼓励学生参与科学研究活动，这是发展科研项目以及培养创新人才的好方法。学校要营造宽松的科学研究氛围，使学生不会因为参与科研项目而感到过大的压力，然后根据学生个人的基本情况合理地划分科研小组，使学生能够充分运用自己的专业特长来研究项目。同时，学校可以通过大型科研项目吸引学生主动参与，如"973""863""国家攻关"等，通过这些重大的科研项目可以全面提升学生对待项目的认真态度，使学生对大型科研项目有全面的认识与了解，增长学生的见识。许多学生接触不到大型的科研项目，如果有机会接触，学生会百分百地投入其中，为自己的学习和研究投入万分努力。总的来说，学生在大型科研项目中既能学会尖端的科学研究方式，也能学会先进的科学技术，还能从团队合作中锻炼自己的团队精神。另外，学校还要鼓励学生参加一些符合自己知识水平结构的一般性科研项目，使学生在自己的学业能力范围内增长知识。

第二，充分借助企业资源，促进产学研合作纵深发展。为了进一步完善人才培养方式，学校要将人才培养过程中不适应社会现实需要以及脱离经济社会发展的现实情况进行改善，要对人才培养的自我封闭模式进行改革。人才培养需要在社会经济科技教育的社会大环境中进行，以"产学研"结合作为切入点，通过对高层次人才进行联合培养，力求为高新人才创新发展提供一个更广阔的发展空间。

第三，认真实施创新能力提升计划，促进协同创新平台建设。学科建设、科研创新和人才培养三者结合的发展模式作为对人才创新能力培养的核心问题，始终沿着高水准、高起点、具有自身特色的发展道路，对学校现有的基础性资源以及社会多方汇聚的教学资源进行充分利用，再加上高等院校、研究院、地方政府、企业以及国际社会对深度融合的大力推进，通过此模式来对创新人才培养的发展模式进行探索并逐步完善，力求培养适应社会不同需求的新型创新型人才。另外，通过市场机制与政府主导相融合的模式，对高等院校在创新能力培养的过程中出现的内部机制问题以及其他影响创新主体间的体制问题进行突破，从而将创新人才培养作为学校协同创新的重中之重。总之，通过对系统的改革使人才、资本、技术、信息等方面的活力充分释放，有利于建设一个协同创新的新型校园环境。

第四，大力加强校地合作，促进创新科研成果转化。学校可以与地方进行紧密性的合作，通过对学校创新活力的激发以及人才培养模式的改革，从而实现"产学研政"相融合的发展模式，进一步对创新人才的培养质量进行提高。

第五，注重学生创新团队建设，促进科研创新合作意识培养。高校的科研创新团队的目的主要是科技创新，通常由愿意相互承担责任的若干技能互补的科研发展人员组成。高校的科研创新团队是学校学科突破以及技术创新的重要发展力量，并且也是学校中创新人才的汇聚地以及培养创新人才的重要发展平台。可以看出，在高校建设学生创新团队，可以对学生创新能力的发展以及积极性进行调动，从而在广大的学生群体中加快创新思维传播。

参 考 文 献

[1] 张枫 . 中国优秀传统文化与高校思想政治教育工作融合研究 [M]. 太原：山西经济出版社，2022.

[2] 段虹 . 美育维度的高校思想政治教育研究 [M]. 北京：中国社会科学出版社，2022.

[3] 任鹏，马天威，张福堃 . 高校思想政治教育协同育人研究 [M]. 北京：中国社会科学出版社，2022.

[4] 康晋霞 . 高校思想政治教育实践与创新 [M]. 北京：中国纺织出版社，2022.

[5] 张琳 . 高校思想政治教育与创新创业教育融合研究 [M]. 延吉：延边大学出版社，2022.

[6] 田自立 . "互联网 +" 视域下高校思想政治教育实践研究 [M]. 延吉：延边大学出版社，2022.

[7] 张伟 . 高校思想政治教育建设与辅导员工作研究 [M]. 延吉：延边大学出版社，2022.

[8] 万娟 . 基于创新发展的高校思想政治教育研究 [M]. 长春：吉林大学出版社，2022.

[9] 吴文妍，鲁玲玉，毕虹 . 当代高校思想政治教育理论与实践研究 [M]. 延吉：延边大学出版社，2022.

[10] 臧国庆，李晶，徐静文 . 高校青年学者文库立德树人与高校思想政治教育 [M]. 北京：中国华侨出版社，2022.

[11] 李智慧 . 高校思想政治教育有效资源开发利用研究 [M]. 北京：旅游教育出版社，2022.

[12] 袁久红，陆永胜 . 中华优秀传统文化与高校思想政治教育 [M]. 北京：

社会科学文献出版社，2022.

[13] 雷骥.高校思想政治教育亲和力提升研究 [M].北京：中国社会科学出版社，2022.

[14] 冯刚，吴成国，李海峰.新时代高校思想政治教育前沿研究 [M].北京：人民出版社，2022.

[15] 张婷婷，黄家福，李珊珊.大数据时代背景下高校思想政治教育创新 [M].北京：北京燕山出版社，2022.

[16] 高瑛，丁虎生.新时代高校思想政治教育工作体系研究 [M].北京：光明日报出版社，2022.

[17] 何勇平.新时代高校思想政治教育改革创新 [M].成都：西南财经大学出版社，2022.

[18] 徐初娜.红色文化与高校思想政治教育耦合发展研究 [M].北京：新华出版社，2022.

[19] 谈娅.新时代高校思想政治教育创新研究 [M].重庆：西南师范大学出版社，2021.

[20] 钟家全.互联网与新时代高校思想政治教育队伍建设 [M].成都：西南交通大学出版社，2021.

[21] 徐金平.社会主义核心价值观与高校思想政治教育研究 [M].长春：吉林出版集团股份有限公司，2021.

[22] 王英姿，周达疆.新媒体时代下高校思想政治教育研究 [M].北京：九州出版社，2021.

[23] 李春晖.高校思想政治教育的心理理论模式研究 [M].北京：九州出版社，2021.

[24] 韩振峰.新时代高校思想政治教育及思想政治理论课教学研究 [M].北京：中央编译出版社，2021.

[25] 张冀.高校微信公众平台思想政治教育功能研究 [M].成都：西南交通大学出版社，2021.

[26] 曾平，封蒙艳，袁媛.当代高校思想政治教育改革新论 [M].北京：九州出版社，2021.

[27] 吴晓利.新媒体时代高校思想政治教育模式研究 [M].北京：中国农

业出版社，2021.

[28] 冯刚，高山.新时代高校思想政治教育治理论 [M].北京：中国社会科学出版社，2021.

[29] 冯刚，张晓平，苏洁.中国共产党高校思想政治教育发展史 [M].北京：人民出版社，2021.

[30] 陆启越.新时代高校思想政治教育评价范式转换研究 [M].长沙：湖南师范大学出版社，2021.

[31] 张翼.高校思想政治教育话语传播研究 [M].长春：吉林大学出版社，2020.

[32] 沈光.新时代高校思想政治教育亲和力研究 [M].徐州：中国矿业大学出版社，2020.

[33] 严莹.新媒体时代高校思想政治教育研究 [M].上海：上海交通大学出版社，2020.

[34] 陈莉.新时代高校思想政治教育教学改革与实践研究 [M].西安：西北大学出版社，2020.

[35] 王利平.网络环境下高校思想政治教育方法研究 [M].武汉：武汉大学出版社，2020.

[36] 李明珠，陈红.新时代高校思想政治教育的守正与创新 [M].北京：知识产权出版社，2020.

[37] 田颂文.传统文化与高校思想政治教育融合发展的价值审视 [M].北京：北京工业大学出版社，2020.

[38] 龚婷.高校思想政治教育与传统文化的融合研究 [M].北京：北京工业大学出版社，2020.